뇌는
왜 그렇게
생각할까?

Brain Briefs

뇌는
왜 그렇게
생각할까?

아트 마크먼·밥 듀크 지음 / 이은빈·이성하 옮김

글로벌콘텐츠

이 책을 레베카에게 헌정합니다.

이 책을 쓴 우리는 〈당신의 뇌에 대한 두 남자의 이야기(Two Guys on Your Head)〉라는 라디오 쇼와 팟캐스트를 진행했었습니다. 그리고는 거기서 다룬 얘기를 책 한 권에 담아 보겠다는 생각을 했습니다. 그런데 막상 일을 시작하려고 하니 제법 만만하지 않은 일을 시작했다는 느낌이 들었습니다. 한편으로는 그 라디오 쇼가 매 회 7분 30초짜리였기 때문에 여러 가지 주제를 한 권의 책 안에, 짧은 분량으로 여러 장 나누어 담기에 매우 적합한 점이 있었습니다. 그런데 다른 한편으로는 우리 두 사람이 얼핏 보기에는 서로 비슷해 보이지만 실제로는 관점이나 직관, 성격이 매우 다르기 때문에 두 사람이 대화로 이야기를 주고받는 것은 그럭저럭 괜찮지만, 대화식이 아닌 한목소리의 글로 써나가는 데에는 어려움이 있었습니다. 게다가 글은 말과 달라서, 말로는 재미있는 것도 글로 썼을 때는 재미가 없어지기도 하므로 그것도 문제였습니다. 말로 할 때는 적당한 타이밍이나 억양 같은 것들이 농담의 맛을 더해 주어서 이야기를 재미있게 해주는 데 비해 글로 쓸 때는 그런 것들이 모두 사라져 버리기 때문입니다.

그래도 글로 다 쓰고 보니, 다행히 우리 두 사람이 보기에는 잘된 것 같습니다. 인간의 행동에는 흥미롭기는 하지만 이유를 설명하려면 머리를 긁적일 수밖에 없는 여러 가지 이상한 문제들이 많습니다. 이런 문제들에 대해서, 우리의 성격과 관점의 핵심을 나름 책 한 권에 잘 담은 것 같다는 생각이 듭니다. 그렇지만 이 글을 읽을 때 도움이 될 만한 것을 먼저 한두 마디 해두고자 합니다.

우리가 진행했던 라디오 쇼의 에피소드들이 그랬듯이 이 책의 이야기 주제들도 특별히 어떤 순서를 따르고 있지는 않습니다. 그래서 이 책의 독자는 처음부터 끝까지 차근차근 읽어도 좋고, 아니면 여기저기 뒤적거리면서 순서 없이 읽어도 좋을 것입니다. 그리고 우리 둘 다 대학교수이니 어느 정도 이해할 만한 일이기는 하지만, 각 주제에 대해 갖고 있는 의견이 분명합니다. 하지만 각각의 주제를 다룰 때 단순히 개인의 의견이 아니라, 가능한 한 학자들의 연구결과들에 기초해서 얘기하려고 했습니다. 이 책 마지막에는 각 장에서 다룬 이야기에 참고가 된 연구물의 목록인 참고문헌을 붙여 두었습니다. 여기서 다룬 특정한 문제에 대해 더 깊게 살펴보고 싶은 분들은 그 참고문헌에 있는 연구물을 한 번 읽어 보는 것이 크게 도움이 될 것입니다.

물론 우리는 이 책에서 다룬 주제들이 세부적으로 들어가면 복잡 미묘한 점들이 많고, 따라서 짧은 분량의 책 속에서 그런 점들을 세세히 담지 못했다는 것을 잘 알고 있습니다. 이 책은 이 분야에서 다루는 광범위한 주제들에 대한 최신 연구들을 그저 맛보기로 보여주는 정도로 소개한 것입니다. 그래서 이 글을 읽어 나가면서 독자가 즐거움을 느끼고, 호기심이 자극되고, 친구들과 이야기를 나눠 볼 만한 통찰력 있는 얘깃거리들을 이 책에서 발견한다면 우리가 갖고 있는 나름 최소한의 기대는 이루어진 것으로 생각할 것입니다. 하지만 그 정도에 머무르지 않고 더 나아가 이 글에서 읽고 알게 된 내용을 자신의 삶에 적용하거나 인간의 본성에 대해 더 깊은 연구를 해보고 싶은 마음을 독자들이 갖는다면 우리로서는 더 바랄 것이 없을 것입니다.

그런 생각을 하면서 우리 두 사람은 이 책이 펼쳐주는 세계로 독자들을 초청합니다. 인간의 마음이라는 무한히 흥미로운 세계에 발을 들여놓은 것을 환영합니다. 이 책을 통해 만나게 된 것을 기쁘게 생각하며 인사를 전합니다.

밥 듀크 교수와 함께 쓴 『Brain Briefs』의 한국어판 발간에 기념사를 쓰게 되어 기쁘게 생각합니다. 밥 듀크 교수는 팟캐스트 〈당신 머리에 대한 두 남자의 이야기(Two Guys on Your Head)〉를 쇼 호스트로 함께 진행한 저의 좋은 벗입니다. 이 팟캐스트 쇼는 인간이 어떻게 생각하는지에 대한 많은 주제에 대해서 우리 둘이 서로 이야기를 주고받는 형식이었습니다. 이처럼 대화체로 진행된 쇼의 내용을 막상 책에서는 대화체가 아닌 설명으로 글을 써나가야 하니, 대화의 내용을 모두 포착해서 넣는 것은 결코 쉬운 일이 아니었습니다. 우리는 한편으로 쇼를 진행할 때의 유쾌하고 즐거웠던 분위기를 살려가면서 또 한편으로는 우리 쇼의 가장 핵심이라 할 수 있는 과학적 통찰력을 전달하기 위해 애를 써야 했습니다.

혹시 팟캐스트 〈당신 머리에 대한 두 남자의 이야기〉를 들어본 적이 없다면, 여러 가지 팟캐스트 앱을 통해서나 웹사이트(http://www.twoguysonyourhead.org)를 통해서 들어 보실 수 있습니다.

사실 저는 한국인들이 심리학적 지식을 얼마나 존중하고 있는지 개인적으로 직접 경험한 사람입니다. 그 예로 현재 아주대학교에서 심리학 교수로 근무하고 있는 김경일 박사는 저의 대학원 제자인데, 수년간 대학뿐만 아니라 많은 분을 대상으로 심리학 분야의 지식을 확산하는 데에 노력을 기울이고 있습니다. 그뿐 아니라 저의 책인 『Smart Thinking』(『스마트 싱킹: 앞서가는 사람들의 두뇌습관』 박상진 옮김, 진성북스 2012년), 『Smart Change』(『원하는 것을 얻는 습관 바꾸기 기술』 김태훈 옮김, 한국경제신문사, 2018년; 『스마트 체인지: 습관을 만드는 생각 작동법』 김태훈 옮김, 한국경제신문사, 2017년) 또한 한국의 독자들에게서 좋은 반응을 얻고 있습니다. 이제 다시 『Brain Briefs』가 한국에 소개되어 무척 기쁩니다.

제가 근무하고 있는 텍사스주립대학교에서 박사학위를 받은 이성하 교수님과 이곳 텍사스 오스틴에서 태어난 그의 아들 이은빈 죠수아 님에게 이 책의 세밀한 부분까지 신경 써가며 번역해준 데 대해 특별한 감사를 보냅니다. 두 분의 노력과 인내 없이는 이 책의 한국어판은 빛을 볼 수 없었을 것입니다.

아울러 저의 책에 대해 관심을 두시고 기꺼이 한국어판을 출판해 주신 데 대해 글로벌콘텐츠출판그룹 홍정표 대표님을 비롯한 여러분께 감사드립니다. 이 책에 대해 깊은 신뢰를 가져 주신 여러분께 마음에 큰 빚을 지게 되었습니다.

마지막으로 지적 호기심을 가지고 이 책을 선택하여, 인간의 마음과 인간의 두뇌가 작동하는 방식에 대한 탐구를 해주신 독자 여러분께 감사를 드립니다. 과연 인간의 마음이란 현대과학이 풀어보고자 무진 애를 쓰고 있는 가장 큰 신비 중의 하나입니다. 저희가 『Brain Briefs』를 쓰면서 매우 많은 즐거움을 느꼈던 만큼 독자들도 이 책을 통해서 큰 즐거움을 느끼시길 바랍니다.

텍사스 오스틴에서
아트 마크먼

목차

뇌는
왜 그렇게
생각할까?

새로운 경험에 대해
열린 마음을 가지면 성공할까?

⋮

학자들이란 다른 학자들과 이야기하기를 좋아하는 사람들이다. 학회에 함께 모여서 서로 학문적인 주제들에 대해 대화의 꽃을 피우다 보면, 즐거워서 시간 가는 줄 모르곤 한다. 학자들이 즐겁게 대화하는 주제라는 것들이라고 해봐야 지구상의 모든 사람 중에 관심 있어 할 만한 사람들 숫자가 그저 스무 명 정도나 될까 말까 하는 얘기들인데도 말이다. 직업적으로 늘 하는 일이 그렇다 보니 학자들은 주로 같은 편 사람들과 만나게 된다. 물론 이야기를 하다 보면 다른 학자들에 대해 뒷얘기를 하기도 하고, 직장에서 있었던 어떤 못마땅한 점에 대해서 불평을 늘어놓기도 한다. 학자들도 결국 사람이기는 마찬가지니까 말이다. 설령 그렇다 하더라도 우리 심리학자들은 인간의 생각과 행동의 본질에 대해 연구하는 전문가들로서, 우리가 한 연구의 결과가 무엇이었는지에 대해 함께 모여 이야기 나누기를 즐거워한다. 우리가 하는 토론은 주로 전문가들끼리 하는 것이어서 비전문가들에게 그 복잡한 토론 내용을 소상하게 얘기하게 되는 상황은 별로 없다. 비전문가들과 이야기하는 상황과 가장 가까운 상황이라면 수업에서 학생들을 상대로 강의할 때 정도일 것이다.

그렇지만 심리학이라는 학문은 그 분야의 특성상 대학 상아탑의 벽 너머에 있는 사람들을 이 분야로 끌어들이라고 학자들을 종용하는 학문 분야이다. 우리가 아는 모든 사람은 마음이라고 하는 것을 갖고 있다. 그렇지만 그 마음이라고 하는 것이 과연 어떻게 작동하는지에 대해 제대로 아는 사람은 거의 없다. 이것은 정말 안타까운 일이다. 우리는 물리학을 모르는 사람이 다리를 놓게 할 리가 없고, 생물학에 대해 모르는 사람이 의사를 하게 놔두지 않을 것이다. 그렇다면 우리가 어떤 의견을 머릿속에 갖게 되거나, 어려운 결정을 내리게 되거나, 교과과정을 설계하거나 하기 전에 과연 인간의 마음, 즉 우리의 뇌가 어떻게 작동하는지에 대해서 조금 알고 있는 것이 우리 모두에게 도움이 되지 않겠는가? 우리가 생각하고 느끼고 행동하는 방식에 관해서, 대체 무엇이 우리를 그렇게 생각하고 느끼고 행동하게 만드는지를 좀 알아야 하지 않겠는가?

그런 생각으로 우리 두 사람은 인간의 마음에 대해 일반 대중과 대화를 나눌 기회를 가져 보려고 노력하였다. 아트는 현대심리학(Psychology Today)에 블로그를 시작했고, 밥은 교육자들을 상대로 학생들이 어떻게 하면 효율적으로 배우는지에 대해 가르치기 시작했다. 이런 외부활동들로 우리 둘은 무척 바빴다. 이런 활동을 통해 우리 두 사람은 인간의 마음이 어떻게 작동하는지 그 경이로운 현상에 대해서 일반 청중을 상대로 최소한 1주일에 한번 정도는 강연을 하게 된 것이다.

하지만 우리가 이런 일을 시작하던 때에 어떤 정확한 목표를 염두에 두고 한 것은 아니었다. 그저 그렇게 하는 것이 좋을 것 같아서 우연히 시작하게 된 것뿐이다. 아트의 예를 들어 보면, 아트는 우연한 기회에 사람들에게 뭔가 홍보를 해야 할 상황이 생겼는데, 홍보를 위해서는 그런 방식으로 청중들에게 접근하는 것이 도움이 될 것이라고 생각했다. 그 사연은 이렇다. 2012년 겨울, 아트는 텍사스주립대학교에서 〈조직의 인간 차원(Human Dimensions of Organizations)〉이라는 석사과정 프로그램을 신설하는 데에 참여하게 되었다. 이 석사과정은 비즈니스를 경영하는 사람들을 대상으로 한 프로그램으로 사람들이 어떻게 행동하는지를 가르치는 것이었다. 이 교과과정은 인문학 연구와 사회과학, 행동과학을 접목하여 설계한 것이었다. 이 과정은 그때 처음으로 만들어진 것이었기 때문에 아트는 이 과정의 신설 소식을 사람들에게 어떻게 홍보해야 할지 그 방법을 찾기 위해 고심하고 있었다. 그러다가 그 방편 중의 하나로 오스틴 지역 라디오방송국인 KUT를 접촉해 보았다. 왜 하필 KUT 방송국이었냐 하면 그때 이 방송국이 텍사스주립대학교 구내에 있는 캑터스 카페에서 음악 프로그램을 운영하고 있었기 때문이었다. KUT 방송국은 2주에 한 번 정도로 캑터스 카페에서 〈뷰즈앤브루즈(Views and Brews)〉라는 대화 프로그램을 운영하고 있었고, 아트는 그 프로그램을 맡은 방송국 담당자에게 연락해서 자기가 가르치는 과정에 있는 사람들이 그 행사에 참여해도 되겠냐고 물었다. 큰 기대를 걸지 않고 물었던 것인데 뜻밖에도 방송국에서는 선뜻 좋다는 반응을 보였다.

캑터스 카페는 원래 음악을 선보이는 곳이다. 루신다 윌리엄즈, 라일 러벳, 로버트 얼 킨같이 훌륭한 음악가들도 거기를 거쳐 간 사람들이다. 그래서 아트는 음악대학의 교수 중 누군가 함께 참여하면 괜찮을 것 같다는 생각을 하게 되었고, 음대 교수인 밥에게 연락해서 함께 프로그램을 해보자고 청하였다.

이렇게 해서 아트와 밥, 우리 둘은 이 쇼의 진행자 겸 프로듀서인 레베카 매킨로이와 함께 캑터스 카페의 무대에서 자리를 함께하게 되었다. 여기서 우리는 참신한 사고와 창의적 문제 해결에 대해 많은 이야기를 함께 나누었다. 우리는 이 쇼를 진행하면서 정말 즐거웠고 웃기도 무척 많이 웃었다. 그렇게 일이 시작되었고, 프로그램은 그렇게 계속 무난하게 진행되었다. 최소한 처음 얼마 동안은 말이다.

그런데 한 1년이 지난 어느 날 레베카가 다음 해 캑터스 프로그램 스케줄을 짜고 있다가 우리에게 〈뷰즈앤브루즈〉를 계속 더 해보면 어떻겠냐고 물었다. 우리는 무대에서 이야기하는 것을 즐거워하는 사람들이기 때문에 좋다고 했다. 그런데 프로그램을 시작할 때쯤 어느 날, 레베카는 이 대화 프로그램을 라디오 쇼로 전환하고, 또 인간 심리에 대해서 팟캐스트를 하면 어떻겠냐고 물었다. 우리는 둘 다 라디오 쇼는 생각해 본 적도 없었기 때문에 당연히 대답 대신 미소 정도로, 고맙지만 너무 바빠서 안 되겠다고 정중하게 사양을 할 법한 상황이었다. 그런데 이 상황에서 바로 이 장에서 이야기하려고 하는 "새로운 경험에 대해 열린 마음"이라는 것이 뜻밖에도 우리 두 사람 마음속에서 서서히 작동을 시작하였다.

성격심리학자들은 사람들의 다양한 행동 방식을 설명할 수 있는 다섯 가지 성격 차원을 발견하였고, 이것을 빅파이브(Big Five)라고 부른다. 각 차원은, 해당 요소가 있는지 없는지에 따라 양쪽으로 나뉘는 이분법이 아니라, 해당 요소의 정도가 강한지 약한지에 따라 달라지는 연속선으로 표시된다. 따라서 각 사람들은 성격 차원에서 해당 정도에 따라 이 연속선의 어느 지점에 있는 값이 매겨지게 된다. 이 연속선의 한쪽 끝에 있는 사람은 반대쪽 끝에 있는 사람과 비교할 때 해당 성격 차원에 있어서 매우 다르게 행동한다.

빅파이브 중의 하나가 방금 언급한 "새로운 경험에 대해 열린 마음"이다. 이것은 새로운 것을 시도해 보는 데 대해 얼마나 마음이 내키느냐를 가리킨다. 비교적 열린 마음을 가진 사람들은 온갖 종류의 새로운 기회를 가져 볼 생각을 한다. 물론 새로운 시도를 해볼 만한 기회들이 올 때마다 실제로 행동에 옮기지는 못하더라도 최소한 그런 기회를 가지는 것에 관대하기 때문에 부담없이 생각을 해본다는 것이다. 이와 대조적으로 새로운 경험에 대해 닫힌 마음을 가진 사람들은 새로운 생각들을 단순히 새롭다는 이유만으로 그냥 무시하고 만다.

그런데 이 닫힌 마음을 가진 사람들은 자신들이 새로운 생각을 단순히 새롭다는 이유만으로 무시했다는 사실을 인정하려 들지 않는다. 그 대신 그 사람들은 이 새로운 생각이 왜 나쁜지에 대해 나름대로 온갖 구실을 찾아낸다. 예를 들어, 그런 방식으로는 일이 안 될 것이다, 시간이 오래 걸릴 것이다, 그러다가 바보라고 망신만 당할 것이다, 성공을 못 할 수도 있으니 시간 낭비다, 그런 일은 나보다 더 잘하는 다른 사람이 해야 한다, 등의 핑계 말이다. 무슨 말인지 이해가 될 것이다. 원래 새로운 일이란 약간 두려운 일이다. 그래서 닫힌 마음을 가진 사람들은 변화를 피하고, 지금까지 살아온 방식으로만 인생을 살아가려고 함으로써 새로움에 대한 두려움을 회피하는 반응을 보인다.

다행히도 우리는 모두 새로운 경험에 대해 열린 마음을 갖고 있다. 그래서 레베카가 우리에게 쇼를 해볼 생각이 있느냐고 물었을 때, 우리는 둘 다 웃는 얼굴로 "물론 좋지요." 하며 수락을 했다. 참고로 말하자면, 사실상 우리는 매우 외향적이기 때문에 매우 많은 청취자를 대상으로 라디오 쇼를 진행한다는 것도 재미있을 것 같은 생각이 들었다. 외향성도 빅파이브 중의 하나인데, 외향성이란 사회적인 상황에서 자신이 주목받는 것을 얼마나 좋아하느냐를 나타내는 것이다.

그렇게 해서 몇 주 뒤에 우리는 KUT 방송국이 텍사스주립대학교 캠퍼스 안에 새로 단장해 놓은 멋진 스튜디오에서 테이블에 둘러앉게 되었다. 우리는 상황이 생소해서 도대체 뭘 어떻게 하는 건지 전혀 아는 바가 없었다. 상황이 그렇다 보니 우리 프로그램의 녹음 엔지니어인 데이비드 알바레스는 우리가 '프' 소리를 낼 때 센 입김 바람 소리가 마이크로 들어가지 않도록 하려면 마이크를 어디쯤 떼어 놓아야 한다든가, 말하는 중에 테이블을 두드리거나 발로 의자를 건드리지 말아야 한다든가 등 여러 가지 필요한 얘기들을 반복해서 침착하게 우리에게 설명해 주었다. 그런데 우리는 그런 유의사항을 자세히 듣고도 금방 다 잊어버리곤 했다. 그렇지만 어쨌든 우리는 스튜디오에서 행복, 두려움, 성격, 습관, 멀티태스킹, 브레인 게임 등 심리학의 다양한 주제에 대해서 오랜 시간 이야기할 수 있었다. 그리고 이 쇼는 나름 대단한 성공을 거두었다.

그러자 레베카는 이 긴 대화 내용을 첨단기술을 이용해 잘 편집하여 매우 기발하면서도 일관된 모습을 갖춘 7분짜리 흥미로운 이야기 조각들로 구성해 냈다. 이 쇼는 〈당신의 뇌에 대한 두 남자의 이야기(Two Guys on Your Head)〉라는 제목으로 2013년 8월부터 방송으로 나가기 시작했다.

매주 우리는 누구라도 한 번쯤은 생각해 보았음 직한 심리학의 여러 측면에 관해 이야기했다. 우리는 이런 이야기들이 우리 자신과 주변의 사람을 조금 더 이해하는 데 도움이 되도록 수준 높은 실제 연구 결과들을 들어가며 설명하였다. 책으로는 소리를 들을 수 없으니 이 라디오 쇼가 어땠는지 조금 더 실감나게 한 가지 얘기를 보태자면, 밥은 전형적인 뉴저지 출신 남자 투의 말을 하고, 아트도 원래 뉴저지 출신이었기 때문에 그렇겠지만 밥과 말투가 비슷했다. 그리고 우리는 쇼를 진행하는 동안 정말 많이 웃었다. 사실 아트가 밥을 좋아하는 이유 중의 하나는 밥이 친절하게도 자기의 썰렁한 농담에도 많이 웃어 주기 때문이기도 하다.

흥미롭게도 지금 와서 되돌아보며 깨닫는 것은, 우리가 맡았던 그 일이, 그 일을 맡았던 당시에 느꼈던 것보다는 훨씬 더 중요한 일이었다는 것이다. 인생이라는 것은 과정에서는 모든 것이 분명하게 드러나지 않는 법이다. 살아가는 과정에서 우리에게 일어난 일들이 정말 얼마나 중요한 일이었는지는 오랜 시간이 지난 후에야 비로소 깨닫게 되는 경우가 흔하다. 새로 생긴 석사과정 프로그램을 홍보해 보려고 방송국에 전화할 때는 그것이 장차 어떻게 인간 심리를 다루는 라디오 쇼로 이어질지 전혀 몰랐었지만 결국 그것이 새로운 일이 시작되는 계기가 된 것처럼 말이다.

새로운 경험에 대해 열린 마음을 가지는 것은 우리에게 크게 도움이 된다. 왜냐하면, 세상일이 앞으로 어떤 결과를 가져올지 처음에는 아무도 알지 못하기 때문이다. 새로운 무언가를 했을 때, 그저 그럭저럭 잘 되는 정도의 일로 그칠 수도 있지만, 때로는 나중에 돌이켜 보면 그것이 내 인생에 있어 매우 중요한 전환점이었다는 결론을 내릴 정도로 의미 있는 일이 되기도 한다. 그리고 설혹 새로운 시도가 결국 아무런 성과를 내지 못하더라도, 최소한 그 새로운 일을 하는 과정에서 즐거움을 느낄 수도 있고, 또 그 경험으로부터 뭔가를 배울 수도 있을 것이다.

물론 새로운 경험에 대해서 너무나도 과도하게 열린 마음을 갖고 있으면, 새로운 일들에 대해서 생산적이고 행복한 마음으로 흥미를 느끼는 선을 벗어나 충동적으로 새로운 것만을 찾는 심리상태가 될 수도 있다. 예를 들어, 신체 체형을 바꿔 보겠다고 새로운 아이디어를 시도해 보는 것 정도는 좋은 일이지만, 당신 사촌의 친구가 체중을 줄이는 데에는 땀을 빼는 게 단연코 최고의 방법이라고 주장한다고 해서 애리조나에 있는 땀 빼는 다이어트 합숙소에 들어가서 일주일 내내 땀 흘리며 다이어트를 해볼 필요까지는 없는 것이다. 결론적으로, 이런 종류의 문제를 잘 해결하는 비결이란 어떤 새로운 방안이 나왔을 때 무턱대고 거부하기 전에 장단점을 면밀하게 잘 생각해보는 것이다.

혹시 당신이 새로운 경험에 대해서 좀 닫힌 마음을 갖고 있어서 좀 더 열린 마음으로 바꾸고 싶은 생각이 있다면 몇 가지 생각해 볼 만한 일들이 있다. 그중 첫 번째는 후회에 대한 연구결과를 듣고 거기에서 교훈을 얻는 일이다.

심리학자들이 후회에 관해 연구를 시작하던 때에, 대개의 연구라는 것이 그렇듯이, 대학교 2학년 학생들을 대상으로 연구를 했다. 우스갯소리지만 대학 2학년생들은 싸고 많고 쉽게 데려다 쓸 수 있다는 점에서 심리학 연구에서는 실험용 초파리들이나 다름없다. 대학생들한테 무엇을 후회하느냐고 물으면 대개는 술에 만취했던 얘기, 시험을 망쳤던 얘기, 차를 들이받아 사고를 냈던 얘기들과 같이 자신이 저지른 바보짓에 관해 얘기한다.

코넬대학교의 톰 길로비치(Tom Gilovich) 교수는 후회에 대해 기발한 연구를 했다. 즉, 양로원에 사는 은퇴한 노인들을 대상으로 인생에 있어서 무엇을 후회하고 있는지 조사해 본 것이다. 흥미롭게도 그연구조사에서 밝혀진 것은, 노인들은 자신이 잘못했던 것에 대해 후회하는 것이 아니라 자신이 하지 않은 일에 대해서 후회한다는 것이었다. 즉, 살사댄스를 배워보지 못한 것, 세계 여행을 해보지 못한 것, 악기를 배워보지 못한 것 등 말이다. 사람들은 자신의 인생이 끝점에 가까이 이를수록 자신이 지금까지 한 번도 해본 적이 없고 앞으로도 못해 볼 일들이 세상에 많이 있다는 아쉬운 상황을 서서히 깨닫게 된다.

그러니 당신이 비교적 닫힌 마음을 갖고 있다면 일단 이다음에 당신이 스스로 해 보지 않은 것을 후회할 것이라는 생각을 마음속 깊이받아들여 보라. 그러면 당신 인생이 끝나가는 늘그막에 무엇을 안 했다고 후회하게 될지를 손쉽게 생각할 수 있게 된다. 그러니 새로운 기회가 생겼을 때는 이다음 양로원에서 자신이 생각할 것을 미리 생각해 보라. 당신 인생의 끝점에서 이 기회를 그냥 지나가게 한 것을 후회할지 아닐지에 대해 스스로에게 물어보라. 후회할 것처럼 생각되면 지금 다가온 그 기회에 대해 마음을 열어 보라.

두 번째 할 일은, 당신의 뇌에는 두 가지 매우 다른 모습의 동기가 있다는 것을 깨닫는 것이다. 하나는 '생각하는 방식'(thinking mode)이고, 또 하나는 '행동하는 방식'(doing mode)이다. 당신이 생각하는 방식에 있을 때는 어떤 행동에 대해 좋은 점과 나쁜 점을 곰곰이 따져본다. 성공하는 데에 걸림돌이 될 만한 것들이 무엇인지 찾아낸다. 미래에 대해 계획들을 세운다. 과거의 성공과 실패의 사례들을 생각해 본다. 이처럼 당신이 생각하는 방식을 취하고 있을 때는 세상에 대해 뭔가를 할 수 있게 해주는 에너지가 생겨나지 않는다.

이와 반대로 당신이 행동하는 방식에 있을 때는 뭔가를 하고 싶어 한다. 자신의 행동으로 세상에 참여하려 한다. 뭔가를 하고 싶어 못 견딘다. 당신은 빨리 일을 진행하고 싶어 조급한 마음이 생기기 때문에 당신 주변에 생각하는 방식에 머물러 있는 사람들을 참고 보기가 힘이 든다.

당신이 새로운 가능성에 대해 마음을 닫고 있을 때는 대개 생각하는 방식보다는 행동하는 방식을 선택하고 있는 경우가 많다. 이때 새로운 무엇인가를 하지 않겠다고 결정하게 하는 것은 바로 행동하는 방식인데, 이 말이 조금은 모순된 것처럼 느껴질 수 있다. 왜 그럴까? 행동하는 방식은 뭔가 행동을 해야겠다는 필요를 느끼게 해준다. 이때 우리는 우리에게 친숙하지 않은 길보다는 친숙한 길로 가는 것이 훨씬 더 편하게 생각되기 때문에, 우리가 뭔가를 행동하기로 결정할 때 그 결정된 행동은 대개 우리 자신에게 익숙한 것, 즉 새롭지 않은 행동이기 마련이다.

그러니까 새로운 가능성에 대해 마음을 닫아버리고 싶은 마음이들 때는 스스로 새로운 아이디어에 대해 생각해 볼 수 있게 해 줄 필요가 있다. 쉽게 말해, 결정을 바로 내리지 말고 기다려 보는 것이다. 며칠 동안 생각해보면서 지내보라. 물론 처음에 그 아이디어가 이상하고 불편하게 느껴지다가 시간이 지나면서 더 심하게 불편하게 느껴질 수 있다. 그렇지만 그 아이디어를 그냥 접어버리지 않고 마음속에 품고 있는 동안 그것이 오히려 점점 더 재미있고 흥미로워지기도 한다. 그러니 기다리는 동안 어떤 일이 생기는지 한 번 두고 보는 것이 좋은 것이다.

어떤 새로운 것이 분명 매력적인 면이 있기는 한데, 친숙하지 않은 것에 대한 두려움 때문에 시도하는 게 썩 내키지 않는다면, 이 질문을 스스로에게 해볼 만하다. "최악의 경우에는 어떤 일이 생길까?" 많은 경우에 있어서 우리는 실제 두려워 할 근거보다 훨씬 더 크게 두려움을 느낀다. 대중 앞에서 연설하는 경우를 생각해보라. 사람들 앞에서 이야기하는 것은 많은 사람들에게 공포를 심어 주는 일이기 때문에 심지어 심리학자들은 실험할 때에 실험대상자들에게 스트레스를 불러일으켜야 할 필요가 있을 때는 대중연설을 시키겠다고 협박을 하는 것이 일반적인 실험방식이 될 정도이다. 우리는 다른 사람들 앞에서 이야기하는 것이 직업이기 때문에 그런 무대 공포는 좀 거리가 먼 얘기이다. 사실 아트는 청중들 사이에 앉아서 얘기를 듣는 것이 무대 위에 올라가서 얘기하는 것보다 더 힘들다고 생각할 정도이다. 앞에서 잠깐 말한 대로 외향적 성격 때문이다. 그럼 새로운 것에 대해 느끼는 그런 공포를 어떻게 벗어날 수 있을까?

가장 간단한 답은 연습이다. 그렇지만 연습이 효과를 발휘하게 하는 근본적인 요소는 무엇일까? 한편으로는 연습을 통해서 당신이 말하는 기술을 더 향상시켜주고 그것을 통해 더 자신감을 얻을 수 있기도 하다. 혹시 당신이 우리 두 사람보다 성격적으로 훨씬 더 내향적이라고 하더라도 다른 사람들 앞에서 이야기하는 연습을 많이 하면 분명 많은 도움이 될 것이다. 연습을 하다 보면, 실상 그렇게 두려워할 것이 별로 없다는 사실을 깨닫게 된다. 매번 연설을 해도 크게 나쁜 결과가 나타나지 않고 지나간다는 것을 알게 되기 때문이다. 사실상 당신이 기자회견에 나타나 성명서를 발표하는 정치인이 아니라면 다른 사람들 앞에서 한 이야기가 오랫동안 큰 영향을 끼치는 일은 거의 없다. 사람들 앞에서 연설할 때의 실제 위험성은 당신이 위험하다고 느끼는 것보다는 매우 작다. 혹시 실수하더라도 사람들은 그저 잠시 웃을 뿐이고, 또 그 순간은 금방 지나간다. 실제로 연설을 듣는 사람들은 연설하는 사람이 하는 실수에 대해서 매우 너그럽다.

물론 자신이 느끼는 두려움이 실제 위험성과 항상 차이가 큰 것은 아니다. 만일 번지점프를 할 기회가 왔다면 당신은 두려워서 뒤꽁무니를 뺄 수도 있다. 아트는 발목에다가 고무줄을 감고 높은 곳에 올라가 뛰어내리는 번지점프는커녕 간단하게 손 볼 게 있어서 지붕 위에 올라가는 것조차 엄두를 내지 못한다. 그렇다고 해서 높은 곳을 두려워하는 고소공포증이 있는 것도 아니다. 그저 통증과 죽음을 두려워할 뿐이다. 그런 두려움은 충분히 이해할 만하다. 땅바닥을 향해 곤두박질하듯 뛰어내리면서 얻는 잠깐의 스릴이 혹시라도 땅바닥에 부딪혀서 죽을 가능성을 충분히 보상해 주지 못하기 때문이다. 비록 그 가능성이 아무리 희박하다 하더라도 번지점프를 하다가 일단 일이 잘못되면 그 결과가 너무 끔찍한 것이기 때문에 아트가 번지점프에 대해 가지는 공포는 충분히 이해할 만하다. 그렇다고 번지점프를 하지 말라는 말은 아니다. 설령 당신이 번지점프를 가더라도 아트는 따라가지 않을 거란 얘기이다.

그렇지만 일반적으로 말해 현대의 산업화된 세상은 제법 안전한 곳이다. 아마 번지점프도 안전할 것이다. 그러니 당신이 새로운 기회에 대해 마음을 닫아 버리기 전에 '혹시 내가 정작 두려워해야 할 대상은 두려움 그 자체가 아닐까?' 하는 질문을 스스로 해 보기 바란다. 이 말은 제법 멋진 말인데 아마 우리가 자주 반복해서 쓰면 사람들 사이에서 유행어가 될 수도 있을 것이다.

우리가 점점 자신감을 느끼게 되면 결국에는 새로운 기회에 대해 열린 마음을 갖게 되어 결국 우리의 삶을 풍요롭게 할 수 있을 것이다. 당신 눈에 성공적이고 생산적으로 보이는 사람들은 대개 자신의 삶이 반드시 이래야 한다는 신념을 가지고 거기에 매여 사는 사람이기보다는 새로운 경험에 대해 열려 있는 마음으로 사는 사람들이다. 그리고 설령 당신이 타고난 기질이 그렇게 개방적이지 않더라도 자신의 마음을 열고 싶은 생각이 있기만 하다면 당신이 생각했던 것보다는 훨씬 더 개방적인 사람이 될 수도 있다. 그러다 보면 과거보다 실제로 더 열린 마음을 갖게 되었음을 자신도 느끼는 날이 올 것이다.

우리가 라디오 토크쇼를 처음 시작하여 한 회 이야기를 끝마쳐가던 시점에 밥이 "자, 이 말은 우리 베개에다가 자수를 놓아 마음속에 두고두고 꼭 새길 말입니다." 하고 아주 멋진 말로 핵심을 요약한 적이 있다. 그날 이후로 우리는 인간의 심리에 대한 짧은 이야기를 마칠 때마다 그때 다룬 중요한 통찰력 있는 요점을 소개할 때마다 이 말을 반복하곤 했다. 이 책에서도, 나중에 당신이 자수를 놓거나, 머그

잔에 멋진 말을 새겨 넣거나, 몸에 문신을 새기거나, 티셔츠에 문구를 넣거나, 당신에게 영감을 주는 무슨 일을 하든지 간에, 거기에 쓸만한 명구들을 각 장이 끝날 때마다 하나씩 적어보려고 한다. 이 장에서 열린 마음의 장점을 잘 요약해 주는 짤막한 명구는 바로 이것이다.

**마음을 열라.
앞일이 어떻게 될지는
아무도 모른다.**

우리는 정말 자신을
스스로 행복하게 만들 수 있을까?

지금으로부터 한 20년 전쯤 심리학 분야에는 연구 초점에 큰 변화가 있었다. 그때까지는 심리학자들이 스트레스와 같이 사람들의 생활에 나쁜 영향을 주는 것들을 주로 연구해 왔었는데 행복과 같이 사람들에게 좋은 영향을 주는 것들을 연구해 보자고 방향을 바꾸게 된 것이다. 이 심리학 동향을 긍정심리학(positive psychology)이라고 불렀는데, 이 연구 동향의 선두에는 당시 미국심리학회 회장이었던 마틴 셀리그먼(Martin Seligman)과 일리노이대학의 교수였던 에드 디너(Ed Diener)가 있었다.

셀리그먼 교수로서는 무엇이 사람을 행복하게 해주는가로 연구 주제를 바꾼 것이 매우 흥미로운 일이었다. 그가 했던 초기 연구 중에는 '학습된 무력감(learned helplessness)'이라는 것이 있다. 이 학습된 무력감이라는 것은 유기체가 (물론 인간도 모두 유기체다) 피할 수 없는 고통스러운 일을 반복적으로 경험할 때 생겨나는 것인데, 이 경험에서 유기체는 도망치려는 노력이 허사라는 것을 학습한다. 여기서 놀라운 발견은 유기체들이 자기 노력이 헛되다는 것을 반복해서 학습하고 나면 결국 모든 것을 포기하여 나중에 도망을 칠 수 있는 환경으로 바뀌더라도 도망갈 생각을 하지 않는다는 것이다. 이 학습된 무력감에 대해서는 책 뒷부분에서 좀 더 이야기할 것이다.

셀리그먼 교수, 디너 교수 그리고 여러 심리학자들은 사람들이 행복한 삶을 살기 위해서는 과연 행복하고 만족감 있는 삶이란 어떤 것인가를 먼저 이해할 필요가 있다는 것을 알고 있었다. 그래서 이 학자들은 "무엇이 사람을 비참하게 만드는가" 하는 질문보다는 "무엇이 인간을 행복하게 만드는가?" 하는 질문을 하게 된 것이다.

행복에 대한 연구 결과는 매우 흥미로우면서도 한편 어떤 점에서는 우리의 직관과는 반대되는 점을 보여 준다. 가장 중요한 결론 중의 하나는 각 개인의 행복은 시간이 지나도 별로 변하지 않는다는 것이다. 어떤 사람들은 대부분 시간을 매우 행복하게 살아간다. 즉, 자신의 삶에 대해 만족하며 살아간다. 그 반면 어떤 사람들은 대부분 시간을 별로 행복하지 못하게 살아간다. 우리 모두 인생이 가져다주는 오르락내리락하는 사건들을 경험하고 있지만, 개인은 자신의 인생을 살아가는 과정에 있어서 대개 변함없는 정도의 행복감 수준을 유지하는 것으로 보인다. 심리학자들은 이 총체적인 행복감의 일반적 수준을 '고정점' 또는 '세트 포인트(set point)'라고 부른다.

봉급이 오르거나 오랫동안 유지했던 관계가 끊어지거나 하는 다양한 삶의 사건들이 단기적으로는 좀 더 행복하게도 하고 좀 덜 행복하게도 하지만, 우리는 모두 장기적으로는 세트 포인트로 돌아가는 경향이 있다. 가족 중에 누가 사망하면 당연히 슬픔을 느끼고 이 슬픔은 몇 주, 몇 달, 아니면 그 이상 지속되기도 한다. 복권에 당첨되면 엄청난 흥분과 기쁨이 그 후 몇 주, 몇 달 동안 지속되기도 한다. 그렇지만 대부분의 경우 그 후에 일어나는 수많은 일이 우리 각자의 세트 포인트의 영향에 의해 우리가 통상 경험하는 정도의 행복 수준으로 되돌아가게 만든다.

우리의 행복이 우리에게 일어나는 사건들, 즉 우리가 얻는 것, 잃는 것, 성취하는 것, 실패하는 것에 전적으로 달려 있다고 믿거나, 아니면 인생에서의 사건들이 한데 어우러져서 그것이 우리의 행복을 결정하는 유일한 요소라고 믿는다 해도 크게 탓할 수는 없을 것이다. 그렇지만 행복은 실제로 그렇게 결정되지 않는다.

댄 길버트(Dan Gilbert) 교수와 그의 동료 연구자들이 밝혀낸 한 연구는 이것을 잘 보여준다. 이 연구자들은 대학의 조교수들을 대상으로 그들의 승진과 정년보장에 대한 결정이 그들의 행복감에 어떤 영향을 주는지 조사하였다.

대학교수들에게 있어서 정년보장은 놀라울 정도의 직업 안정성을 가져다준다. 승진과 정년보장을 동시에 받는다면 이것은 정말 대단한 일로 평생의 삶에 영향을 준다. 가령 누군가가 이제부터 당신이 좋아하는 직업을 당신이 원하는 만큼 계속해서 일할 수 있게 됐다고 얘기해 주었다고 생각해보자. 아마도 당신은 이제 나는 평생 행복할 거라고 생각할 것이다. 그리고 그 반대로 당신이 그 좋아하는 직업을 이제 그만두고 떠나야 한다고 얘기해 준다면 아마 오랜 시간 동안 엄청난 고통을 느끼게 될 것으로 생각할 것이다.

이 실험에 참여한 교수들 한 그룹은 곧 정년보장 심사를 기다리는 교수들이었다. 이들에게는 자신들이 정년보장을 받은 후에 그 기쁨이 얼마나 오래 계속될지 연수와 달수로 예측해 보라고 했다. 이 그룹의 교수들은 정년보장을 받으면 기분이 어떨지, 정년보장이 거부되면 기분이 어떨지에 대해 스스로 예상하고 평가했다. 결과를 보니 말하나마나 교수들은 정년보장을 받으면 정년보장이 거부되었을 때보다 훨씬 행복할 것이라고 예상했다. 그리고 대개 정년보장이 실패할 경우의 그 영향은 대략 5년 정도 지속할 것으로 평가했다.

두 번째 그룹의 교수들은 이미 정년보장 평가를 받은 교수들이었다. 어떤 교수들은 정년보장을 받았고, 어떤 교수들은 정년보장이 거부된 사람들이었다. 이들에게는 정년보장 심사를 받고 결정이 내려진 다음에 그 결정이 실제 행복에 어떠한 영향을 주었는지 질문하였다. 정년보장을 받은 것이 사람들을 행복하게 했을까? 별로 그렇지 않았다. 평균적으로 보아 정년보장을 받지 못한 교수들도 정년보장을 받은 교수들과 마찬가지 수준의 행복을 느끼고 있었다. 물론 결정이 난 후에 몇 달 정도는 무척 언짢았지만, 인생에 있어서 이 정도로 중요한 사건조차도 원래 자신이 예상했던 것보다 인생에 미치는 영향이 훨씬 적었다. 이런 연구결과들로 보면 또다시 베갯잇에 자수로 새겨둘 만한 유명한 경구, 즉 "이것 또한 지나가리라" 하는 말이 생각난다.

그렇다고 인생에 대한 전반적인 만족감의 수준이 절대 불변한다는 말은 아니다. 다만 많은 사람을 대상으로 오랫동안 연구한 행복 연구는 앞에서 말한 두 가지 흥미로운 사실을 보여준다는 것이다. 첫째는 한 해 한 해 환경이 바뀜에 따라서 행복감에 변동이 있을 수 있다는 것이며, 둘째는 위대한 성취를 이룬 것처럼 긍정적인 일이든, 아니면 심각한 질병을 앓는 것처럼 부정적인 일이든 간에 이 감정적으로 큰 영향을 미친 사건이 일단 일어난 이후에는 시간이 지나감에 따라, 비록 시간이 좀 걸릴 수는 있더라도 우리는 모두 다시 고정점인 세트 포인트로 돌아가는 경향이 있다는 것이다.

장기적인 행복에 대한 연구결과들은 우리가 받아들이기에 마음이 편하지 않을 수 있다. 특히 크게 행복을 느끼지 못하는 사람들에게는 더욱 그렇다. 인생 전반에 대한 만족감에 장기적인 변화가 생긴다면 그런 변화는 대개 긍정적인 것이기보다는 부정적인 경우들이 많다. 다시 말해 우리는 평균적으로 볼 때 더 행복해지기보다는 덜 행복해지는 경향이 있다는 것이다. 이것은 우리가 살아가는 과정에서 행복감이 늘어나게 해 주는 행운을 겪기보다는 행복감이 줄어들게 하는 문제를 자주 겪게 될 가능성이 크기 때문이다. 비록, 우리가 부정적인 사건이나 긍정적인 사건 등을 겪은 후에는 결국 원래의 세트 포인트로 돌아가는 경향성이 있기는 하지만, 예를 들어 지속되는 투병 생활, 실직, 배우자의 사망 같은 사건들은 우리가 느끼는 행복감을 장기적으로 감소시킬 수 있다.

그러나 장기적으로 볼 때 인생의 만족감을 늘려주는 한 가지 요인이 있는데 그것은 결혼이다. 물론 영화나 텔레비전에서 결혼을 마치 온갖 스트레스의 원인인 것처럼 보이게 하는 경우가 흔히 있지만, 결혼은 사실 안정성의 바탕이 되는 경향이 많다. 이 안정성은 우리들이 장기적으로 건강한 습관을 지니게 해주고, 이것은 다시 인생의 만족감을 낮추는 중요한 원인이 되는 질병들을 예방해 주기 때문이다.

그렇다면 우리의 삶을 행복하게 하려면 우리가 할 수 있는 일은 과연 무엇인가? 아마도 가장 중요한 것은 행복이 결코 우리의 순간적인 목표를 달성하는 데에 달려 있지 않다는 것을 기억하는 일일 것이다. 많은 사람이 대개 매일 불만족스러운 일을 견뎌내면서 행복을 미루어두고 있는 것을 우리는 종종 볼 수 있다. 그들은 졸업이나 결혼, 원고 쓰기를 끝내는 일, 아이를 갖는 일, 집을 장만하는 일들과 같은 자신의 목표가 언젠가 이루어질 때, 꺼져 있던 행복 스위치가 켜져서 평생 행복의 불이 켜져 있으리라고 기대하면서 불만스러운 하루하루를 견디고 있다.

아트는 자신이 십 대 소년이었을 때 그랜드캐니언에서 하이킹하던 경험을 자주 얘기하곤 한다. 그랜드캐니언 계곡의 맨 아래까지 내려온 다음, 다시 정상을 향해서 머나먼 길을 시작하는데, 이 길은 저쪽으로 갔다가 다시 이쪽으로 왔다 하면서 천천히 봉우리의 끝 가장자리까지 끝없이 이어져 있었다. 즉, 한쪽으로 한참 걷다가 다시 방향을 정반대 쪽으로 틀어서 또 한참 걷는 것이다. 이 앞뒤로 왔다 갔다 하는 꼬부랑길 너머로는 보이는 게 거의 없다. 따라서 이 길을 걸으면서 지금까지 과연 얼마나 위쪽으로 이동했는지를 알 수가 없다. 매번 회전할 때마다 마치 다음번 꼬부랑길 다음에 바로 정상이 있을 것 같은 느낌이 든다. 이런 기대는 한참 동안 지속된다. 하이킹하는 사람들은 정상에 도착하여 행복함을 느끼는 그 순간까지, 계속해서 바로 다음 턴에서 정상에 도착할 거라는 기대를 하고 끝없이 힘들게 하이킹을 하는 것이다.

인생의 행복에 대한 기대도 마치 그런 것 같다. 우리 생각에는 행복이 바로 다음번 꼬부랑길을 돌고 나면 나타날 것처럼 느껴진다. 명문

대학에 입학하면 행복할 것이라든가, 학교를 졸업하고 직업을 가지면 행복할 것이라든가, 그동안 기대해 온 승진을 이번 기회에 하게 되면 행복할 것이라든가, 아니면 마침내 원하던 배우자를 얻었을 때 행복할 거라든가 등처럼 말이다. 다음에 다가올 어떤 사건에 행복이 달려 있다고 생각함으로써 그 마지막 모퉁이를 돌 때까지 행복을 느낄 기회를 자꾸 뒤로 늦추고 있다.

정말 안타까운 일이다. 당신이 사는 것은 미래가 아니라 지금 당장이기 때문이다. 그리고 지금 당신은 그랜드캐니언에 있는 것이다. 산꼭대기를 향해 하이킹해야 할 그 기나긴 여정은 당신이 정상까지 오르기까지 견뎌내야 할 힘든 도전이라고 볼 수도 있고, 아니면 비록 숨을 헐떡이고 땀을 흘리지만 하이킹하는 과정에서 보게 될 수많은 아름다운 것들을 생각하고 그 광경을 만끽하는 즐거운 과정으로 볼 수도 있다.

당신이 어떤 목표에 도달할 때까지 즐거움을 뒤로 미뤄두기보다는, 그 순간이 왔을 때의 기쁨이 그저 잠시뿐이라는 것을 인정하는 것만으로도, 당신은 오늘 당장 하고 있는 일로부터 기쁨을 느끼고 지금 사랑할 것에 더 집중하는 데에 도움이 된다. 그렇다. 우리가 해야 될 일도 있고 장래의 목표를 이루기 위해 필요한 희생도 있다. 그러나 우리 인생이라는 것 자체가 해야 할 일이 끝없이 줄지어 대기하고 있는 상황과 별반 다르지 않다면, 그리고 앞으로 바라고 있는 일을 고대하고 있기 때문에 앞에 대기하고 있는 일들이 별로 즐거운 일로 느껴지지 않는다면 꼭 해야 할 일은 이것이다. 즉, 당신이 매일 하고 있는 일들을 다시 한번 평가해 보고 당신에게 기쁨과 성취감을 줄 수 있는, 당신이 바로 오늘 할 수 있는 그 무엇을 반드시 찾아야만 할 것이다.

옛날에 사람들이 자동차 범퍼에 붙이고 다니던 "장난감을 가장 많이 갖고 죽는 사람이 장땡이다(He who dies with the most toys wins)"라는 스티커 구절이 있었다. 그렇지만 장난감을 가장 많이 갖고 있다면 장난감 모으기 대회에서 일등을 할 수는 있을지 모르지만, 장난감을 많이 갖고 있다고 꼭 행복한 것이 아니라는 것을 기억해야 한다. 게다가 죽은 사람 장난감 이야기인데 행복이 무슨 관계가 있겠는가.

자기가 하는 일을 즐거워하고 그 일을 자기 소명이라고 생각하는 사람들이, 자기 직업에서 큰 목적의식을 갖지 못하고 계속 스트레스와 불안을 느끼는 사람들보다 더 행복하다는 것은 전혀 놀랄 일이 아니다. 자신이 변변치 못한 직장에 갇혀서 인생의 환경에 발목을 잡혔다고 느끼는 사람들은 스스로 불행하다고 느끼는데 이것도 이해할 만한 일이다.

밥은 때로는 자기가 지도하는 학부 학생들과 면담을 하는데 어떤 학생들은 대학이 끝없는 스트레스와 좌절의 연속에 불과하다고 생각한다. 밥은 그런 학생들에게 그럼 학교를 당분간 떠나보라고 권한다. 자기를 지도해주는 지도교수로부터 이런 조언을 들으면 충분히 충격적일 만하다. 이런 학생들은 사실 인생에 있어서 엄청난 기회를 가지고 살아온 부유한 학생들이라는 것을 상기해 볼 필요가 있다. 이런 조언을 들은 학생 대부분은 학교를 떠나지 않는다. 그렇지만 자신들이 학교를 떠날 수도 있다는 것과 학교에 다니는 것도 자신의 선택이라는 것을 깨닫는 것은 자신이 왜 이 학교에 와 있는지를 깨닫는 데에 도움을 준다. 즉, 그런 깨달음을 통해서 자신이 발목 잡힌 것 같다는 느낌이 줄어들고, 상황을 통제하는 것은 다름 아닌 자신이라는 느낌이 들게 된다. 일반적으로 말해 우리는 실상 우리가 깨닫고 있는 것보다는 훨씬 많은 선택사항을 앞에 놓고 살고 있다.

우리는 이 행복에 대한 장을 마치기 전에 우리가 다른 사람들과 어울려야 하는 중요성에 대해 강조하려고 한다. 행복에 대한 연구들은, 외로움이 행복에 있어서 매우 큰 부정적인 요인이라는 것을 잘 보여주고 있다. 이 말은 다시 말해 외로운 사람들은 일반적으로 불행한 사람이라는 말과 같다. 당신이 주변 사람들과 연결되어 있다고 느끼지 못하면, 당신이 주변 사람들과 강력하게 연결되어 있다고 느낄 때보다 훨씬 행복하지 못하다. 이것은 설령 당신이 매우 친밀한 이성 관계를 가진 경우라도 마찬가지이다.

물론 불행한 사람들은 통상 자기 주변 사람들과 잘 어울리지 못한다는 것 자체가 문제의 한 부분이기도 하다. 불행하게 느끼면 사교성이 줄어든다는 사실 때문에 외로움과 불행의 밀접한 상관관계는 더욱 커지게 된다. 그렇지만 그런 상황에도 우리와 함께 시간을 보낼 수 있는 사람들이 몇 명인지는 우리 자신이 어떻게 해 볼 수 있는 문제이다. 외롭다고 느끼면 친구나 가족 중 누구에게 연락할 수 있다. 그뿐 아니라 자신과 같은 관심을 두고 있는 사람과 돈 한 푼 들지 않고 사귈 수 있는 방법이 너무나도 많이 있다. 지역사회 단체들, 종교단체들, 그리고 다양한 사회적 봉사 이념을 가진 단체들이 우리를 기다리고 있다. 그런 단체들은 우리를 열심 있는 다른 사람들과 함께 연결해 줄 많은 자원봉사 기회들을 제공해 주고 있다.

그저 그냥 아무렇게나 하는 잡담까지도 우리를 더 행복하게 해줄 수 있다는 것이 연구결과로 밝혀졌다. 닉 에플리(Nick Epley) 교수와 줄리아나 슈뢰더(Juliana Schroeder) 교수는 직장 통근자들을 대상으로 매우 흥미로운 연구를 진행했다. 대중교통을 이용하는 대부분의 통근자는 혼자 따로 앉아서 일하거나 책을 읽을 수 있으면 최고로 행복할 거로 생각한다. 그리고 많은 사람들은 자기 옆에 지겨운 사람이 앉아서 오랫동안 아무 의미 없는 대화를 계속하게 될 경우를 엄청나게 두려워하고 있다.

에플리 교수와 슈뢰더 교수는 일부 실험참가자들에게 출근하는 길에 낯선 사람과 대화하도록 했다. 또 다른 일부 실험참가자들에게는 대화하지 않도록 했다. 결과적으로 낯선 사람과 대화를 나눈 출근자들은 대화를 즐겁게 생각했고, 혼자 가만히 있었던 사람들보다 출근 자체를 더 즐거운 일로 느꼈다. 어쩌면 우리는 모두 우리의 하루하루를 좀 더 유쾌하게 만들 좋은 기회들을 놓치고 있는 것 같다.

이제 우리가 말하려고 하는 요점을 파악했을 것이다. 우리의 장기적인 행복은 우리가 타고난 유전적인 성향에 크게 좌우되며, 거기에 대해서는 우리가 할 수 있는 게 없다. 그러나 우리가 할 수 있는 많은 것들이 우리의 삶을 더 만족스럽고 행복하게 만들 수 있다. 이 말은 우리 개개인이 다양하게 다른 어려운 도전들을 겪고 있다는 사실을 무시하려는 것이 아니다. 우리 중에는 더 쉽게 행복해지는 사람이 있고 그렇지 못한 사람도 있다. 그렇지만 행복이 전적으로 우리의 손에서 벗어나 있는 일은 아니다. 우리의 환경을 더 감사히 여길 기회를 얻고 다른 사람들과 더 잘 사귀게 됨으로써 우리는 인생에 대한 전반적인 만족도를 잠재적으로 더 향상시킬 수 있다. 우리의 이야기는 다음 말로 요약된다.

> 때로는 행복이 우리를 찾아오기도 하지만,
> 때로는 우리가 직접 가서 잡아야 한다.

거짓말하는지
어떻게 알 수 있을까?

:

사람들은 항상 거짓말을 한다. 사회는 끊임없이 진실을 말하는 것이 얼마나 훌륭한 일인가를 강조하고 있지만 원만한 사회생활을 위해서 거짓말하는 것이 최선의 선택인 상황이 많이 있다. 다른 사람이 입은 옷을 보고 별로 좋아 보이지 않아도 멋지다고 칭찬을 해야 할 수도 있다. 가봐야 재미없을 것이 뻔한 파티에 안 가기 위해서 가족들과 모임이 있다고 거짓말을 해야 할 때도 있다. 이런 악의 없는 거짓말들은 다른 사람들과 유쾌한 사회적 관계를 유지하게 하는 데에 도움이 된다. 물론 사람들은 더 큰 거짓말도 한다. 규칙을 어기고서 그 상황을 덮어버리기도 하고 자신이 저지른 실수를 남의 탓으로 돌리기도 한다.

우리가 악의 없는 작은 거짓말이라고 부르는 것들은 그 결과가 오랫동안 지속되지 않는다. 그렇지만 결과적인 영향이 큰 경우라면 상황은 다르다. 그런 경우에는 다른 사람이 당신에게 하는 말이 사실인지 거짓말인지를 알아낼 수 있다면 그것은 매우 중요한 일이 될 것이다. 수년 동안 거짓말 탐지기가 크게 주목을 받았다. 그렇지만 거짓말하는 사람과 그렇지 않은 사람을 구별하는 것이 매우 어렵다는 것은 골치 아픈 엄연한 사실이다.

거짓말을 탐지하는 방법에는 몇 가지 접근방식이 있다. 어떤 방식은, 거짓말을 하는 것은 스트레스나 정신적인 에너지를 생성해낸다고 본다. 이것을 흥분(arousal)이라고 부르는데, 이 흥분이 생기는 이유는 사람들이 사실로 알고 있는 것과 자신이 말하는 거짓된 정보 사이에 일종의 긴장이 생겨나기 때문이다. 거짓말하는 사람은 또한 자신의 거짓말이 탄로 날까 봐 두려움을 가지는데 이것도 흥분을 강화시킨다. 어떤 스트레스와 흥분은 스스로 억제할 수 없는 몇 가지 신체적인 신호들을 만들어 낸다. 스트레스 상황에서는 심장박동수가 늘어나고 호흡이 더 빨라진다. 게다가 피부에서도 전기 전도성이 늘어나는데 이것은 땀 분비가 늘어났다는 것을 보여 준다.

이러한 신호들을 측정하는 것이 거짓말 탐지기의 기초이다. 즉, 사람들이 말하는 특정한 내용이 거짓말인지 아닌지를 판단하는 데 있어서 이러한 신체적인 변화들을 이용해보겠다는 것이 거짓말 탐지기의 기본적인 생각이다.

그렇지만 흥분을 거짓말의 척도로 삼는 데에는 몇 가지 문제가 있다. 우선 사람들이 거짓말을 계속 반복하면 신체적으로 봐서는 그 거짓말의 효과가 사실의 효과와 똑같이 나타난다. 즉, 사실적인 진술을 할 때와 거짓된 진술을 할 때 신체적인 차이가 없어지는 것이다. 그런 상황에서는 거짓말을 할 때 특별한 신체적 반응이 생기지 않는다.

두 번째 문제는 어떤 사람들은 자신이 거짓말 탐지기에 연결되었다는 사실로부터 매우 큰 스트레스를 느낀다는 것이다. 예민한 문제에 대해 질문을 받으면 흥분 정도가 높아지고 그 결과 거짓말처럼 생각되는 반응을 보인다. 여기서 문제는, 거짓말 탐지기라는 것이 거짓말 자체를 탐지하는 것이 아니라 거짓말을 할 경우에 예상되는 신체적인 현상들을 측정하고 있다는 점이다. 즉, 누군가가 거짓말을 하는데 거짓말이 가져올 것으로 예측되는 결과가 나타나지 않으면 그 탐지 시도는 실패하는 것이다. 마찬가지로 만일 거짓말이 아닌 다른 이유로 흥분 반응이 나타나는 경우에도 그 거짓말 탐지기는 거짓말이라고 잘못 표시를 하므로 마찬가지로 실패하게 되는 것이다. 이런 이유로 이제 법정에서는 거짓말 탐지기 결과를 신빙성 있는 증거로 받아들이지 않게 된 것이다.

심리학자인 아트는 거짓말쟁이를 잡아내는 특정 이론들에 대해서 자주 질문을 받는다. 친구들은 온갖 종류의 이야기를 갖고 아트에게 질문을 한다. 거짓말하는 사람들은 진실을 말하는 사람보다 더 눈을 자주 깜빡거린다든가, 거짓말하는 사람은 고개를 들어 왼쪽을 올려다본다든가, 이야기하면서 웃는다든가, 말하는 도중에 목소리가 갈라진다든가, 말하면서 상대방과 눈을 안 맞춘다든가 등 말이다.

물론 어떤 거짓말쟁이들이 이 중에 어떤 것을 하는 때가 있을 수 있다. 그렇지만 진실을 말하는 사람들도 마찬가지다. 눈 맞추기에 대해서 잠시 생각해보자. 물론 거짓말하는 사람은 스스로 당황하고 있기 때문에 거짓말하면서 눈을 맞추기가 어려울 것으로 생각하는 것은 나름대로 일리가 있다. 마치 거짓말하는 사람은 상대방이 사실을 알게 되었을 때 실망할 것이라는 생각이 들기 때문에 그럴 수 있다는 것이다. 실제로 거짓말하는 사람 중에는 눈을 맞추기 힘들어하는 사람이 있을 수도 있다.

그렇지만 거의 모든 사람이 말하면서 상대방과 눈을 맞추는 것을 힘들어한다. 인간의 얼굴이라고 하는 것은 매우 복잡한 물건이고, 상대방의 얼굴을 쳐다보면 두뇌의 많은 활동이 자극된다. 우리의 뇌는 상대방이 어떤 느낌을 느끼고 있는지를 파악해내기 위해서 매우 섬세한 표정들을 해석해 내려고 무척 많이 애를 쓴다.

우리가 말을 할 때는 생각을 문장으로 변환시켜야 한다. 그런데 상대방의 표정 의미를 해독하려는 두뇌활동은 그 일에 실제로 큰 장애가 된다. 그 결과 많은 사람은 말하고 있는 동안 상대방의 얼굴을 보지 않고 다른 곳을 보고 있다가 상대방이 말을 하면 그 말을 들으면서 상대방의 눈을 쳐다보는 경우가 많다. 이것을 한 번 시험삼아 해보기 바란다. 다음 번에 당신이 다른 사람과 대화를 나눌 때 다른 사람이 당신을 똑바로 바라보는 때가 언제인지 잘 살펴보라. 상대방이 당신에게 말할 때는 그 상대방의 눈이 당신의 얼굴을 바라보지 않고 있을 가능성이 크다는 것을 곧 발견하게 될 것이다.

거짓말을 할 때 나타나는 여러 가지 신체적 증상은 어느 것도 완벽한 증거가 되지 못한다. 그렇지만 그런 증상들이 뭔가 정보를 내포하고 있는 것은 사실이다. 다만 대개 이런 단서들을 이용해서는 거짓말쟁이를 효과적으로 잡아낼 수 없다는 것이 문제이다. 여기서 보태고 싶은 말은, 사람들은 다른 사람이 거짓말을 할 때 보내는 단서들에 대해 매우 민감하지만 그러한 단서들을 명시적으로 잘 이용하지는 못한다는 것이다.

거짓말의 단서라고 생각되는 것들 대부분은 실제로 거짓말을 나타내는 데에는 매우 빈약한 단서들이다. 비록 모든 것이 그렇지는 않지만 말이다. 예를 들어서, 사람들은 자신이 사실을 말할 때보다는 거짓말을 말할 때 목소리에 더 많은 스트레스를 드러내는 경우가 많다. 그런데 연구조사를 해보면, 사람들은 거짓말하는 사람을 자세히 관찰시킨 후에 즉시 판단을 하게 했을 때보다는 그 다음 날 판단을 하게 했을 때 정확도가 더 높다. 왜 그럴까? 그 이유는, 사람들이 거짓말하는 사람과 대화를 나누는 그 순간에는 상대방에 대한 뚜렷한 신념들이 있어서 거짓말에 동반되는 미묘한 단서들을 놓치는 경향이 있다는 것이다. 그렇지만 잠시 시간이 지나 그런 분명한 신념들이 약화됐을 때에는 사람들이 포착할 수 있는 단서들, 예를 들어 상대방 목소리에 나타나는 스트레스 같은 미묘한 단서들이 판단에 더 영향을 미치는 것이다.

진실과 거짓말을 구별하는 행동적인 측면들도 있다. 진실과 거짓의 가장 큰 차이점 중의 하나는 말할 때 사람들이 사용하는 언어이다. 제임스 페너베이커(James Pennebaker) 교수는 『대명사의 비밀(The Secret Life of Pronouns)』이라는 책에서 같은 주제에 대해 진실을 말하는 사람과 거짓을 말하는 사람들이 사용하는 단어들을 분석하였다.

진실을 말하는 사람과 거짓을 말하는 사람들은 어떤 사건에 대해 논의할 때 각각 몇 가지 큰 차이점이 드러난다. 그중 한 가지는 거짓을 말하는 사람은 진실을 말하는 사람보다 전반적으로 이야기를 덜

한다는 것이다. 진실을 말하는 경우에는 무슨 일이 있었는지 세부사항이 분명하다. 거짓말을 하는 경우에는 많은 세부사항을 꾸며내는 일이 쉽지 않다. 흥미롭게도 진실을 말하는 사람은 거짓을 말하는 사람에 비교해 자신의 감정에 대한 이야기를 적게 한다. 그 이유는 이렇다. 실제로 있었던 일에 대한 기억을 떠올릴 때 당신은 그 사건에서 자신이 겪었던 감정의 일부를 다시 한번 경험하게 된다. 그 결과 그 느낌이 당신에게는 너무 분명하고, 그러면 당신이 이야기하는 것을 보고 있는 사람에게도 그것은 분명하게 보인다. 그렇지만 당신이 거짓말을 하는 경우에는 당신이 그 감정을 직접 경험하고 있지 않기 때문에 그 감정을 설명하려고 한다. 진실을 말하는 사람들은 거짓을 말하는 사람들보다 자신에 대해서 더 많은 이야기를 한다. 왜냐하면, 진실을 말하는 사람들은 거짓을 말하는 사람들보다 자신의 기억에 더 초점을 두는 데 비해 거짓을 말하는 사람은 자신의 기억보다는 자신의 이야기가 다른 사람에게 어떻게 들릴까에 더 신경을 쓰기 때문이다.

그런데도 거짓말하는 사람을 잡아내는 기술을 찾아내는 데에 이런 관찰사항들만을 이용하기는 어렵다. 왜냐하면, 사람마다 자신들이 사용하는 언어의 일반적인 방식에 큰 차이가 있기 때문이다. 예를 들어, 우리 두 사람은 모두 말을 많이 하는 사람들이다. 그래서 우리가 진실을 얘기할 때도 말을 많이 한다. 하지만 어떤 사람들은 말을 할 때 간단하게 말을 한다. 마찬가지로 어떤 사람들은 자기 말을 많이 하는 데 비해 어떤 사람들은 그렇지 않다. 위에서 말한 특징들을 가지고 거짓말쟁이를 잡아내려면, 당신은 먼저 상대방의 말이 분명히 사실이라는 것을 당신이 알고 있을 때 그로부터 이야기를 들은 후에, 그가 한 얘기와 같은 상황에 대해 다른 사람이 얘기하는 것을 듣고 나서 이 사람이 말하는 내용을 앞서 진실한 사람이 말한 내용과 비교해 봐야만 가능한 일이다.

거짓말을 하는 사람들은 자기가 설명하고 있는 상황을 직접 경험하지 않았기 때문에 진실을 말하는 사람들보다 그 상황에 대해 할 수 있는 말이 적다. 즉, 그 상황에 대해서 많이 알고 있지 못하는 것이다. 그러면 거짓을 말하는 사람과 진실을 말하는 사람에게 전혀 예상하지 못했던 질문을 했다고 가정해 보자. 예를 들어, 밥이 파티에 가서 라디오 방송하는 것에 대한 얘기로 사람들의 흥미를 북돋우기 시작할 때, 사람들이 스튜디오가 어떻게 생겼는지, 프로그램의 엔지니어가 누구인지, 그 방송국의 유명한 기자를 방송국에서 만났는지에 대해 물어 볼 수가 있다. 밥은 이런 질문을 받을 거라고 예상을 못했더라도 이 모든 질문에 대해서 정확하게 대답할 정보가 있다.

그렇지만 어느 누군가가 자기가 전에 가본 적이 없는 식당에 갔었다고 주장했다고 하자. 그러면 그 식당 안에 바 위치가 어디인지, 어느 도로에 있는 건지, 전용 주차장이 있는지, 조명은 어떤지, 식당이 소란한지 조용한지 등에 대해 물어보면 답하는 데에 어려움을 겪을 것이다. 즉, 거짓말을 하는 사람에게는 없는 자잘한 많은 정보를 진실을 말하는 사람은 다 가진 것이다.

한 흥미로운 연구에서는 공항의 안전 검색 요원들을 두 가지 방법으로 훈련을 시켰다. 한 그룹은, 위에서 말한 전통적인 단서들, 예를 들어, 말하면서 어느 쪽을 보느냐와 같은 단서들을 이용하여 훈련을 시키고, 또 한 그룹의 검색 요원들에게는 자신의 여행에 대해 사실을 말하는 사람만 알법한 정보를 묻는 인터뷰 테크닉을 이용하여 훈련을 시켰다. 그러고서는 검색 과정의 효율성을 알아보려는 방법으로,

실험에 참여하는 사람들을 검색대에 보내 그 검색 요원들에게 자신의 여행 목적에 대해서 거짓말을 하도록 했다. 이 조사는 몇 달에 걸쳐 계속되었다. 어떤 사람들은 검색 요원들을 속이는 기술이 더 나아졌는지 확인해보기 위해 반복해서 여러 차례 검색대로 보내기도 하였다. 이 실험 참가자들에게는 실험참가 사례비를 주었는데 검색 요원을 효과적으로 잘 속인 사람에게는 탄로가 난 사람들에게보다 사례비를 더 많이 지급했다.

실험 결과를 보면, 전통적인 방법으로 거짓말을 하는 것을 알아내도록 훈련을 받은 검색 요원들이 거짓말하는 사람을 잡아낸 경우는 겨우 5% 정도였다. 이것은 별로 대단한 실적이 아니다. 이에 비교해 인터뷰 테크닉을 이용하여 조사한 안전요원들은 약 70% 정도를 적발해냈다. 검색대를 여러 번 통과하게 한 실험참가자들도 인터뷰 테크닉을 이용하는 안전요원들을 속이는 데에는 별반 진전이 없었다.

거짓말 탐지의 진짜 문제는, 거짓말이 들통나게 하는 단서가 무엇인지에 대해 사람들이 가진 생각 자체가 잘못되었다는 사실이다. 즉 사람들은 거짓말하는 사람이 거짓말을 할 때 긴장을 할 거라는 생각에 초점을 두고 있다. 그보다는 기억에 초점을 두어야 한다. 거짓말을 하는 사람은 자신이 거짓말하는 사건을 직접 경험하지 못했고, 따라서 그 사건에 대해서 진실을 말하는 사람이 기억해낼 수 있는 정보를 갖고 있지 못한 것이다. 우리의 이번 이야기는 다음 말로 요약된다.

"
아무리 거짓말로 꾸며대도
자기가 모르는 일은 모르는 것이다.
"

브레인 게임을
해야 할까?

:

　이번에는 브레인 게임 얘기를 해보려고 하는데 무슨 얘기인지 좀 더 자세히 얘기하고 시작해야 할 필요가 있을 것이다.

　요즘은 똑똑해지는 것이 큰 주목을 받는 일이다. 요즘 우리는 경영학의 귀재라 할 수 있는 피터 드러커(Peter Drucker) 교수가 말한 소위 '지식경제(knowledge economy)' 시대에 살고 있다. 아트의 주장에 따르면 드러커 교수의 이름을 댈 때는 꼭 '경영학의 귀재'라는 말을 붙여야 한다고 한다. 이 지식경제란 말은, 우리 사회에서 최고의 직업이라고 할 수 있는 것들은 모두 정보를 학습하고 이용하고 세상에 대한 이해를 더 확대하는 것과 관계가 있다는 말이다.

그러니 우리를 좀 더 똑똑하게 만들 수 있는 간단한 운동에 대해 관심을 안 가질 수 없는 것이다.

　지금 시장에는 바로 우리의 두뇌를 그렇게 좀 더 똑똑하게 만들 수 있다고 장담하는 이른바 브레인 게임들이 많이 나와 있다. 이 상품들은 모두 그런 약속을 공통으로 하는데, 그 외에도 몇 가지 디자인 상의 공통적 특징이 있다. 즉, 게임을 하는 데 시간이 오래 안 걸리고, 우리가 알고 있는 내용과 전혀 달라서 학교 공부하는 느낌이 들지 않고, 게임에 빠져들게는 하지만 영화를 보거나 책을 읽는 것만큼 재미있지는 못한 것이 특징이다.

　브레인 게임들은 마치 우리가 체육관에 가서 운동하거나 달리기를 할 때 육체적인 활동이 우리 몸에 운동 효과를 주듯이 우리 마음에 운동 효과를 주기 위해 만든 것이다. 무거운 역기를 들거나 조깅을 하거나 운동기구에서 운동하는 것은 엄청난 시간을 들이지 않고도 우리가 적절한 건강상태를 유지할 수 있게 해준다. 그런 운동들은 일상적인 매일매일의 활동과는 다른 맥락 속에서 우리의 신체를 단련시켜 준다. 그리고 우리들 대부분에게는 이런 운동이 그렇게 딱히 즐거운 일은 아니다. 그래서 달리기를 하는 사람들이 이어폰을 꽂고 달리기를 하거나 운동기구들에는 운동하는 사람들이 덜 지루하도록 비디오 스크린이나 헤드폰 잭이 달려 있다.

　그렇지만 어쨌든 우리가 체육관에서 하는 신체적인 운동은 실제로 우리가 기대하는 목표를 달성시켜 준다. 다시 말해 운동은 우리의 몸을 강화해주고, 우리의 근육과 심혈관을 발달시켜 주고, 신체적인 지구력을 늘려준다. 그러면 브레인 게임은 어떤가? 정말 우리를 더 똑똑하게 만들어 줄까?

아쉽게도 브레인 게임은 우리를 똑똑하게 만들어 줄 수 없는 몇 가지 근본적인 한계들이 있다. 어떤 종류의 심리적인 테스트들이 학교에서 공부를 잘 하게 해 주는지에 대해 많은 연구가 있다. 예를 들어 '유동 지능(fluid intelligence)'은 논리적인 문제 해결 능력을 검사하고 이런 테스트 성적은 문제해결과 관련된 영역의 학습능력과 관련이 있다.

유동 지능 테스트에 대한 성적은 '작업 기억(working memory: 단기 기억)'이라 부르는 정신 능력과 관련이 있는데 작업 기억이란 우리가 의식적으로 동시에 얼마나 많은 정보를 유지할 수 있는지를 가리키는 것이다. 작업 기억은 아이디어들을 비교하고 결합하고 평가할 때 사용하는 능력이다. 작업 기억이 크면 클수록 정보 처리능력이 향상된다. 어떤 사람들은 7자리 숫자를 한번 듣고 나서도 잘 기억하고 심지어 어떤 사람들은 10자리 숫자를 듣고 기억하기도 한다. 10자리 숫자를 쉽게 기억해 내는 사람은 7자리 숫자를 기억해 내는 사람보다 이런 유동 지능 테스트에서 점수를 높게 받는다.

브레인 게임의 논리는 연습을 통해 작업 기억을 향상시키면 유동 지능을 높일 수 있을 것이고, 그러면 학교나 직장에서 맞닥뜨리는 문제 상황을 더 잘 해결할 수 있으리라는 것이다. 브레인 게임에는 작업 기억을 늘리려는 이런 종류들 말고도 공간지각이나 집행적 주의집중과 같은 다른 능력들을 향상시키려는 게임들도 있다.

충분히 그럴듯해 보이지만 실상은 그렇게 단순하지가 않다. 작업 기억과 같은 정신 능력들은 기억으로부터 정보를 가져오고, 주의집중을 통제하는 두뇌 속의 수많은 다른 체계들과 연합하여 작동해야 한다. 브레인 게임이 크게 효과가 없는 이유 중의 하나는, 그 게임들은 마치 인간의 사고가 마치 각각 독립적으로 발달시킬 수 있는 구획이 나누어진 개별적인 장치들로 구성된 것처럼 간주하고 있기 때문이다. 한 가지 능력을 발달시킬 수 있는 테스트를 열심히 한다고 해서 여러 가지 능력 간에 서로 조화롭게 연합하는 능력이 향상된다는 보장은 없다. 사람들을 더 똑똑하게 해줄 수 있는 것은 바로 이 여러 가지 능력 간의 조화로운 연합능력이기 때문이다. 이것은 마치 장딴지 근육만을 운동시키고서 더 훌륭한 육상선수가 되기를 기대하는 것과 마찬가지이다.

브레인 게임의 두 번째 문제는 사고의 잘못된 측면에 초점을 두고 있다는 것이다. 1950년대 후반에 인지심리학이라는 것이 생겨나던 시대에 인지심리학계의 두 거장으로 앨런 뉴웰(Allen Newell) 교수와 허브 사이먼(Herb Simon) 교수가 있었는데, 이 두 심리학자는 문제해결 방식에 대해 연구를 했다. 이들이 밝혀낸 바에 따르면 사람들은 여러 가지 상황에서 문제를 해결할 수 있는 일반적인 전략들을 많이 갖고 있다. 예를 들어서, '되짚어가기 전략(working backward strategy)'은 마음속에 계획하고 있는 목표로부터 현재 상황에 이르기까지의 경로를 단계적으로 찾아나가는 방법이다. 이러한 전략은 요즘 '역순공학(reverse engineering: 리버스 엔지니어링)'이라고 한다. 한편 '언덕 오르기 전략(hill climbing strategy)'은 현재 상황으로부터 목표까지의 차이점을 단계적으로 점점 줄여가는 방법이다.

뉴웰 교수와 사이먼 교수는 이러한 전략들을 문제해결의 '약한 방법(weak methods)'이라 불렀다. 이러한 방법들을 사용하는 데에는 특별한 지식이 필요 없고, 비록 여러 가지 상황에 응용할 수는 있지만 효과는 별로 신통하지가 않다. 다른 방법들이 모두 실패할 경우에 그냥 해 보는 전략들이다.

이와 대조적으로 문제해결의 '강한 방법(strong methods)'은 해당 영역에 대한 지식에 기초해 있다. 다시 말해 당신이 직면한 문제에 대한 전문적 지식에 기초한 것이다. 아트는 자동차가 작동하는 방법에 대해서는 구체적으로 아는 바가 없다. 그래서 자기 차에 탔는데 차에서 이상한 소리가 나면 차를 정비소로 끌고 가야만 한다. 아마 정비공이 다룰 수 있는 가장 쉬운 경우는 아트 차의 문제가 그 정비공이 이미 알고 있는 종류의 문제인 경우일 것이다. 그렇지만 설령 이번 아트 차의 문제가 잘 알지 못하는 종류의 문제라 하더라도 그 정비공은 차에 대해서 전반적으로 아는 게 많고, 그래서 차가 작동하는 방식에 따라 손쉽게 문제점을 진단하고 무엇이 잘못되었는지 찾아내어 그 문제를 해결할 수 있을 것이다. 그 정비공은 일반적인 전략을 쓸 필요가 없다. 자기 분야에 대해 이미 많이 알고 있는 전문가이기 때문이다.

만일 아트가 자기 차를 밥에게 가져갔다면, 아트나 밥이나 자동차에 대해서는 아는 게 거기서 거기이니 두 사람 다 문제에 봉착할 것이다. 우리는 둘 다 자동차가 어떻게 작동하는지에 대해 가진 지식이 없으니 문제 해결을 위한 '강한 방법'을 알지 못한다. 더 심각하게는, 되짚어가기나 언덕 오르기 방법처럼 일반적인 '약한 방법'을 사용하려고 해도 차에 대해서는 그럴 만큼 충분한 지식도 없다. 우리가 할 수 있는 '약한 방법'이라고 해봐야 케이블을 여기저기 흔들어보거나 나사가 빠진 게 없는지 살펴보거나 하는 정도인데, 이런 정도로 접근했다가는 오히려 문제를 더 악화시킬 수도 있다. 설령 이 '약한 방법'이 효과가 있다고 하더라도 '강한 방법'보다는 훨씬 많은 시간이 필요하다.

우리는 지능이라고 하는 것이 그저 단순하게 기본적인 정신 능력을 가리키는 것이 아니라는 것을 알고 있다. 우리가 잘 아는 영역에 대한 지식을 가리키는 지능은 '결정성 지능(crystallized intelligence)'이라고 부른다. 이 용어는 우리 두 사람이 보기에 잘 지은 이름 같지 않다. 이 말대로라면 지능이 결정화되어 굳어져 버렸기 때문에 지식이 우리를 덜 유연하게 만들어 줄 것 같은 느낌이 들기 때문이다. 그런데 실제로는 그 반대이다. 이러한 전문적인 지식은 우리가 행동하는 데에 오히려 더 많은 유연성을 준다.

이제 다시 브레인 게임 얘기로 돌아가 보자.

만일 당신이 수백만 명의 사람들을 위해 브레인 게임을 개발하려 한다고 가정해 보자. 당신은 이 수백만 명의 사람들이 어떤 지식을 가졌는지 알 길이 없다. 그러니 이 게임을 할 사람들이, 예를 들어 한 쿼트는 두 파인트가 된다든가, 힘은 질량 곱하기 가속도라든가, 텍사스 주는 별명이 론스타주라고 한다든가 하는 종류의 특별한 지식을 가져야만 게임을 할 수 있도록 설계하지 않는 편이 좋을 것이다. 그런 것들이 포함되어 있지 않아야 누구든지 이 게임을 선택해서 플레이할 수 있다.

지능검사 시험을 만드는 사람들도 비슷한 종류의 어려움을 겪는다. 예를 들어 지능검사 개발자들은 장차 이 지능검사 시험을 치를 사람들이 무엇을 알고 있는지, 무엇을 알아야 하는지 알 길이 없다. 그러니 이 시험을 치르는 사람들이 어떤 특정한 지식을 갖고 있지 않아도 되는 종류의 과제로 시험을 구성한다. 따라서 브레인 게임 개발자들이나 지능검사 시험 개발자들은 특정한 분야의 특정한 지식이 필요 없이 문제해결의 '약한 방법'에만 의존해서 해결할 수 있는 과제들을 만드느라 무척 많이 애를 쓴다.

약간의 곁 이야기를 하자면, 특정한 지식이 필요하지 않은 시험이라도 이 시험이 무엇을 검사하는 것인지에 대해서는 시험을 치르는 사람이 알고 있어야 할 필요가 있다. 그렇지만 이 이야기는 다음 기회에 더 하기로 하겠다.

만일 정말로 당신이 효율적으로 사고하는 능력을 향상시키고 싶다면 문제해결의 '약한 방법'에 의한 기술을 아무리 최고로 잘 익힌다고 해도 절대 성공할 수가 없다. 그 대신 문제해결을 위한 '강한 방법'을 더 발전시킬 수 있는 전문성을 늘려야 할 필요가 있다. 즉, 뭔가 내용이 있는 것을 배워야 한다는 것이다. 이처럼 실속 있는 내용을 배우는 것은 결정성 지능을 더 향상해 줄 것이다.

그렇다고 해서 브레인 게임의 근본적인 의도, 즉 머리를 더 좋게 만들어 보겠다는 것이 잘못되었다는 말은 아니다. 다시 말해 당신은 스스로 더 똑똑해질 수는 있다. 다만 더 똑똑해지는 방법이 브레인 게임은 아니라는 것뿐이다. 브레인 게임을 통해서 더 나아지는 것은 브레인 게임의 점수이다. 혹시 당신이 보기에 브레인 게임에 있는 활동들이 재미있다면 그것으로 좋은 일이다. 그러나 당신의 목표가 더 똑똑해지는 것이라면, 예를 들어 지금 당신이 이 책을 읽고 있듯이 책을 읽거나, 유튜브 비디오나 온라인 강의를 듣거나, 다양한 주제들에 대해 상세하게 다루는 전문 잡지들을 구독하거나 하여 뭔가 새로운 것에 대해 이해를 높이는 것이 훨씬 더 나은 방법이다. 당신이 새로 배우게 되는 지식은 바로 더 확장된 결정성 지능이며, 바로 이것이 단순히 어떤 게임을 해서 작업 기억을 약간 올리는 것보다는 인생을 살아가면서 더 똑똑하게 생각하고 업무를 처리할 수 있는 능력을 기르는 데에 훨씬 더 도움이 되는 것이다.

이제 우리의 직관과는 다른 흥미로운 생각 하나를 보태면서 이 장을 끝내려고 한다. 혹시 하루에 20분 정도 시간을 낼 수 있다면, 당신 두뇌에 가장 도움을 줄 수 있는 것은 낮잠이다. 현대 세상은 많은 사람에게 잠이 심각하게 모자라는 세상이 되었다. 20분 동안 낮잠을 잔다면 20분 동안 무슨 게임을 하더라도 얻을 수 없는 엄청난 효과를 얻게 될 것이다. 그러니 우리에게 도움이 되는 것은 낮잠이다.

이제 이 장을 마치면서 꼭 기억해 두어야 할 말을 정리하면 이것이다.

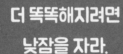

더 똑똑해지려면
낮잠을 자라.

이야기식으로 들은 것이
더 잘 기억될까?

:

아... 가만있어 보자... 그게... 잠깐만... 그게... 저... 글쎄, 그게 아닌
가...?

뭔가 어떤 사실을 기억하려고 애를 쓰다 보면 이런 일이 벌어진다.
내 생각에는 내가 그걸 분명히 알고 있는데, 그게 내 머릿속 어딘가에
있는데, 거의 떠오를 듯한데, 그러다가 우리의 광대한 기억의 벌판 속
에서 종적을 감추어 도무지 못 찾게 되는 그런 경험의 이야기이다.

오늘날과 같은 구글과 IMDb의 시대에는 이런 사태가 좀 줄어들었
다. 그렇게 뭔가 떠오르지 않아서 고생하는 순간에는 주머니 속 스마
트폰을 꺼내서 검색만 하면 해결되는 경우가 많으니까 말이다. 당장

찾아보면 되는데 뭐 그렇게 기억이 안 난다고 고생을 할 필요가 있겠는가.

그런데 트리비아라고 부르는 잡다한 지식을 겨루는 게임을 즐기는 사람들에게 있어서 가장 흥미로운 사실은, 그런 게임을 하면서 단어가 혀끝에서 맴도는 현상을 엄청나게 자주 경험하게 된다는 것이다. 단어가 혀끝에 맴도는 상황에서 우리는 우리가 그 정보를 알고 있다고 느낄 뿐만 아니라 우리가 떠올리려고 하는 정보의 특정한 측면들 일부까지도 기억한다는 것이다. 예를 들어서, 우리가 어떤 특정한 단어를 떠올리려고 해도 떠오르지 않는 때에도, 그 떠올리려고 애쓰는 단어의 첫 글자가 뭐라던가 그 단어가 길다든가 짧다든가 그런 것들은 분명하게 기억이 된다는 것이다.

왜 이런 일이 벌어지는가. 잡다한 트리비아 퀴즈 문제와 같이 우리의 장기기억에 접근할 수 있는 하나의 단서를 받게 되면 그 단서와 관련을 맺고 있는 개별적인 기억들이 마구 튀어 오르는데 이것을 전문용어로 표현하면 '활성화(activate)'된다고 한다. 이 기억들은 각자 자기가 선택되려고 다른 것들과 경쟁하게 된다. 이런 경쟁과정은 어떤 기억들의 강도를 약화시키는데 이것을 '억제(inhibit)'라고 한다. 트리비아 문제는 그야말로 사소한 내용, 즉 별로 자주 사용되지 않는 중요성이 없거나 미미한 정보들이기 때문에, 질문과 정답 사이의 연결 강도는 상대적으로 약하고 따라서 우리 기억 속에서 경쟁이 일어날 때 어떤 다른 기억들이 이 정답을 억제하여 떠오르지 못하게 할 수 있는 가능성이 크다. 그 정답의 윤곽은 알겠는데 그 정답 자체는 전체로 떠오르지를 않는 것이다.

많은 경우에, 어떤 단어나 이름이 떠오르지 않을 때 그걸 기억하려고 애쓰면 애쓸수록 더 안 떠오를 가능성이 크다. 마치 계속 반복해서 머리가 벽에 부딪히는 느낌이다. 아프기만 할 뿐이다.

그런데 그 원하는 것이 떠오를락말락 하는 안타까운 상황이 지속될 때 그것을 벗어나는 한 가지 방법은 오히려 우리의 직관과는 반대되는 방법이다. 시도를 그만두는 것이다. 경쟁을 하는 수많은 기억들속 막다른 골목 속에 자신의 머리를 가두어봐야 성공적인 결과를 가져올 가능성은 별로 없다. 그런데 주의집중을 다른 곳으로 돌리면, 예를 들어서 뭔가 관계없는 것에 대해서 생각한다든가, 산책을 한다든가, 자잘한 집안일 같은 것을 한다든가 하면 경쟁하던 머릿속이 잠잠해지게 된다. 그 문제에 대해 다음 번에 생각을 하게 되면 그 정답은 다른 경쟁관계에 있는 기억들에게 억눌려서 억제되지 않고 수면으로 떠오를 수 있는 기회를 한 번 더 갖게 되는 것이다.

때로는 아예 다른 것을 생각하고 있을 때처럼 원하지도 않는 순간에 그 정답이 번뜩 떠오르기도 한다. 샤워하거나 목욕을 하거나 하는 때 이런 일이 생길 가능성이 큰데, 그 이유는 목욕할 때는 뭔가 진행되는 게 거의 없기 때문이다. 즉, 별로 진지하게 생각할 것도 없고 기억 속에서 뭔가를 찾아내야 하는 다른 단서들도 별로 없다. 하지만 이렇게 목욕하는 순간에는 답이 떠올라도 떠오른 답을 어디에 적어놓기도 마땅치가 않은 것이 문제이긴 하다.

아트는 대학생 때 트리비아 퀴즈 게임에 참여했던 기억을 떠올린다. 그때 질문은 제1차 세계대전을 끝낸 강화조약의 이름이 무엇인가 하는 것이었다. 아트는 세계사 시간에 공부를 잘한 우등생이었는데, 이상하게도 이 게임을 하는 동안에는 이 조약 이름이 전혀 떠오르지 않았다. 정답이 베르사유 강화조약이었다고 하는 말을 듣고는 자신이 그 정보를 분명히 알고 있었는데 놓친 것이 아쉬웠다. 필기시험으로 그게 나왔다면 정답을 썼을 거라는 확신이 있었다.

그러면 이렇게 어떤 것은 기억이 잘 되고 어떤 것은 기억이 어렵거나 불가능한 것은 대체 무슨 이유 때문일까?

어떤 특정한 정보가 다른 정보들과 연결되어 있으면 그 정보는 기억하기가 쉽다. 예를 들어서, 미국 남북전쟁 당시의 미국 대통령 이름이 무엇이냐고 물으면 그 답을 기억할 가능성이 크다. 왜냐하면, 아브라함 링컨과 연결된 정보가 매우 많기 때문이다. 이렇게 많은 연결고리는 그 이름을 찾아가는 경로들을 제공해주기 때문에 정보로 가는 접근 경로가 많으니 그 이름을 기억하기가 쉬운 것이다. 베르사유 강화조약은 최소한 아트의 경우에 그가 알고 있는 다른 지식들과 많은 연결고리를 갖고 있지 않기 때문에 기억하기가 어려웠다.

바로 이런 이유로 개별적인 사실보다는 이야기들이 더 기억하기가 쉬운 것이다. 이야기는 여러 가지 개별적인 정보들 사이에 많은 연결고리를 갖게 한다. 이런 연결고리들은 이야기를 기억하기 쉽게 하고 그 이야기 속에 포함된 사실들을 기억하기 쉽게 해준다. 바로 이런 이유로 아주 나이가 어린 아이들까지도 자기가 들었던 매우 길고 복잡한 얘기를 힘들이지 않고 끝도 없이 줄줄 얘기할 수 있다. 이야기를 구성하는 사건들은 다른 사건들과 연결되어 있고, 그 다른 사건들은 또 다른 사건들과 관련을 맺고 있어서 그 이야기의 한 부분은 다른 부분들을 기억하는 데에 도움을 주는 것이다.

우리 두 사람은 농담하기를 좋아하는데, 오랫동안 이야기하지 않았던 농담도 술술 잘 나온다. 우리가 수많은 농담을 기억할 수 있는 한 가지 큰 이유는 각 농담에 등장하는 몇 명의 인물들과 몇 가지의 상황들이 우리 머릿속에 매우 다양한 연결고리를 갖고 있기 때문이다. 각 농담은 맨 끝에 가서 허를 찌르는 펀치 라인을 등장시키도록 잘 구성되어 있다. 우리는 바로 이 펀치 라인을 재미있게 하는 요소들을 기억하고 있고, 바로 이 요소들이 전체 농담의 구조를 기억해내는 데 도움을 준다.

그렇지만 이야기가 잘 기억나게 하는 것이 상호 연결고리들만은 아니다. 당신은 지금까지 살아오면서 많은 이야기를 들어왔고, 그 결과 머릿속에는 스키마(schema)라는 것들을 갖고 있다. 이 스키마는 이야기가 재미있으려면 어떤 구조와 윤곽을 가져야 하는지에 대한 일종의 틀을 가리키는 말이다. 이 스키마들 때문에 이야기에서 어떤 일이 벌어질지에 대한 예상을 하게 되고, 또 자신이 머릿속에 갖고 있는 스키마와 관련 있는 내용을 그렇지 않은 내용보다 더 잘 기억하는 경향이 있다.

1970년대에 있었던 한 고전적인 연구에서 존 브랜스포드(John Bransford) 교수와 마시아 존슨(Marcia Johnson) 교수는 흥미로운 실험을 했다. 이 실험에서는 이야기의 스키마를 암시해 주는 제목이 나온 다음 이야기가 따라 나오게 구성된 이야기를 실험참가자들에게 읽게 했다. 예를 들어, 한 이야기의 제목은 〈40층에서 내려다본 평화 행진〉이었다(이상할지 모르지만 1970년대 이야기라는 것을 기억하기 바란다). 대부분의 이야기 내용은 이리저리 떼를 지어 움직이는 군중들, 텔레비전 카메라 그리고 연설 같은 것이었다. 그렇지만 이야기 중간에 이상한 문장 하나가 포함되어 있다. 즉, '착륙은 부드러웠고 공기도 특별한 옷을 갖춰 입을 필요가 없을 만큼 쾌적한 상태였다.'라는 문장이 끼어 있다. 이 문장을 읽은 사람들 대부분은 그것을 잘 이해하지 못했다. 왜냐하면 이 사람들에게는 이 부분이 평화 행진의 스키마와 잘 맞아떨어지지 않았기 때문이다. 그 결과 그 사람들에게 자신이 읽었던 내용을 기억해 보라고 했을 때 그 문장을 기억할 수 없었다.

그런데 또 다른 그룹의 실험참가자들에게는 같은 이야기를 읽게 하면서 이 이야기에 〈인간이 거주하는 행성으로의 우주여행〉이라는 제목을 붙였다. 이 사람들은 이야기를 읽을 때 앞에 말한 그 이상한 문장을 완벽하게 잘 이해했고 그래서 평화 행진에 대한 글을 읽고 있다고 생각했던 다른 그룹의 사람들보다 이 문장을 기억하는 가능성이 훨씬 높았다.

우리가 이야기를 읽거나 들을 때에, 그리고 살아가면서 어떤 사건을 경험할 때에 우리는 그동안 살아오면서 스스로 만들어 낸 스키마에 비춰서 그 이야기와 경험들을 이해한다. 이 스키마는 이야기의 어느 부분이 합리적으로 들리게 할 것인지에 영향을 줄 뿐만 아니라 그것에 대해 나중에 기억할 때에도 영향을 준다.

친숙하지 않은 상황을 경험할 때 우리는 그 경험의 여러 부분 중에서 우리의 스키마와 잘 안 맞는 부분보다는 잘 맞는 부분에 관심을 두는 경향이 있다. 마찬가지로, 사건의 세부사항에 대해서도 우리의 스키마와 잘 맞는 것들을 기억하는 경향이 있다. 반면에 스키마와 잘 맞지 않는 부분은 기억에서 사라져 버린다. 자신이 갖고 있는 스키마와 비추어 볼 때 순서가 이상하게 일어난 사건들은 당신이 통상 경험하는 순서로 다시 순서를 바꾸어서 기억에 들어가 저장된다. 또한 과거의 사건들을 기억할 때 원래 있지도 않던 세부사항들이 기억 속에 더 보태지기도 한다.

시간이 지남에 따라 당신 머릿속의 기억들은 모두 일반적인 스키마와 닮은 모습이 되도록 모양을 바꾸게 된다. 그러면 도대체 왜 우리는 사건들을 실제 일어났던 사건과 똑같이 저장하지 않는 것일까?

이 문제에 대한 답을 이해하는 데에 첫 단계는, 우리가 가진 기억의 목표는 우리가 이다음 미래에 세상사의 의미를 해석할 때 도움을 받기 위한 것이라는 점을 이해하는 것이다. 현재 우리가 경험하는 모든 것들은 다음에 무슨 일이 일어날지를 예측하는 데 도움을 주는 스키마를 끌어들인다.

당신의 과거 경험이나 당신이 들었던 이야기를 다시 이야기해야 하는 때가 왔을 때, 이야기에 세부사항 모두를 다 정확하게 기억하여 말할 필요는 없는 것이다. 새로운 상황에서 무슨 일이 일어날지를 예측하는 데에 충분한 만큼만 이야기할 수 있으면 된다. 따라서 비디오를 녹화하는 것과는 달리 당신의 기억은 과거의 사건에서 무엇이 일어났는지에 대해 체계적으로 실수를 할 수 있다. 많은 경우 이 실수는 나중에 심각한 결과를 가져오지는 않는다.

당신이 뭔가를 기억할 때, 그것은 마치 완전한 한 묶음의 정보에 접근한 다음 그것에 대해 천천히 생각해 보는 것과 같은 느낌이 들게 된다. 예를 들어서, 어느 한 일요일 아침에 가족들과 아침식사를 한 기억을 생각해 보자. 아침식사 경험에는 많은 것들이 포함되어 있다. 예를 들어 맛, 모양, 냄새, 소리, 대화, 동작 그리고 느낌 같은 것들 말이다. 당신이 아침식사를 기억할 때 이 모든 조각은 서로 잘 맞물려서 아주 깔끔한 형태로 당신에게 다가오는 듯하다. 그런데 당신이 잘 모르고 있는 것은 회상을 할 때 그 정보의 조각들은 각각 그것들이 저장되어 있던 뇌의 여러 다른 곳으로부터 끄집어내야 하는 정보들이며 이것들이 하나의 기억을 형성하도록 잘 꿰어 맞춰져야 한다는 점이다. 이러한 조립 작업은 우리가 뭔가를 기억해 낼 때마다 매번 일어나는 일이다.

스키마는 우리의 뇌가 기억의 조각들을 잘 꿰맞추도록 하는 틀을 만들어 준다. 우리의 기억은 모든 것을 사실에 충실하게 기록하지 않기 때문에 (전혀 아니다) 기억이 일관된 이야기를 만들어낼 수 있도록 메꿔줘야 하는 많은 세부사항이 빈자리로 남아 있다. 바로 그 세부사항들을 채워 넣을 때 우리는 우리가 가진 스키마를 이용하는 것이다. 그 결과 우리는 실제로 일어나지도 않은 일들을 사실처럼 기억하는 것이다.

또 우리는 미래를 예측하는 데에 도움이 된다고 생각하면 같은 스키마와 관련된 다른 사건에서 일어난 정보를 불러서 통합시키기도 한다. 진화적인 관점에서 보면, 이렇게 하는 것은 이해가 된다. 미래를 예측하는 데에 가장 뛰어난 동물들이 결국은 살아남기 때문이다. 이 예측이 하나의 사건에 기초한 것이든, 함께 엮여 있는 여러 사건에 기초한 것이든 그것은 전혀 문제가 되지 않는다. 그러나 이러한 경향성은 우리 스스로 잘 알아차리기도 어려운 심각한 실수들을 하게 만들기도 한다. 특히 사람들의 기억 정확성에 의존해야 하는 법정 증언의 경우에 더욱 그렇다.

엘리자베스 로프터스(Elizabeth Loftus) 교수와 동료 연구자들은 실험에 참여하는 사람들에게 차량 충돌사고에 대한 동영상을 보여 주었다. 실험자들은 이 참가자들이 동영상을 본 후에 그 사고에 대해 글을 쓰게 하고 사고에 대한 질문에 답을 하게 하였다. 실험자들은 실험 참가자들에게 이야기할 때에 사고 차들의 속도를 말하는 대목에서 사용하는 단어들을 그룹마다 다르게 해 보았다. 그 차들이 서로 '부딪힐 때(hit)' 차들의 속도가 어땠느냐는 질문을 받은 그룹이 있었고, 다른 그룹의 사람들에게는 낮은 속도를 암시하는 단어를 사용하여 차들이 서로 '툭 칠 때(bump)' 차들의 속도가 어땠냐는 질문을 받은 그룹이 있었고, 또 다른 그룹에서는 매우 고속으로 달렸음을 암시하는 '세차게 충돌할 때(smash)' 차들의 속도가 어땠냐는 질문을 받은 그룹이 있었다.

차의 속도를 묻는 말에 대해 고속을 암시하는 '세차게 충돌할 때'라는 단어를 들은 실험 참가자들은 저속을 암시하는 '툭 칠 때'라는 단어를 들은 실험 참가자들보다 동영상 속의 차들의 속도가 더 빨랐다고 답했다.

그리고 나서 실험 참가자들에게 사고현장에 깨진 유리가 있었냐고 물었다. 실제 동영상 속에는 깨진 유리가 없었다. 그렇지만 고속을 암시하는 단어가 포함된 질문을 듣고 차들의 속도가 매우 빨랐다고 판단했던 실험 참가자들은 사고 현장에 깨진 유리가 있는 것을 보았다고 '기억을 했다'. 이에 반해서 저속을 암시하는 단어가 포함된 질문을 듣고 차들의 속도가 느렸다고 판정했던 실험 참가자들은 사고 현장에 깨진 유리가 있는 것을 보지 못했다고 말했다.

즉, 동영상을 본 사람들은 자신들의 기억에서 활성화되어 있는 스키마에 적합해 보이는 것들을 기억해내는 경향이 있었다는 것을 보여준다. 세차게 충돌하는 차들은 유리가 깨지기 마련이다. 그저 툭 부딪히는 차들은 유리가 깨질 가능성이 별로 없다. 이 실험뿐만 아니라 이와 유사한 수많은 실험이 보여주는 바는 우리가 흔히 시각이나 언어와 같은 다른 종류의 경험에서의 정보를 종합하고서, 정보를 기억해낼 때는 이것들을 하나의 이야기로 꾸며낸다는 것을 잘 보여준다.

이 모든 이야기의 요점은, 우리가 이야기를 이해할 때 우리에게 도움이 될 수 있는 과거에 접했던 이야기들의 지식을 이용한다는 것이다. 이 지식은 스키마의 형태로 남아 있으면서 우리가 이 다음에 기억할 때에 영향을 주는 것이다. 기억으로부터 이야기를 끄집어낼 때 우리의 회상은 정확하지 못한 내용을 포함하는데, 우선 우리가 그 이야기를 처음 들을 때 스키마를 이용해서 예측을 만들어내며 들었기 때문이기도 하고, 또한 우리가 기억을 다시 구성할 때에 같은 스키마들의 영향을 받기 때문이기도 하다.

그런 부정확한 내용은 별로 중요하지 않은 것들이 많다. 그런 부정확한 내용에도 불구하고, 우리가 서로 다른 조각들을 꿰맞춰서 그럴듯해 보이는 것으로 만들어낼 때는 이야기가 매우 중요하다. 이야기가 가진 연결성과 합리성은, 서로 연결되지 않은 조각 정보들을 머릿속에 저장하려고 노력한 후에 기억할 수 있는 것보다 훨씬 더 많은 것을 기억할 수 있도록 도움을 준다.

우리는 기억을 회상하는 일이 실상 과거의 경험의 저장된 조각들을 다시 꿰맞추어 재구성하는 행위라는 것을 이해해야 한다. 이러한 이해는 우리 자신의 기억 정확성에 대해 스스로 좀 의심을 해야 한다는 것을 깨닫게 한다. 특히 우리가 틀림없는 사실이라고 확신하는 경우들이 더욱 사실이 아닐 수 있다는 것을 염두에 두어야 할 필요가 있다.

이 이야기에서 우리가 기억해 둘 요점은 이것이다.

"
**기억이 쓸모가 있기 위해서
반드시 정확해야 하는 것은 아니다.**
"

06

같은 고통이 서로 다르게
해석될 수 있을까?

:

우리 두 사람처럼 당신도 음악을 많이 듣는다면 노래 가사에는 정말 많은 고통 이야기가 담겨 있다는 것을 아마 알아차렸을 수 있다. 어떤 고통은 술 먹고 난 다음 날 머리 아픈 얘기에서처럼 신체적인 아픔이지만, 현대의 노래꾼들이 노래하는 고통은 주로 감정적인 고통, 흔히 사랑과 실연에 의해 생기는 감정적인 아픔들이다. 고통은 보편적인 인간 경험이다. 그렇지만 우리가 고통이라 부르는 이 통증이란 과연 무엇일까?

신체적인 상처에 의해 생긴 통증이라는 감각은, 위험할 정도로 베이거나 데이거나 늘어나거나 굽혀지거나 부러지거나 할 때 온 몸에 퍼져 있는 통증 감지장치들이 활성화되면서 생겨나는 것이다. 통증의 신호가 등뼈의 척수에 닿게 되면 그 신호들은 근육을 타고 아래쪽으로 신속하게 전달되는 다른 신호들을 활성화시켜서 통증을 유발하는 것이 무엇이던지 간에 근육을 수축시켜 거기로부터 몸을 떼도록 만든다. 놀랍게도 이처럼 아래쪽에서 일어나는 반응은 위쪽으로 올라가는 신호들이 두뇌로 올라가서 통증을 의식적으로 느끼는 경험을 하기도 전에 일어난다는 것이다. 즉, 화상을 의식적으로 느끼기 전에 뜨거운 난로에 닿았던 손을 얼른 떼는 것이다. 이런 방식으로 몸은 최대한 빨리 자신을 보호하도록 행동한다.

일단 통증의 신호가 두뇌에 도달하면 두뇌는 이 통증이 일어난 곳이 신체의 어느 부분에 해당되는지를 파악한다. 대개 이 장소 확인 절차는 매우 정확하다. 예를 들어 손가락이 바늘에 찔리면 바늘에 찔린 부분에 통증을 느낀다. 그렇지만 때로는 이 장소 확인이 정확하지 않은 경우도 있는데 특히 통증을 느끼는 근원지가 통상 통증을 경험하지 않는 신체 부위인 경우에는 그런 경우가 많다. 이런 경우에 두뇌는 통증이 신체의 다른 곳에서 온 것으로 특정하게 된다. 그렇기 때문에 영화에서 보듯이 심장마비가 오는 환자들이 심장은 가슴 중앙에 있는데도 불구하고 왼쪽 팔뚝을 움켜잡는 경우가 빈번하다.

통증은 두뇌에서 처리되기 때문에 몸에 붙어 있던 팔다리가 없어져 버린 경우에도 그 없어진 팔다리의 통증을 느낄 수 있다. 예를 들어 사고나 전쟁 또는 질병 등으로 팔다리를 잃어버린 사람들이 오랜 시간이 지난 후에도 계속해서 그 잃어버린 팔다리에 통증을 지속적으로 느끼는 경우가 있다. 가장 고통스러운 느낌은 잃어버린 수족에 실제로 통증을 느끼는 것인데, 이것을 '환상 통증(phantom pain: 헛통증)'이라고 부른다. 환상 통증을 느끼는 사람들 중 어떤 사람들은 잃어버린 손에 경련이 일어나서 의지와 관계없이 그 손이 주먹이 꽉 쥐어지는 것처럼 느끼면서 격렬한 통증을 느낀다. 이들은 때로 자신의 손가락이 손바닥을 파고 들어가는 것 같은 생생한 고통을 느낀다고 말하기도 한다. 손이 없는데 어떻게 이런 일이 생겨나는 것일까?

인간이 갖고 있는 많은 감각 중에는 '고유감각(proprioception: 고유 수용성 감각)'이라는 것이 있다. 이 고유감각은 아트가 관심을 갖고 있는 감각이다. 고유감각이란 우리의 손발이 공간 내에 어디에 있는지 그 위치를 모니터하는 감각이다. 우리의 팔과 다리가 지금 어디 있는지 알아보려고 팔과 다리를 꼭 눈으로 봐야 하는 것은 아니다. 우리의 팔다리가 어디 있는지 우리는 '느끼고' 있다. 수족이 절단된 사람이 자기에게 없는 팔이 경련으로 손가락이 굽어져 주먹이 쥐어진다고 느끼려면 우선 이 고유감각이 그의 (없는) 팔이 어디 '있는지'를 알려줘야 한다. 환상 통증이 끔찍하게 고통스럽고 멈출 수도 없는 것은 그 주먹이 실제로 존재하지 않기 때문에 계속 통증이 오는데도 그 주먹을 펼 수가 없다는 데에 있다.

뇌신경과학자인 라마찬드란(V. S. Ramachandran) 교수는 이처럼 수족이 절단된 사람들을 대상으로 많은 연구를 하였다. 그는 환상 통증을 경험하는 사람들이 통증을 벗어나도록 도와주는 매우 기발한 방법을 개발하였다. 그는 거울을 이용해서, 한쪽 팔을 잃은 사람이 자신의 없어진 팔이 있어야 할 곳을 바라보면 자신의 건강한 다른 팔이 거울에 비쳐 보이게 하였다. 환자가 자신의 없어진 팔이 있어야 할 곳을 바라보고 있을 때, 즉 실제로는 자신의 온전한 다른 팔이 거울에 비쳐 있는 모습을 바라볼 때, 그 사람에게 온전한 팔과 함께 그 없어진 팔의 손으로 주먹을 쥐었다 폈다 하는 상상을 하게 시켰다. 그렇게 함으로써 그 사람은 자신이 주먹을 쥐었다 폈다 하면서 느끼는 느낌과 자신이 바라보는 시각의 느낌이 함께 짝지어 일어나도록 한 것이다. 이렇게 하면 실제로 환상 통증이 사라지게 된다.

도대체 어떻게 이런 일이 일어나는 것일까?

뇌는 우리 신체에 대해 두 가지 상세한 지도를 갖고 있다. 하나는 감각 지도이고 하나는 운동 지도이다. 감각 지도는 뇌가, 우리의 신체부위가 어디엔가 닿는 느낌, 뜨거운 느낌, 통증을 느낄 때 신체 어느 부위에서 그런 감각을 경험하는지를 알아내는 데에 사용된다. 운동 지도는 신체의 어느 부분을 움직여야 하는지를 알아내는 데에 사용된다. 어떤 사람이 팔다리 중 하나를 잃어버리더라도 감각 지도와 운동 지도는 뇌에 그대로 남아 있다. 잃어버린 수족의 감각을 담당하던 뇌의 영역이 자극을 받게 되면 뇌는 그 감각이 바로 뇌의 해당 부위가 담당하던 신체 부위에서 오는 느낌이라고 받아들이게 된다. 라마찬드란 교수의 방법이 효과가 있는 것은 그 방법을 통해 한쪽 팔이 없는 사람에게 그 팔이 있는 것 같은 가짜 시각 정보를 거울을 통해서 주기 때문이다. 그가 눈을 통해 얻은 시각 정보가, 없어진 팔에 대한 감각 지도와 운동 지도를 활성화시켜 결국 통증을 해소할 수 있었다. 그렇지만 뇌라고 하는 것은 매우 값비싼 기관이기 때문에, 아무런 목적도 달성해주지 못하는 지도가 차지하고 있는 뇌의 피질 영역은 시간이 지나면서 점점 더 크기가 줄어드는 경향이 있다. 없어진 팔다리를 담당하는 지도들은 그 영역이 신체의 다른 부분에서 오는 다른 정보들을 받아들이기 시작하면서 결국 그 크기가 점점 작아지게 된다.

통증이 일어나는 맥락이 통증을 느끼는 강도에 얼마나 영향을 미치는지는 흥미로운 주제다. 예를 들어, 열 살짜리 아이가 집안에서 맨발로 다니다가 발가락을 의자에 부딪치면 엄마가 달려와서 달래줄 때까지 집안이 떠나가도록 아프다고 소리를 지르면서 울어댄다. 이럴 때 아이스크림을 하나 주면 최고 진통제가 된다. 그렇지만 이 열 살짜리 아이가 친구들하고 같이 축구를 하며 놀다가 친구들 세 명한테 바닥에 떠밀려 내동댕이쳐졌다고 하면 무릎이 까졌더라도 개의치 않고 벌떡 일어나서 계속 축구를 할 것이다.

실험을 해보면 우리가 통증이라고 생각하는 것은 실제로 물리적 요소와 감정적 요소 두 가지 요소로 구성되어 있다. 물리적 요소는 감각 그 자체를 가리키고, 감정적 요소는 그 통증이 얼마나 큰 고통을 가져오는지를 반영하는 요소를 가리킨다. 모르핀이나 다른 아편 진통제들은 고통 자체를 감소시키는 것이 아니라 고통을 더 견딜만하게 해주는 약들이라는 점에서 흥미롭다. 장기적인 통증을 느끼는 사람들을 대상으로 한 연구에서, 한 그룹의 참가자들에게는 혈관주사로 모르핀이 한 방울씩 떨어져 들어가게 하고, 한 그룹의 참가자들에게는 위약(僞藥: 가짜 약), 즉 약성분은 들어 있지 않은 생리적 식염수가 한 방울씩 떨어져 들어가게 하였다. 이 연구를 진행하는 동안 참가자들은 주기적으로 자신이 느끼는 통증의 강도와 통증이 얼마나 견디기 어려운지를 표시하게 했다. 그런데 가짜 약이 투여된 환자들의 경우에는 이들이 통증을 느끼는 강도와 고통의 정도에 대한 응답이 거의 같았다. 그런데 진짜 약인 모르핀이 투여된 환자들의 경우에는 매우 흥미로운 일이 벌어졌다. 이들은 통증의 강도는 같았지만 그 통증으로 괴로움을 느끼지는 않는다고 답한 것이다.

이러한 실험결과들이 보여주는 것은 우리가 통증이라고 부르는 것은 신체적인 감각 이상이며, 우리가 통증이라고 부르는 것의 '느낌' 부분의 강도는 우리 신체의 감각장치가 뇌로 보내오는 신호들의 강도와 정확하게 일치하지 않는다는 것이다. 위약, 즉 가짜 약도 효과가 있다는 것은 부분적으로는 물리적인 통증의 신호들이 일단 뇌에 의해 해석되어야 하기 때문이라는 점에서 설명이 될 수 있다. 많은 경우 우리는, 우리의 느낌이 더 나아질 것이라고 생각되는 일을 하고 있을 때는 우리 몸속으로 들어오고 있는 약에 실제 약 성분이 없다고 하더라도 느낌이 더 나아지는 것이다. 과거에 우리에게 도움을 주었던 일, 즉 주사를 맞는 일을 이번에도 시작하면 우리의 뇌가 구태여 '이상하게 이번에는 무엇인가가 잘못되었다'고 우리에게 계속 알려줄 필요가 없는 것이다. 그래서 통증 신호들이 약화되거나 아예 사라지는 것이다.

이런 종류의 효과는 이부프로펜 같은 진통제를 사용할 때도 경험할 수 있다. 많은 사람은 이 진통제의 화학성분이 실제로 신체 내에서 활동하기 전에 이미 통증이 완화되는 것을 경험한다. 예를 들어서 이부프로펜이 위에 들어가서 녹아서, 혈관으로 들어가서, 통증에 물리적으로 영향을 주는 데에는 통상 20분에서 30분 정도가 걸린다. 그렇지만 많은 사람은 약을 먹은 지 불과 몇 분 만에 통증이 완화되는 것을 느끼는 것이다. 그 이유는 간단하다. 우리의 뇌는, 마치 곤경에 처한 아가씨를 도와주려고 정의의 기사가 달려오고 있다는 것을 깨달을 때와 마찬가지로, 우리가 통증을 완화시킬 수 있는 어떤 행동을 했다는 정보를 받아들이면 그것이 바로 통증의 신호를 무디게 만들어 주는 것이다.

그런데 가짜 약에 대해 흥미로운 것은 많은 사람이 "그건 머릿속에 있을 뿐이야" 하면서 그 효과를 무시하는 경향이 있다는 것이다. 그런데 실제 연구들은 위약효과의 흥미로운 면을 밝혀 준다. 즉, 우리의 뇌는 우리가 실제 약을 투여받든 가짜 약을 투여받든 관계없이 고통이 완화되리라는 것을 '예측'하게 되면 뇌가 여기에 맞추어 실제로 고통을 완화시켜 주는 화학물질을 분비시킨다는 것이다. 고통 완화에 대한 기대가 고통 완화에 대한 '실제 느낌'으로 바뀌게 되는 것이다. 즉, 가짜 약이 이 고통 완화에 대한 기대를 만들어 낸다는 점에서 가짜 약은 실제 약과 똑같이 효과를 발휘하는 것이다.

그럼 가수들이 애절하게 노래로 묘사하는 그 아픔은 어떤 것인가? 이야기와 노래 속의 감정적인 통증은 대개 은유로 표현되는데 우리는 그런 표현들이 은유적이라는 것조차 깨닫지 못하면서 평상적으로 늘 그런 표현을 쓴다. 물론 사람들은 책임이 '무겁다'든가, 존재의 '가벼움'이라든가, 지적인 도전이 '가파른 언덕'이라든가, 세상 '꼭대기'에 오른 느낌이라든가, '바닥'을 친다든가, '깨지기 쉬운' 자아라든가, '강철의' 의지라든가 이런 말들을 흔히 사용한다. 감정도 방향이 있다. 잠깐 기분이 '아래로 축 처져' 있다가 별안간 모든 일이 '상승세'로 가는 것 같은 느낌이라는 말을 생각해보면 그렇다.

그렇다면 어쩌면 사랑의 아픔이란 말은 실제로는 신체적인 통증을 동반하지 않는 순수한 은유에 불과한 것인지도 모른다. 글쎄 정말 그럴까?

사랑하는 사람과 힘들게 헤어진 사람들을 대상으로 진행한 한 연구에서는 실험자가 그들에게 자신이 겪은 일을 생각해보라고 지시를 하였다. 이 실험 참가자들 일부에게는 실험 시작할 때 타이레놀 진통제를 주었고, 다른 참가자들에게는 위약, 즉 가짜 약을 주었다. 타이레놀 진통제를 먹은 사람들은 가짜 약을 먹은 사람들보다 자신이 겪은 이별을 덜 고통스러워하였다. 이것은 이별에서 느끼는 아픔이 실제로 신체적인 통증을 동반한다는 것을 암시해 준다. 참고로 타이레놀은 긍정적인 느낌과 부정적인 느낌 모두를 무디게 만들어 주는데 어쩌면 타이레놀이 어떤 종류의 느낌이든지 그 느낌의 강도를 좀 약하게 만들어 주기 때문에 그런 현상이 나오는 것인지도 모른다.

어쨌든, 이런 종류의 연구결과들이 우리에게 보여주는 것은 가슴이 아픈 것은 실제로 통증이라는 것이다.

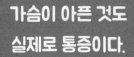

**가슴이 아픈 것도
실제로 통증이다.**

학교에서 가르치는 방식은
아이들이 배우는 방식과
같은 것일까?

:

우리 인간들은 독립해서 사회에 무엇인가를 기여하면서 살 수 있는 준비를 갖추는 데에 대략 15년에서 20년의 시간이 필요하다. 그리고 문화는 우리가 살아가는 동안 처하게 될 환경들을 잘 헤쳐 나갈 수 있는 방법을 배우도록 일종의 체계를 제공해주는 역할을 한다. 예를 들어, 아기가 태어났을 때 이 아이는 높은 곳이 위험하다는 것을 잘 모른다. 어쩌면 아이들이 어차피 자기 혼자 마음대로 여기저기 다닐 수 없기 때문에 그런지도 모른다. 대개 갓난아이들은 다른 사람이 안거나 업고 떠다니게 되는데 이 때 아이들은 땅에서부터 1미터 내외 떨어진 정도의 높이로 다니게 되는 셈이다. 따라서 아이가 태어나면서부터 높은 곳에 대해 공포를 느낀다면 대부분의 시간을 두려움 속에서 살아야 할 것이다. 게다가 좀 짓궂은 부모들은 애들을 공중으로 던져 올려서 아이가 즐거워서 까르륵까르륵 웃게 하는데 고소공포라니 말이 되겠는가. 단적으로 아기들에게는 고소공포 같은 것은 전혀 없다.

그런데 아이들이 기어다니기 시작하면 아이들에게 세상은 전혀 다른 곳으로 변한다. 이제 높은 곳은 위험할 수도 있는 곳이라는 것을 배우는 것이 중요한 때가 온 것이다. 그러면 아무런 두려움이 없는 어린아이들이 어떻게 계단 같은 곳이 위험하다는 것을 알아차리게 될까?

높은 곳을 알아보는 능력을 시험하는 오래된 실험 중의 하나는 소위 '시각적 절벽(visual cliff)'이라고 부르는 장치를 사용하는 것이다. 이것은 벼랑 끝과 거기서부터 1미터 정도 되는 절벽으로 이루어진 구조물 위에 유리를 덮어 씌워 놓은 것이다. 참고로 요즘에는 시카고의 윌리스 타워 같은 고층건물이나 심지어는 그랜드캐니언 절벽에도 어른들을 위한 시각적 절벽을 설치해놓고 있다. 아이들이 기기 시작하면서부터 아이들은 유리 위로 아무 걱정없이 기어간다. 그렇지만 기기 시작한 후 몇 달 내에 아이들은 잠재적인 위험을 지각하기 시작하는 것으로 보인다. 아이들은 벼랑 시작점까지 기어가서 더 앞을 내다본 다음 앞으로 더 나아가지 않고 얼른 뒤쪽으로 몸을 뺀다.

어린아이들은 높은 곳이 위험할 수 있다는 생각이 조금이라도 들면 얼른 어른들을 쳐다본다. 이것을 '사회적 참조(social referencing)'라고 하는데 아이들은 사회적 참조를 이용하여 자기가 무엇을 해야 할지를 알아내기 위한 단서를 어른으로부터 찾는 것이다. 이 시각적 절벽을 이용한 한 실험연구를 보자. 이 실험에서는 엄마가 그 시각적 절벽 장치 건너 쪽에 앉아 있게 했고, 아기들은 위쪽에서 기어 다니게 했다. 아이들은 기어서 벼랑 시작점까지 와서는 어떻게 하면 좋을지 엄마로부터 단서를 찾기 위해 엄마를 쳐다본다. 이 실험에 참여한 엄마들 중 일부에게는 아이가 시각적 절벽에 가까이 다가오면 아이에게 두려워하는 모습을 보이라고 지시를 했다. 그런 모습을 보인 엄마의 아이들은 절벽으로부터 뒷걸음쳐 기어갔다. 다른 엄마들에게는 아이에게 미소를 띠면서 격려하도록 지시를 했다. 이 아이들은 절벽을 넘어서 유리 위로 계속해서 앞으로 기어가 엄마에게 갔다.

서양 사회에서는 부모나 다른 성인들이 갓난아기나 어린이들과 직접 어울리고 상호작용을 하는 경향이 있다. 그리고 아이들은 이렇게 어른들이 자기들에게 보내는 관심을 좋아한다. 그런데 이런 방식의 행동이 전 세계 공통이 아니라는 것은 흥미로운 사실이다. 어른들이 아이들과 직접 상호작용을 많이 하지 않는 문화에서는 아이들이 주로 관찰을 통해서, 그리고 좀 더 나이가 든 다른 아이들을 통해서 배우게 된다. 이런 문화 속의 아이들은 어른들이 어떤 일을 어떻게 하는지 관찰한 다음 그 어른들의 행동을 자신의 행동으로 보인다. 이때 아이들은 대개 장난감을 이용한다.

한 사회의 모든 구성원이 동일하게 공유된 지식을 가지고 있어야 하며, 이러한 지식은 부모, 형제자매, 동년배 아이들뿐만 아니라 교육기관으로부터 전해져야 한다는 생각이 학교라는 것을 만들어 내게 되었다. 이 학교라는 곳은 어떻게 보면 일종의 학습 공장이다. 서양의 산업화 성공은 우리가 학습을 체계화할 수 있다는 생각을 부추겼고,

우리는 가르치는 일, 많은 학생을 교육하는 일, 교실과 학교 건물에서 학년에 맞춰 함께 공부하는 일들을 체계적으로 더 향상시킬 수 있다는 자신감을 심어주었다.

모든 공장에서 가장 중요한 것은 효율성이다. 만일 아이들을 지식과 기술로 채워줘야 하는 빈 그릇이라고 생각한다면 우리가 통상 보는 학교들은 제법 괜찮은 모습처럼 보인다. 그렇지만 아이들은 지식과 기술을 쏟아부어서 채워야 하는 빈 그릇들이 아니다. 아이들은 나름대로 생각과 경험과 감정과 열망과 그리고 움직일 수 있는 몸을 가진 인간들이다. 이 모든 요소가 아이들이 기억하고 배우는 모든 일에 영향을 미치는 것이다.

학교 교육의 전통적인 모형은 한 가지 가정에 기초해 있다. 이 가정의 핵심은, 이 준비된 빈 그릇인 아이들의 두뇌를 채워주는 최선의 방법은 책, 강의, 영상, 녹음 등 온갖 가능한 모든 방법을 이용해서 말하고 보여주고 설명하여 정보를 주는 것이라는 생각이다. 그런데 다수의 학생에게 정보를 전달하는 효과를 최대화하겠다고 노력할 때 뭔가 중요한 것을 빠뜨리는 경우가 많다. 여기서 빠뜨린 요소야말로 아이들이 발견에 대한 자연스러운 열정을 불러일으키는 학습의 핵심적인 요소이다. 줄을 맞춰 아이들을 앉혀 놓고서 뭔가를 아는 똑똑한 어른의 설명을 듣게 하는 것은 이 어린아이들에게 있어서 중요한 두 가지 측면을 무시하는 것이다. 첫째는 아이들이 사회적인 동물이라는 것과 둘째는 아이들이 움직이는 동물이라는 것이다. 교실에서의 상호작용 대부분이 교사와 학생으로 이루어진 경우에는 아이들이 자기네들끼리 상호작용을 하면서 배울 수 있는 수많은 것들을 놓치게 만든다. 우리가 겉으로 보기에는 아무 쓸데없는 장난인 것처럼 보이는 것들이 실제로는 우리가 모두 여태껏 알고 있는 것들을 깊이 배우게 해준 방법들이다. 기억하고 다시 외워 말하는 것으로는 충분하지 않다. 학습자들 사이에서 이루어지는 사회적 상호작용은 무질서해 보이기는 하지만 실제로는 생산적이고, 협동적이고, 동기유발적인 활동 덩어리이다. 이러한 상호작용의 무질서가 비효율적으로 보이지만 실제로는 필수적으로 필요한 것이다.

움직이지 않고 오랫동안 가만히 앉아 있는 것은 아이들의 활동으로는 전혀 자연스러운 것이 아니다. 사실상 많은 교사는 아이들이 이리저리 움직이고 뭔가를 해보려고 하는 타고난 욕망을 억제하도록 하는 데에 너무 많은 시간을 쓰고 있다. 질서가 잡힌 교실은 제법 멋져 보일 수 있지만 그런 교실은 효율적인 학습의 가장 중요한 요소들을 억누르고 있다. 요즘 미국에서는 아이들이 어렸을 때 너무 앉아 있게 한다고 큰 우려를 한다. 그렇게 우려를 하면서도 아이들의 학교생활이라는 것이, 비록 간혹 짧은 체육 시간이나, 또는 힘들게 공부하다가 좀 쉬는 휴식 시간이 중간에 끼어 있기는 하지만, 전반적으로는 그냥 앉아 있게만 하는 체제라는 사실을 생각해 보면 기묘한 생각이 들기까지 한다. 열심히 배우는 데에는 신체적인 활동이 중심적이어야 한다.

지식이라는 것이 단순히 머릿속에서만 살아있는 것이 아니다. '체화인지(體化認知: embodied cognition)'라는 분야는, 우리가 대부분 개념을 최소한 부분적이라도 그 개념과 상호작용을 함으로써 이해하게 된다는 것을 보여준다. 과학 수업에서는 아이들이 진자를 갖고 놀면서 그 길이와 무게를 바꿔보고 그런 변화가 진자의 움직임에 어떤 영향을 주는지를 직접 관찰하는 것이 매우 귀중한 학습이다. 수학 수업에서는 아이들이 숫자의 자릿값을 익힐 때 블록이나 다른 보조재를 사용하는 것이 오랜 전통이 되어 왔다. 이러한 방법들은 교사가 학생들의 이러한 활동과 학생들에게 제시할 주요 수학개념과의 관계를 분명하게 알고 있을 때 아이들에게 더욱 크게 도움이 될 수 있다. 이것이 새로운 생각은 아니다. 이미 백 년도 넘은 옛날에 존 듀이(John Dewey)나 알프레드 노스 화이트헤드(Alfred North Whitehead), 그 외 몇 사람은 개념학습에 있어서 신체적인 움직임이 중요하다는 것을 이미 강조한 바 있다.

우리가 이 주제에 대해 이야기하면서 시험 이야기를 빼놓을 수 없다. 공교육에 거의 항상 동반되는 것이며, 지금도 일반 대중 사이에서 논의가 지속되고 있는 것이 바로 시험이기 때문이다. 학습자들이 무엇을 알고 있으며, 자신들이 알고 있는 것으로 무엇을 할 수 있는지를 평가하는 것이 중요한 데에는 여러 가지 이유가 있다. 연구를 통해서 밝혀진 바로도 평가는 학습에 도움이 된다. 학생들이 시험에 대비해서 준비를 하기 때문이고, 또한 전에 입수했던 정보가 앞으로 다시 필요하리라는 것을 시험을 통해서 두뇌가 의식하게 해준다는 점에서도 효과가 있다.

그런데 기왕에 조금 더 보태고 싶은 말은, 학습의 주된 동기가 고작 시험을 잘 못 봤을 때 겪을 수 있는 위협적인 상황을 피하게 하는 것이라면 그것은 문제가 있다는 것이다. 그런 경우에 많은 아이는 학교에서 공부하는 목표가 다음 번 시험을 잘 칠 수 있도록 배운 것을 기억하는 것이라고 느끼게 되기 때문이다.

수업에 '동기유발이 안 된' 아이들이라고 간주되는 많은 아이들은 비디오게임을 하거나, 기타를 배우거나, 랩 노래 기술을 익히는 데에 몇 시간씩 시간을 보낸다. 그런데 이 아이들이 배우는 데에 동기유발이 안 되어서 그러는 것이 아니다. 이 아이들은 학교에서 시키는 일들에 대해서 동기유발이 부족하기 때문일 뿐이다.

교육계의 지도자들은 이제 가만히 앉아서 듣기만 하는 학습모형으로부터 움직이며 활동을 하는 학습모형으로 방향을 바꾸기 시작했다. 이런 전환은 어떤 유행 때문이 아니라 그렇게 하는 것이 곧 학교가 충족시켜 주어야 할 목표들, 즉 호기심으로 가득 차고, 직접 몸으로 무엇을 하는 데에 관심을 갖고, 행복을 느끼는 학습자의 마음을 만들어내는 목표를 달성해주는 데 더 효율적이기 때문이다.

우리는 둘 다 악기를 연주할 줄 안다. 그리고 우리가 악기를 연주하는 연습을 하는 동기는 매 순간 느끼게 되는 실력향상이 동기이며, 때로는 뜻대로 실력이 늘지 않는 것이 동기이다. 자전거를 타는 법을 배우거나, 모래로 성을 쌓는 법을 배우거나, 야구 방망이를 휘둘러 공을 때리는 법을 배우는 모든 학습자에게도 이러한 동기는 마찬가지이다. 우리가 들이는 노력과 그 투자에 대한 효과 사이의 관련성을 아는 것은 강력한 동기유발 장치이며, 성취의 기쁨을 경험하기 위한 비법이다.

그런데 우리의 동기가 기껏 시험에서 낙방하는 것을 면하는 것이라면 우리가 경험할 수 있는 최고의 느낌은 "휴, 안 떨어졌네!" 하는 안도감일 뿐이다. 이에 비교해, 극복이 가능한 도전과 풀기 어려운 문제들을 붙잡고 씨름을 하다가 마침내 정복하고 느끼는 것은 "와, 드디어 해냈다!" 하는 느낌이다. 이 느낌은 앞의 느낌과는 종류가 완전히 다르다. 이러한 느낌은 다음 번 도전을 향해 자발적으로 나아가게 만든다. 아이들이 자신이 무엇을 알고 있으며, 자신이 배운 것으로 어떤 도전에 맞설 수 있고, 어떤 문제를 해결할 수 있는지를 '자신에게' 보여줄 기회를 충분히 갖는다면 아이들은 자신이 배우는 내용에 대해서 학교에서 잘했다고 나눠주는 골드스타 스티커나 아니면 좋은 성적에서 느끼는 보람을 훨씬 능가하는 방법으로 보람을 느끼게 된다. 사람들은 자연스럽게 배우도록 타고난 동물들이다. 그렇지만 모든 학습 환경이 이 인간의 선천적인 학습 잠재력을 중요하게 취급하고 있는 것은 아니다. 어떻게 보면 우리는 학교를 더 효과적인 곳으로 만들기 위해 학교를 좀 덜 효율적으로 만들어야 할 필요가 있다.

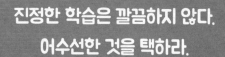

> **진정한 학습은 깔끔하지 않다.**
> **어수선한 것을 택하라.**

혀가 꼬이는 일은
왜 일어나는가?

:

쉬 셀즈 시쉘즈 바이 더 시쇼어.

(She sells seashells by the seashore.)

피터 파이퍼 픽트 어 펙 오브 피클드 페퍼즈.

(Peter Piper picked a peck of pickled peppers.)

아이 소 수지 싯팅 인 어 슈사인 샵.

(I saw Susie sitting in a shoeshine shop.)

히 슬릿 어 쉬트, 어 쉬트 히 슬릿, 어펀 더 슬릿티드 쉬트 히 싯츠.

(He slit a sheet, a sheet he slit, upon the slitted sheet he sits.)

옆에 있는 혀 꼬이는 문장 중에서 맨 마지막 것은 아트가 중학교 2학년쯤 되었을 때 유행하던 것인데, 왜 이 문장이 유행했는지는 이 문장을 빠르게 세 번만 읽어 보면 금방 알 수 있다. 라디오 쇼를 하게 되면 특별히 말실수에 조심하게 되는데, 사람들이 원래 계획했던 말 대신 엉뚱한 말을 하는 일이 얼마나 빈번한지는 지켜볼수록 신기한 일이다. 말실수는 유형이 여러 가지인데 이 여러 유형을 잘 이해하면 말실수가 어떻게 일어나는지를 잘 알 수 있다.

언어의 개별적인 낱개의 소리를 '음소(phoneme)'라고 부른다. 언어에서 놀라운 점은 모든 언어가 몇 개 안 되는 음소들을 이용해서 전체 어휘를 만든다는 것이다. 각각의 단어는 서로 다른 방법으로 배열한 음소들로 구성되어 있다.

음소는 자음과 모음으로 나뉜다. 모음은 /아/, /에/, /이/, /오/, /우/처럼 성대가 울리면서 나는 소리로 입, 입술, 목의 모양에 따라 머리에서 소리가 울리는 방법이 달라짐으로써 각각 다른 소리가 되는 것이다.

자음은 목, 이, 입술, 혀 등의 모습을 바꿔서 내는 소리다. 예를 들어서 '스'라 할 때 나는 자음 /s/ 소리는 혀끝을 입천장 가까이에 대고 그 위로 공기를 넘어가게 밀어냄으로써 나는 소리이다. '쉬'라 할 때 나는 자음 /sh/ 소리도 마찬가지로 공기가 비집고 나가면서 나는 소리이기는 하지만 입술이 좀 앞으로 튀어나오고 혀의 중간 부분이 입천장으로 올라가기 때문에 공기 흐름의 모양이 다르고 결국 다른 소리가 된다.

이러한 개별적인 음소들이 함께 모여 음절이라는 것이 되는데 많은 경우 이 음소들은 흔히 약자로 CVC라고 쓰는 [자음-모음-자음]의

덩어리를 이룬다. 예를 들어서 '샛(sat)', '색(sag)', '캣(cat)' 같은 단어는 이런 CVC 구조로 이루어진 단어들이다. 음절은 반드시 모음을 하나 가지고 있어야 한다. 따라서 '어(a)', '아이(I)', '오(oh)'와 같은 단어는 모두 한 음절로 이루어져 있다. 어떤 음절들은 모음과 자음 하나씩만으로 이루어져 있다. '비(be)', '앳(at)' 같은 단어들이 그 예들이다. 그렇지만 음절의 흔한 형태는 가운데에 모음이 있고 앞뒤로 자음이 하나씩 있는 CVC 구조의 경우이다.

CVC 구조에서 첫 자음을 초성이라 하고, 뒤에 있는 모음과 자음을 합쳐서 '라임(rime)'이라고 부른다. 우리는 단어들이 운이 맞을 때 "라임(rhyme)이 된다"고 말하는데, 이때 '라임'이라는 단어는 앞에 말한 '라임'이라는 단어와 발음이 같다. 그래서 '라임(rime)'은 '라임(rhyme)'과 '라임(rhyme)'이 되는 신기한 예이다. 심리적으로 음절이 구성된 모습을 좀 더 정확히 표현하자면 CVC라고 부르는 것보다는 C-VC라고 부르는 것이 더 나을 것이다. 그 이유는 초성 C는 뒤에 따라오는 부분과 약하게 연결되어 있고, 뒤에 있는 VC는 서로 매우 강하게 연결되어 있기 때문이다. 초성이 다른 부분과 약하게 연결되어 있다는 점은 우리가 운을 생각할 때, '샛(sat)' '캣(cat)'처럼 뒷부분인 모음과 종성, 즉 라임이 같은 경우를 즐겁고 재미있다고 생각한 데 비해, '샛(sat)', '색(sag)'처럼 초성과 모음이 같은 경우는 운이 맞는 맛을 별로 크게 느끼지 못한다는 사실에서도 잘 알 수 있다. 우리가 이번에 얘기하려고 하는 말실수는 바로 이 초성에 영향을 많이 받는다.

때때로 우리는 뒤에 할 말 때문에 앞에 할 말에 실수하는 경우가 있다. 예를 들어서 '배드 독(bad dog)'이라고 하려 했는데 '대드 독

(dad dog)'처럼 뒤에 올 단어 '독'에 들어 있는 /ㄷ/ 발음이 '배드'의 /ㅂ/ 대신 발음되는 경우이다. 물론 반대로 앞에 한 말 때문에 뒤에 할 말에 말실수하는 경우도 있다. 예를 들어 '배드 독(bad dog)'이라고 하려 했는데 '배드 복(bad bog)'이라 하는 경우이다. 때로는 '배드 독'(bad dog) 대신 '대드 복'(dad bog)이라 하듯이 소리를 서로 바꿔치기 하기도 한다. 이렇게 소리를 서로 맞바꾸는 실수는 너무 흔해서 이것을 가리키는 '스푸너리즘(spoonerism)'이라는 이름이 붙어 있을 정도이다. 이 말은 옥스퍼드대학교의 윌리엄 아키발드 스푸너(William Archibald Spooner) 교수 이름에서 유래했는데 스푸너 교수는 이런 식의 말실수를 빈번히 했다고 알려져 있다.

이런 식의 말실수를 하게 하는 데에는 많은 요인이 관련되어 있다. 말이 빨라질수록 두뇌는 입, 혀, 이의 움직임을 계획할 수 있는 시간이 촉박해진다. 더구나 비슷한 발음이 많이 섞여 있는 말을 발음하려면 어느 소리가 어느 위치에 가도록 계획해야 하는지가 더 헷갈리게 된다.

혀가 꼬이게 하는 말들은 특별히 주변에 있는 소리와 서로 엉키도록 의도적으로 만든 문장이다. 이런 문장을 만들 때는 소리가 서로 교차하면서 나타나도록 하는 소리를 단어의 맨 앞에 나오도록 계획을 하는데, 앞에서 이야기한 대로 첫소리는 뒤에 있는 소리와 조금 더 거리가 멀어 연결 강도가 작기 때문에 쉽게 떨어질 수 있어서 이 소리가 다른 음절의 소리와 서로 자리를 바꾸는 것이다. 예를 들어 이 장의 맨 앞에 소개한 문장 '쉬 셀즈 시쉘즈 바이 더 시쇼어.' (She sells seashells by the seashore.)에서는 '쉬 셀즈', '시쉘즈', '시쇼어'가 구조적으로 유사하고 두 음절 사이의 초성들이 서로 교차되어 있다.

이렇게 음절이 구조적으로도 유사한 문장은 /s/와 /sh/ 소리가 만들어지는 입속의 위치도 유사하다는 점에서 더욱 발음이 어려워진다.

　그런데 말실수 중에는 혀가 꼬이게 하는 말들보다 훨씬 더 정교한 종류의 말실수도 있다. 우리는 때로 우리가 특별히 사랑하는 사람들의 이름을 잠깐 기억 못하는 일도 있다. 엄마가 계단 아래 서서 위층에 대고 아이를 부르려고 할 때 그 아이 이름이 생각이 안 나서 자기 아이들 이름을 하나씩 다 입에서 되뇌어 보고 심지어는 집안 강아지, 고양이 이름까지 다 줄지어 되뇌어 본 다음에야 비로소 자기가 부르려 했던 아이 이름이 생각나는 경우들이 드물지 않게 나타난다.

　이름이라는 것은 매우 특별한 경우다. 우리가 사용하는 대부분의 단어는 사물의 범주를 가리키는 단어들이다. '고양이'라는 단어는 동물들의 집합 이름이다. 이에 비교해 애완 고양이 이름으로 흔한 '펠릭스'는 한 개별적인 동물의 이름이다. 이름을 잘 기억하기 어려운 이유 중의 하나는, 이름이 개인 한 사람을 위한 명칭인데 사람들이 특정한 이름을 꼭 갖고 있어야 할 이유가 분명하지 않기 때문이다. 우리가 사람들을 볼 때 사람들은 부류별로 묶여 있다. 예를 들어, 나와 함께 한 집안에 사는 사람들이라는 부류처럼 말이다. 그래서 이들은 기억 속에 한 덩어리로 묶여 있기 때문에 아이들이나 다른 가족들의 이름을 헷갈릴 수 있다.

　또 다른 실수는 단어의 정확한 뜻을 몰라서 단어를 잘못 쓰는 경우이다. 이런 실수는 '맬러프로피즘(malapropism: 단어오용)'이라 부르는데 이것도 사람 이름에서 유래한 것이다. 맬러프롭 부인은 18세기 리처드 쉐리던의 연극에 나오는 극중 인물이다. 맬러프롭피즘 말실수를 하는 사람은 누군가를 칭찬할 때 "그 사람 정말로 '수퍼플루어스(superfluous)'한 일을 했어."라고 말할 수 있다. 여기서 '수퍼플루어스(superfluous)'라는 단어는 '수퍼(super)'가 있으니 '굉장한'이라는 뜻이 될 것으로 보이지만 실제로 그것은 '쓸데없는'이라는 뜻을 가진 단어이다(참고로 밥은 아트가 라디오 쇼에서 '수퍼플루어스'한 말을 한다고 생각하는 때가 많다).

또 다른 말실수는 엉뚱한 단어를 말하는 경우인데, 이런 실수를 '프로이트의 말실수(Freudian slip)'라고 부른다. 이런 종류의 실수는, 그 잘못된 단어를 말하게 된 원인이 그 단어를 말하려는 무의식적인 의도가 있었기 때문이라고 생각한 프로이트 식 가정에 따라 붙여진 이름이다. 오래된 농담 중에 "내 치료사가 나더러 하는 말이 '잘못된 게 그게 아니면 잘못된 건 엄마 탓이래'(If it's not one thing it's your mother)."라는 말이 있는데 이것은 프로이트의 말실수 예이다.[1]

프로이트는 무의식적 욕망에 대해 아주 정교한 체계를 세웠다. 하지만 곁 얘기를 하자면, 그가 세운 체계에 대한 실제적인 증거는 거의 없다. 그렇지만 당신이 말하면서 문장의 한 단어를 다른 단어로 바꿔 말하는 실수를 했다면, 어쨌든 그 의도하지 않았던 단어가 어떤 경로

---

1) 원래 영어표현에는 If it's not one thing it's another.라는 말이 있는데 이 뜻은 '그것 아니면 다른 것 때문'이다. 즉, 한 가지를 원인으로 생각했는데 그게 아니면 다른 것이라든가, 뭔가 일을 해결하면 또 다른 문제가 생긴다는 뜻이다. 그런데 사람들은 뭔가 잘 안 되면 자신의 엄마를 탓하는 경우가 많기 때문에 잘못된 것은 모두 엄마 탓이라는 무의식이 생겨서 문제 상황을 설명할 때 '잘못된 게 그거 때문이 아니면 다른 것 때문이다' 대신에 '잘못된 게 그거 때문이 아니면 엄마 때문이다'라는 말실수를 한다는 것이다. 이 말실수는 이제 농담으로 널리 사용된다.

를 통해서든 당신의 작업기억, 즉 단기기억 속으로 들어왔다는 것을 뜻한다. 한 가지 가능성은 상황이 영향을 주는 것이다. 예를 들어서 정류장에서 열차를 멍하니 쳐다보면서 상대와 무슨 말을 하게 되면 문장 속에 '열차'라는 단어가 끼어 들어갈 수 있다. 당신이 열차 생각을 하고 있었기 때문에 작업기억 속으로 그 단어가 들어온 것이다. 당신을 괴롭히고 있는 생각을 계속하고 있으면, 당신이 그 생각과 관련된 단어를 문장 중에 끼워넣는 말실수를 할 가능성이 있다. 그 단어가 문장 안에 아무런 상관이 없는 데도 말이다. 그렇지만 모든 말실수가 우리의 깊게 감추어진 생각을 반영하는 것은 아니다.

마지막으로, 우리가 하는 대부분의 말실수는 발음이나 단어의 뜻과 관련된 것이 아니라 문장의 구조에 관련된 경우가 많다는 것에 주목할 필요가 있다. 우리의 생각은 계속해서 생겨나고 때로는 말하고 있는 도중에 의도가 바뀌어서 다른 생각으로 옮겨가기도 하는 것이다.

글로 쓴 말은 생각과 편집을 거친 것이기 때문에 대개는 깔끔하다. 그렇지만 실제 즉석에서 말로 할 때는 이런 편집이 말하는 동시에 함께 이루어져야 한다. 신기한 것은 사람들이 말할 때 얼마나 자주 말을 멈추었다가 다시 하는지 듣는 이는 잘 알아채지 못한다는 것이다. 예를 들어, 당신이 어떤 사람의 말을 듣고 있다고 하자. 그 사람은 문장을 시작하고, 멈추고, 같은 단어를 반복해서 말한다. 문장 중간쯤에서 멈췄다가 다시 또 시작한다. 물론 당신은 그 사람의 말을 들으면서 문장의 단어나 문장구조보다는 의미에 주목하면서 듣고 있기 때문에 대화가 얼마나 많이 끊겨가면서 이루어지는지에 대해서는 거의 의식하지 못한다.

라디오 쇼 진행자는 늘 그렇게 하지만, 당신도 자신이 말하는 것을 직접 녹음해보면, 말로 하는 언어가 얼마나 자주 끊겼다가 이어지는지를 자세히 살펴볼 수 있다. 당신 스스로 말을 잘 하는 사람이라고 평가하고 있다면, 한 번 당신이 한 말을 녹음한 것을 들어 보라. 실수가 너무 많이 들어 있어서 말끔하지 못한 자신의 말을 듣는 것 자체가 곤혹스러울 것이다. 그렇지만 우리의 삶이 무대 위의 공연이라고 한다면, 우리 각자가 하는 대사는 명료하고 문법적인 오류가 없도록 깔끔하게 편집된 상태로 만들어 놓은 대본으로 존재하는 것이 아니라는 것을 기억해야 한다.

말실수는 누구나 하는 것이다.
혀 꼬이는 말은 멋지다.

09

멀티태스킹을 하면
일을 더 많이 할까?

:

어쩌면 당신은 여러 가지 일을 동시에 하는 멀티태스킹 기술이야말로 현대 세계를 살아가는 데 있어서 매우 중요한 기술이라고 생각하는 수많은 사람 중의 하나일 가능성이 크다. 당신은 한 번에 한 가지 일만 하기에는 너무 바빠서 여러 가지 일을 동시에 해 나가지 않으면 도무지 일을 다 처리해 내는 것이 당신 생각에는 불가능해 보일 수 있다. 게다가 끊임없이 들어오는 이메일, 문자메시지, 실시간 대화 메시지 등까지….

헤이, 페이스북에 누군가가 정말 귀여운 고양이 사진 올렸네! 아이고 귀여워라….

어, 우리 어디까지 얘기했지요?

아, 그렇지. 멀티태스킹!

그러니까 어쩌면 당신은 요즘 여러 가지 일을 동시에 하는 멀티태스킹 기술이야말로 현대 세계를 살아가는 데 있어서 매우 중요한 기술이라고 생각하는 수많은 사람 중….

잠깐, 그 얘기는 이미 했잖아.

흠, 도대체 어떻게 된 거지?

당신이 방금 읽은 이 황당한 얘기는 우리 두 사람의 멀티태스킹 수준이 어떤지 잘 보여준다. 영 형편없다. 우리는 흔히 생각하기를, 우리가 여러 가지 일을 할 때는 우리의 뇌가 기능별로 여러 갈래로 나누어져서 각각 일을 맡아 하는 것이라고 생각하는 경향이 있다. 예를 들어 전화하면서 인터넷을 여기저기 서핑하고 있으면, 한 40퍼센트의 뇌는 인터넷을 담당하고 있고 60퍼센트의 뇌는 대화를 담당하고 있고 하는 식으로 말이다. 물론 누구하고 통화하는지, 컴퓨터 스크린에 무엇이 올라와 있는지에 따라서 뇌가 분할되는 비율은 다르겠지만….

그런데 멀티태스킹이 정말 이런 방식으로 작동하는 것일까?

한 마디로 답하면 '아니다'이다.

우리의 눈이 한 번에 하나에만 초점을 맞출 수 있다는 사실은 아마 당신도 이미 잘 알고 있을 것이다. 운전하면서 문자 메시지를 보내는, 한 마디로 정신이상에 걸린 사람들을 생각해보자. 이들은 길을 보고 있을 때는 전화기를 볼 수 없고, 전화기를 보고 있을 때는 길을 볼 수 없다. 그런데 이런 현상은 단순히 눈에만 해당되는 게 아니다. 앞서서 우리는 우리가 뭔가를 보는 것은 눈으로 보는 게 아니라 뇌로 보는 것이라고 얘기했다. 우리의 눈은 그저 빛을 감지하는 감광장치로서 자기가 받아들인 정보를 뇌의 시각 대뇌피질로 보낼 뿐이고, 사물을 보는 것은 바로 이 대뇌피질이다.

실제로, 만일 당신이 지금 하는 일과 관계된 뭔가를 보고 있는데 당신이 하고 싶어 하는 또 다른 일과 관계된 뭔가가 시야에 들어왔다고 할 때 이 새로운 것은 전혀 의식되지 못할 수 있다. 실제로 우리는 뭔가에 눈을 고정하고 있으면서 그것을 안 보는 것은 불가능하다. 마찬가지로 우리가 두 가지 소리를 동시에 들을 수 없다. 보는 것과 마찬가지로 듣는 것도 귀가 듣는 것이 아니라 우리 뇌가 듣기 때문이다.

주의집중에 대한 고전적인 연구의 예를 들어 보자. 이 실험연구에서는 실험참가자들이 양쪽 귀에 서로 다른 소리가 들리게 하는 헤드폰을 낀다. 예를 들어 왼쪽 귀로는 어떤 책의 한 부분을 읽어 들리게 하고, 또 오른쪽 귀로는 일곱 개의 단어가 계속 반복해서 들리게 한다. 피험자들에게 양쪽 귀로 소리가 동시에 들어올 때 왼쪽 귀로 들리는 내용을 크게 소리 내서 따라 하라고 한다. 이렇게 하면 피험자들은 왼쪽 귀로 들어오는 소리에 더 주의를 집중해야 한다.

이런 실험 후에 조사해 보면 오른쪽 귀로 들어온 내용을 기억하는 사람은 거의 없다. 이들의 뇌는 왼쪽 귀로 들어오는 정보에 집중하느라 바빠서 그 소리를 듣는 동안 다른 쪽 귀로 들어오는 소리를 들을 수가 없다.

정말 놀라운 것 한 가지는, 우리의 뇌는 멀티태스킹을 하는 경우가 전혀 없다는 것이다. 만일 멀티태스킹을 '동시에 두 가지 또는 그 이상의 일에 주의를 집중하는 것'이라고 정의한다면 말이다. 우리의 뇌가 할 수 있는 것이 있다면, 주의 집중 대상을 신속하게 바꾸어서 마치 동시에 두 가지 이상의 일에 주의를 집중하고 있는 것처럼 보이게 할 수는 있다. 물론 실제로는 동시에 집중하고 있는 것이 아니라 한 번에 한 가지에만 집중하고 얼른 대상을 바꾸어서 또 다른 것에 집중하고 있을 뿐이지만 말이다.

뇌는 우리가 세상을 정확하게 파악하고 거기에 효율적으로 대응하도록 진화하였다. 인간의 감각 기관과 행동 체계는 우리의 뇌가 우리 생각의 특정한 측면들을 최우선시하도록 만들었다. 즉, 눈을 어디로 향하게 하고 어느 소리에 귀기울이게 하고 어떤 행동을 하기 위해 우리 몸의 어느 부분을 움직여야 할지를 결정하는 생각의 측면들을 뇌가 최우선으로 처리하게 하는 것이다.

뇌에는 '집행체계(executive system)'라고 부르는 특정한 장치들이 있다. 이것은 우리 환경 속의 수많은 대상 중 어느 것에 초점을 둘지를 결정한다. 바로 이것이 우리가 무엇을 하든지 간에 그것을 성취하기 위해 우리의 뇌가 감각기관과 운동체계를 동원하는 방식이다. 당신이 멀티태스킹을 하려고 하면 그것은 당신의 집행체제 주의집중을 이쪽저쪽으로 재빨리 교대하도록 강제하는 것이다.

그런데 여러 가지 일을 동시에 멀티태스킹 하는 것은 한 가지 일에 집중해서 그것을 끝내고 다음 일에 집중해서 그것을 끝내고 하는 방식으로 일을 진행하는 것보다 훨씬 비효율적이다. 특히 멀티태스킹을 하는 일 중의 하나가 회의나 강의에서 집중해서 들어야 하는 경우처럼 지속해서 진행되는 것, 즉 시간 의존적인 것이라면, 주의집중을 바꾸는 일은 특히 문제가 된다. 물론 회의를 하는 중인데 회의가 따분하기 그지없다면, 회의 도중에 이메일을 잠시 체크할 수는 있다. 그렇지만 이메일을 주의깊게 읽고, 거기에 답을 써보낸다면 그렇게 하는 동안 회의에서 벌어진 일을 당신은 전혀 알아채지 못하게 된다. 그 부분을 완전히 놓친 것이다.

물론 우리는 회의에 앉아 있을 때 누구나 "시간을 잘 써야겠다."는 생각을 갖고 있고, 대부분의 회의는 진행이 느리고 비효율적이기 때문에 앞에서 한 것처럼 이메일을 읽고 답을 하는 경우라도 그렇게 심각하게 나쁜 결과를 초래하지는 않는다. 그런데 문제는 언제 중요한 일이 벌어질지를 우리가 모르고 있다는 사실이다. 그래서 잠깐 이메일을 읽고 답을 쓰는 한 2분 동안에 막상 회의에서 뭔가 중요한 일이 생긴다면 당신에게는 재수없는 일이 되는 것이다.

그런데 멀티태스킹의 여러 가지 일 중에 대화나 회의나 운전처럼 지속해서 진행되는 것이 없는 경우라 하더라도 멀티태스킹은 문제가 있다. 왜냐하면, 당신이 주의를 한 곳에서 다른 곳으로 옮길 때마다 거기에는 일종의 '전환비용(switching cost)'이 따르기 때문이다. 즉, 당신이 어떤 일을 하고 있다가 그 일을 잠시 접어두고 다른 일로 주의 집중을 돌리게 되면 그 접어두는 순간이 아무리 짧다고 해도 그동안은 새로운 일에 집중하기 위해서 작업기억, 즉 단기기억에서 앞의 일에 대한 정보를 삭제해야 한다. 그래서 다시 앞에 하던 일로 돌아왔을 때는 그 일에 다시 집중하기 위해 방금 했던 일에 대한 정보를 이제 다시 돌아온 일에 대해 기억나는 정보로 교체해야 한다. 이렇게 어떤 일을 잠시 접어 두었다가 다시 그 일로 돌아오는 방향전환 행위들은 시간과 노력과 에너지를 소비하고 아울러 정확도와 효율성을 감소시킨다. 혹시 당신은 스스로 여러 가지 일을 제법 곡예를 부리듯 잘 한다고 생각할지는 모르겠지만 실제로 당신은 시간을 낭비하고 있는 것이다. 물론 실수할 가능성이 늘어나기 때문에 효율성도 더 악화된다.

물론 동시에 두 가지 또는 그 이상의 일을 그냥 '하는' 것이라면 그것은 가능하다. 불가능한 것은 당신이 동시에 두 가지 또는 그 이상의 일에 '주의를 집중하는' 것이다.

이 세상 부모라면 누구나 아이들이 텔레비전 쇼나 비디오 게임에 완전히 몰입해서 마치 테크놀로지의 블랙홀 너머로 넘어가버린 사람처럼 이 세상과 단절된 경험을 하고 있을 때, 아이들을 아무리 불러도 응답이 없는 경우를 다 경험했을 것이다. 우리가 알기로는 아이들이 분명히 우리 목소리를 듣고 있다. 그런데 어떻게 부모가 부르는 소리를 그렇게 무시할 수 있다는 말인가? 그렇지만 생각해보라. 무엇인가를 의도적으로 무시하려면 일단 그것을 인식해야 한다. 아이들이 지금 자기 손가락에 운명이 달린 은하계를 적의 손에서 구출하려고 애쓰고 있는 도중인데 부모의 목소리가 들릴 리가 없는 것이다.

한 가지 이상의 일에 동시에 집중하는 것이 불가능한데도 왜 그 사실을 우리는 인정하지 않을까? 대부분의 사람은 직장에서 한 가지 일을 할 때보다는 여러 가지 일을 동시에 할 때 더 많은 일을 한다고 느끼기 때문에 계속적으로 멀티태스킹을 하는 것이다. 또한 대부분의 사람은 자신이 그렇게 해서 확실히 더 많은 일을 한다고 단언한다.

우연한 일이지만, 우리가 한 가지 일에서 다른 일로 주의집중을 바꿀 때 사용하는 뇌의 장치들은 바로 우리 일의 실적을 모니터하는 데 쓰는 장치들과 같은 것들이다. 어떤 점에서는 우리의 실적이 어떤지를 모니터하는 것도 일종의 멀티태스킹이다. 즉, 우리가 뭔가를 하고 있을 때 그 일에 주의집중을 하다가, 우리가 하는 일의 진척상황이 어

편지 점검하는 데로 주의집중을 돌렸다가, 또다시 돌아와 하던 일에 집중하고 하는 식으로 주의집중 대상이 왔다 갔다 하기 때문이다. 결국 그런 식으로 작업과 평가가 이루어지고 있기 때문에 우리는 멀티태스킹도 제대로 못 할 뿐 아니라 우리 자신의 멀티태스킹 능력을 스스로 평가하는 것도 정확하게 못 하는 것이다.

우리가 사람들에게 멀티태스킹에 대해서 이야기할 때마다 누군가는 꼭 한 마디 하는 것이 있다. 즉, 여성들이 멀티태스킹을 잘 한다는 얘기를 어디선가 들었다고 하는 말이다. 이런 얘기에 뒤따르는 것은 진화 역사에서 보면 여성들이 동시에 여러 가지 일을 처리해내야 할 필요가 있었기 때문에 그렇게 되었다는 식의 이야기이다.

멀티태스킹에서 남성 여성의 성 차이가 어떤지를 살펴본 연구가 하나 있었다. 이 연구에서는 여성들이 남성들보다 멀티태스킹의 나쁜 정도가 좀 덜하다는 결론을 내렸다. 그렇지만 이 연구에 대해서 두 가지 중요한 이야기를 덧붙여야 한다. 하나는, 이 연구에서조차 남성이든 여성이든 멀티태스킹을 하면 두 가지 일을 다 제대로 못 한다는 것이 밝혀졌다는 것이며, 그저 여성들이 그 나쁜 정도가 조금 덜하다는 것이 결론이라는 것이다. 둘째로는, 그 성 차이라고 보았던 연구결과가 그 이후의 여러 연구에서는 지지를 받지 못했다는 것이다. 결론적으로 말해 설령 멀티태스킹 능력에 있어서 남성과 여성 사이에 성 차이가 있다고 하더라도 그것은 실제 상황에서는 차이가 너무 미미해서 의미가 없다는 것이다.

그런데 신기하게도, 어떤 사람들은 실제로 멀티태스킹을 제법 잘하는 것 같다. 몇몇 연구들은 약 10퍼센트의 사람들이 두 가지의 복잡한 일을 크게 어려움을 겪지 않고 할 수 있는 것으로 보인다고 보고하고 있다. 물론 그렇다 해도 당신이 그런 그룹의 사람 중에 끼지 못할 확률은 90퍼센트이다. 이 10퍼센트의 사람들을 운 좋은 사람이라고 불러야 할지는 모르겠지만, 이들이 어떻게 그런 능력을 타고났는지에 대해서는 우리가 알 길이 없다.

그런데 아트가 이 사실에 대해서 강조하기를 좋아하지만, 우리가 멀티태스킹을 못하는 사람들인데도 그나마 일들을 완전히 망가뜨리지 않고 여러 가지 일을 이리저리 왔다 갔다 할 수 있다는 것은 경이로운 일이다. 이런 경우는 대개 누군가가 우리를 방해할 때 나타난다. 우리가 일상생활에서 방해받는 일이 얼마나 많은가. 예를 들어, 내가 뭔가를 쓰고 있는데 전화가 울리면 전화를 받고 다시 글쓰기 하는 일로 되돌아갈 수 있다. 방금 전에 하던 일로 신속하게 돌아가서 이전 상태를 회복시키는 능력이 없다면 누군가의 방해를 받을 때마다 그 방해가 끝나면 앞에 하던 일은 잊어버리고 완전히 다른 일을 하게 될 것이다. 예를 들어, 아트가 기르는 개는 카펫을 씹고 있다가 다른 일로 주의가 분산되고 나면 그다음에는 다시 카펫을 씹으러 가는 게 아니라 뭐 씹을 게 없나 하고 다른 것을 찾아다니는 것처럼 말이다.

사실상, 우리의 두뇌가 동시에 한 가지 일 이상을 할 수 있도록 도와주는 것 중의 하나는 습관이다. 습관이라고 하는 것은 근본적으로 우리의 주의집중을 지시 통제하는 값비싼 집행적 에너지를 사용하지 않고도 할 수 있는 행동이기 때문이다.

우리는 컴퓨터 자판을 타이핑할 때 자판을 보지 않고 터치 감각으로 문자키를 누르는 촉지법을 익히기 위해 많은 시간을 들인다. 그 이유는, 일단 그렇게 문자키를 누르는 것이 습관이 되고 나면 어떤 글자를 치기 위해서 어떤 문자키를 눌러야 하는지 생각할 필요도 없이 단어나 문장을 쳐낼 수 있기 때문이다. 타이핑은 목표를 신속하게 달성하기 위해 습관이 얼마나 중요한 것인지를 잘 보여 주는 좋은 예이다. 습관이 강화될수록, 즉 습관이 자동화될수록, 우리는 자신의 동작의 실제적인 세부사항을 파악해내기가 어렵다.

컴퓨터 자판을 보지 말고 이 질문에 빨리 답해 보기 바란다. Y자 문자키 오른쪽에 무슨 문자키가 있는가?

무슨 말인지 금방 경험했을 것이다. 당신도 대부분의 사람과 같다면 이렇게 쉬워 보이는 질문에 대한 답조차 잘 떠오르지 않는 것이다. 그렇지만 글자 U는 아무 문제 없이 금방 자판에서 칠 수 있다. 당신의 오른쪽 검지는 U자 키가 어디에 있는지 '알고 있는' 것이다. 당신이 정말 타이핑을 빨리할 수 있는 사람이라면 어떤 손가락이 어떤 문자키를 담당하고 있는지를 생각하려고 하는 노력이 오히려 타이핑 속도를 심각하게 느리게 할 뿐만 아니라 실수할 확률도 크게 늘어나게 한다.

우리의 손가락이 실제로 무엇을 하고 있는지 신경을 안 쓰면서도 타이핑을 할 수 있는 수준에 도달하게 되면 우리는 에너지를 어떻게 자판을 조작할지가 아니라 지금 치고 있는 메시지의 내용이 무엇인가를 생각하는 데에 사용할 수가 있다. 이것은 우리가 깨어 있는 동안 매일 하고 있는 모든 종류의 습관에 해당하는 말이며, 그런 습관은 끝없이 많다. 습관은 인간이 기능을 해나가는 데 필요한 것 중의 하나이다. 자신이 하는 모든 일에 의식적인 노력을 기울여야만 했다면 우리 인간은 생존하지 못했을 것이다. 그래서 뇌는 우리의 몸이 가능하면 자동으로 작동하도록 하는 일종의 편리한 트릭을 개발해낸 것이다.

이번 이야기를 끝내면서 당부하고 싶은 말은, 당신이 하는 일을 최고의 상태로 성취하고 싶다면 싱글태스킹, 즉 한 가지 일에만 집중하라는 말이다. 그러면 여러 가지 일을 한꺼번에 하려고 할 때보다 얼마나 더 빠르고 효율적으로 일을 처리하게 되는지 자신도 놀랄 것이다.

"
**멀티태스킹을 하면
일은 더 많이 하고
이루는 것은 더 적어진다.**
"

10

성실한 사람이
창조적일 수 있을까?

:

    인간은 정말 기묘하게 생각하는 능력을 갖추고 있으며, 이것은 우리 인간이 다른 동물 종과 다른 점 중의 하나이다. 우리는 온갖 종류의 문제와 도전에 대해 답을 생각해낼 수 있다. 심지어는 전에 우리가 한 번도 겪어 보지 못한 것 같은 문제에 대한 도전에서도 말이다. 세상을 효율적으로 살아가기 위해서는 우리가 처한 상황이 무엇인지 파악하고, 어떻게 해야 할지를 알아내는 능력이 필요하다. 그렇지만 이것이 과학자들이 과학을 연구할 때 생각하는 방식일까? 아니면 과학자들이 생각하는 방식은 보통 사람들이 매일매일 살아가는 과정에서 생각하는 방식과는 다른 것일까?

실제 세상을 보면 과학적 사고라는 것이 대부분의 일반 사람이 생각하고 있는 사고와는 방식이 다른 것을 알 수 있다. 물론 이 말은 누군가가 과학자가 되고 나면 더는 일반인들의 사고방식으로 생각하지 않는다는 말이 아니다. 우리 두 사람은 이에 대해 많은 증거를 갖고 있다. 사실상 우리가 알고 있는 대부분의 황당한 사람은 과학자들이다. 이런 사람들은 과학적 연구를 할 때는 매우 훌륭한 학자들인데 일단 교수회의에만 나오면 그런 과학적 훈련으로 얻은 것들이 모두 무용지물이 된 사람들처럼 보인다.

과학적 사고와 전형적인 사고의 근본적인 차이점은 사고의 전체적인 목표와 관련이 있다. 과학의 목표는 모두가 '비확증(disconfirmation)'이다. 즉, 과학의 목표는 어떤 특정한 이론이 "사실이 아니다"라는 것을 입증하는 방법을 찾으려는 것이다.

대부분 사람이 일상에서 하는 생각의 목표는 모두가 '확증(confirmation)'을 위한 것이다. 다시 말해, 우리가 세상을 바라볼 때 우리는 자신이 이미 믿고 있는 바와 일치하는 정보에 주목하는 경향이 있다. 즉, 우리가 이미 갖고 있는 신념과 잘 부합하지 않아서 그 신념을 조정하거나 바꿔야 하는 정보보다는 그 신념과 잘 부합하는 정보에 집중할 가능성이 훨씬 많다는 것이다. 이런 경향성은 우리 인간들이 갖고 있는 사고방식에 매우 깊이 침투해 있어서 이것을 가리키는 '확증편향(confirmation bias)'이라는 용어가 있을 정도이다.

이것을 잘 보여 주는 실험이 있다. 실험자는 실험참가자들에게 나란히 나타나는 세 개의 숫자를 제시하면서 이 숫자들 사이에 규칙이 있는데 그 규칙을 찾아내는 것이 과제라고 설명을 한다. 그 후에 참가자들은 다른 세 개의 숫자 열을 대어서 자신이 세웠던 규칙이 잘 맞는지를 확인할 수 있다. 참가자가 숫자 열을 제시하면 실험자는 그 숫자 열이 규칙에 맞는지 안 맞는지를 알려 준다.

이런 실험을 하기 위해서 우선 참가자들에게 숫자 열 1, 3, 5를 제시해 주면서 이 숫자 열이 그 규칙을 따른다고 말해 준다. 대부분의 사람은 곧바로 이 숫자 열에 숨겨진 규칙이 '2씩 늘어남'이라고 추측을 한다. 그러면 참가자들은 자신이 추측한 규칙이 맞았는지를 점검해 보기 위해 7, 9, 11이나 51, 53, 55와 같은 숫자 열을 대면서 규칙에 맞느냐고 실험자에게 물어본다. 참가자들이 이런 숫자 열로 규칙을 시험해보면 매번 실험자는 그 숫자 열들이 규칙에 맞는다고 설명해 준다. 이렇게 2씩 늘어나는 숫자 열로 몇 번 실험을 한 후에 대부분의 참가자는 '2씩 늘어남'이 숨겨진 규칙이라고 확신을 한다. 이 규칙이 지금까지 점검해 본 숫자 열에서 모두 '확증'되었기 때문이다.

그렇지만 실험자가 마음속에 갖고 있던 정답에 해당하는 규칙은 그것이 아니라 그보다 더 일반적인 규칙이다. 즉, 그 규칙은 '각 숫자는 그 앞에 있는 숫자보다 큼'이라는 것이다. 따라서 7, 692, 1,400과 같은 숫자 열이나 -7, 0, 7과 같은 숫자 열처럼 그저 무조건 숫자가 늘어나기만 하면 그런 숫자 열은 이 규칙을 따르고 있는 것이다. 실험에서 보면, 실험참가자들 대부분은 절대로 2씩 커지는 숫자 열 이외에는 어떤 다른 패턴으로 커지는 숫자 열을 시험해보지 않았다. 숫자가 적어지는 경우는 더더욱 말할 것도 없다. 이렇게 함으로써 참가자들은 실험자가 의도했던 더 일반적인 규칙을 발견하는 데에 실패하게 된 것이다. 그중에 누구라도 그 규칙이 2씩 늘어나는 숫자 열이 아닌 7, 8, 9와 같은 다른 숫자 열을 단 한 가지만이라도 제시하면서 규칙에 맞느냐고 물었다면 자신이 짐작했던 '2씩 늘어남'이라는 규칙이 원래 찾으려 했던 규칙이 아니었음을 금방 알아내고 새로운 규칙을 찾으려고 했을 것이다. 그런 숫자 열을 한 번이라도 대보았다면 정답 규칙을 찾기 위해 매우 많은 숫자 열로 다시 시험해 보아야 한다는 단서도 발견하게 되었을 것이다.

이 실험에서 배울 수 있는 사실은, 사람들은 '자신이 이미 믿고 있는 것과 부합하는 시험에만 주목하는 경향이 있다'는 것이다. 즉, 자신이 믿고 있는 것과 부합하지 않을 가능성이 있는 상황이나 숫자 열은 시험해보지 않는다는 것이다. 이런 방식의 사고는 보통 사람들이 일반적으로 사용하는 방식이다. 그리고 과학자라도 실험실 밖에서는 그와 똑같은 방식으로 사고를 한다.

그러나 과학적 연구는 그런 방식으로 진행되지 않는다. 과학에서는 혹시 어떤 추측이나 가설을 시험해보고 싶으면 자기가 세운 그 가설이 맞지 않는 모든 가능성을 시험해볼 수 있도록 실험을 설계해야 한다. 다시 말해서, 자신이 좋아하는 이론이 맞지 않을 수 있는 모든 방법을 상상해서 그런 시험에 자신의 이론이 맞는지를 검사해야 한다. 그리고 과학의 규칙에 따르면, 당신의 가설이 틀렸다는 증거가 없더라도 당신이 할 수 있는 가장 높은 단계의 말은 '그 가설이 틀렸다는 증거가 아직 나타나지 않았다'고 결론을 지어야 한다.

이런 식의 말을 과학자가 아닌 사람들이 들으면 도대체 그게 무슨 말을 그렇게 하냐고 무척 짜증이 날 노릇이겠지만 바로 이것이 과학적 방법이며, 과학적 진보를 위한 가장 핵심적인 요소이다. 왜냐하면, 어떤 명제가 '사실이다'라고 하는 것과 그 명제가 '사실이 아니라는 증거가 없다'고 말하는 것에는 매우 중요한 차이가 있다. 첫 번째 말은 더는 조사할 여지를 남겨두지 않기 때문에 미래에 그 가설을 더 자세히 다듬어야 할 필요가 없게 한다. 두 번째 말은 잠정적이며 당신이 아직 상상해볼 수 있는, 그리고 상상할 수도 없었던, 모든 경우에 대해 시험해보지 못했으므로 아무리 가능성은 적다고 하더라도 그 말이 틀릴 가능성이 여전히 존재한다는 것을 보여주는 말이다.

이것은 과학이 확증편향의 영향을 최소화하는 방법을 제시하고 있다는 말이다. 과학자들 사이에는 자신이 소중하게 여기는 신념이라도 그것이 틀렸음을 보여주는 정보가 있는지 찾아보기 위해 애쓰겠다는 것뿐만 아니라 데이터에 충실하겠다는 합의가 있다. 과학자들은 개인적으로 어떤 특정한 이론이 아무리 사실이었으면 좋겠다고 생각을 하더라도 데이터가 그렇지 않은 것으로 나타나면 자신의 신념을 버려야만 하는 것이다. 이와 같이 과학의 규칙들은 분명한 목표로 설계되어 있다. 즉, 그렇게 함으로써 사람들이 다른 비효율적 방법보다는 더 효율적인 방법으로 생각할 수 있도록 도와주는 것이다.

우리 두 사람은 이 말을 하면서, 과학적 사고는 항상 좋은 것이고 비과학적 생각은 항상 어리석은 것이라는 인상을 주려는 의도는 전혀 없다. '확증편향'이라는 말 자체가 좀 나쁜 것이라는 인상을 주기는 하지만 일이 그렇게 간단한 것은 아니다. 어쩌면 좀 나쁜 인상을 줄이려 했다면 '확증 경향성'이라든가 '확증에 기초한 추론'과 같이 좀 더 긍정적인 표현으로 바꾸어 쓸 수도 있었겠다는 생각이 들기도 한다.

사실 확증편향은 대부분 상황에서는 제법 좋은 것이다. 예를 들어, 아트가 자신이 강의 도중에 성적인 농담은 안 해야 한다는 신념을 갖고 있다고 하자. 아트가 이 신념에 따라 자신의 행동을 잘 통제한다면 그건 좋은 일이다. 물론 아트 생각이 틀리고 강의시간에 성적인 농담을 해도 괜찮은 것일 가능성도 있으니 이것이 사실인지 확실히 알아보는 유일한 방법은 강의시간에 성적인 농담을 해봄으로써 자신의 가설을 시험해 보는 것이다. 그런데 그렇게 하다가는 일이 잘못되어 매우 큰 곤경에 빠질 수도 있다. 과학적 사고를 한다고 하다가 사서 고생을 하는 셈이다. 그러니 차라리 아트는 자신이 믿고 있는 신념을 과학적으로 시험해 볼 것이 아니라 그냥 애당초 자기 신념대로 자신의 행동을 조심하는 것이 훨씬 나을 것이다.

실제로 많은 현실 상황에서는 자신의 신념이 잘못된 것인지를 시험해보는 것이 매우 심각하고도 중대한 결과를 초래할 수 있다. 따라서 자기 신념을 시험해본다고 하다가 자칫 엄청난 사건으로 일이 잘못되는 것보다는 차라리 몇 가지 시험해볼 가능성을 포기하는 편이 훨씬 낫다.

그렇지만 모든 사람이 규칙을 엄격하게 지키는 것은 아니다. 예를 들어, 밥은 아트보다 규칙을 어겨서 무슨 일이 생기는지 알아보려고 하는 경향성이 더 많다. 그렇다고 밥이 완전히 무슨 무정부주의를 꿈꾼다는 것은 아니다. 그저 밥에게는 규칙과 마감일이 아트처럼 그렇게 중요하게 여겨지지 않는다는 것이다.

이 차이점과 관련된 기본적인 성격적 특징이 있다. 빅파이브 성격적 특징 중에는 '성실성(conscientiousness)'이라는 것이 있다. 이것은 사람들이 자신이 맡은 일을 얼마나 끝까지 해내려고 하는지를 보여주는 것이다. 성실성이 많을수록 자신의 일을 완성하고 규칙을 지키려고 하는 의지가 강해진다. 여기서 규칙이라고 하는 것은 자신이 만든 규칙도 포함된다. 예를 들어서 수업 도중에 성적인 농담을 하지 않겠다는 다짐 같은 것도 해당된다.

세상은 성실성이 높은 사람들에게 보답해주는 경향이 있다. 회사의 경영 책임자들은 성실성이 높은 직원을 주목하기 마련이다. 왜냐하면, 이런 사람들이야말로 자신에게 맡겨진 일을 완성할 사람이라고 신임할 수 있는 사람들이기 때문이다. 이런 사람들은 집중력이 높다. 주어진 지시사항을 문자 그대로 따른다. 그 결과 더 빨리 승진하고 결국 더 큰 책임을 맡은 자리로 점점 올라가게 된다.

성실성이라는 것은 얼핏 보기에 연속선상에서 한쪽에만 좋은 것이 있는 성격 특징인 것처럼 보인다. 매우 성실한 것은 매우 훌륭한 것으로 보이는 데 반해 성실성이 낮은 것은 일을 망치는 보증수표인 것처럼 보인다. 제시간에 맞춰서 일을 못 끝내는 사람들, 일을 끝내라고 끊임없이 채근해야 하는 사람들, 규칙들을 단지 참고사항 정도로 생각하는 사람들은 세상을 살면서 단점이 많은 것처럼 보인다.

그런데도 성실성이 낮은 것에도 뭔가 중요한 이점이 있음이 분명하다. 왜냐하면, 인간의 진화가 세대를 거쳐 진행되는 동안 어떤 특징이 항상 나쁜 것이라면 그런 특징은 안 나타나도록 자연선택이 압력을 행사하기 때문이다. 따라서 인간에게 성실성이 다양한 정도로 연속선을 이루고 있는 것을 보면 성실성이 낮은 것에도 이점이 있을 것임이 틀림없다. 최소한 특정한 경우에만이라도 말이다.

실제로 그런 이점이 있다.

성실성이 너무 높으면 그런 사람은 평생을 규칙을 따르는 데 보낸다. 색칠할 때 금을 넘어가면 안 된다고 생각하고 규칙을 엄격하게 따르는 것이야말로 반드시 해야 하는 의무라고 생각한다. 항상 말이다.

그런 사람은 창조성이 떨어진다.

창조성은 규칙의 파괴를 필요로 한다. 뛰어난 창조성을 갖춘 사람들은 자신의 영역에서 규칙을 깨뜨리는 경우가 많다. 모든 규칙을 깨뜨릴 필요는 없지만 몇 개의 규칙을 깨뜨린다. 예를 들어서 추상화가 발달하던 시절에 브라크와 피카소는 그 이전의 세잔 같은 화가들의 전통을 따라서 같은 이미지의 다양한 관점을 단일한 화폭에 담는 작업을 하였다. 브라크와 피카소 이전에도 한 그림 안에 관점 상 약간의 변이를 보이면서도 전체적으로는 하나의 일관성 있는 작품 같은 인상을 주는 그림을 그린 화가들이 있었다.

그러나 브라크와 피카소 같은 화가들이 만든 입체파 화풍은 이전에 시도되었던 것과는 전혀 차원이 다른 것이었다. 이 화풍의 그림에서는 이미지 그림의 많은 규칙이 파괴됨으로써 어떤 경우에는 처음 보아서는 전혀 알아볼 수 없는 이미지가 담겨 있다. 이 그림들을 모든 사람이 훌륭하다고 생각하지는 않았지만, 브라크와 피카소는 이 새로운 스타일을 지속해서 실험해나갔다.

이와 유사하게 아인슈타인은 특수상대성이론을 연구하는 동안, 예를 들어 질량, 공간, 시간은 고정값이라고 생각하던 것 같은 당시 널리 받아들여지고 있던 물리학의 근본원리들 몇 가지를 무시하였다. 자신이 이론을 세워놓고 보니 그 이론에 따르면 사물의 속도가 그 질량에 영향을 준다는 것을 암시하는데 이 말은 직관적으로도 이상할 수밖에 없으니 자신의 이론이 잘못된 것임이 틀림없다고 단정지었을 수도 있을 것이다. 그러나 아인슈타인은 그렇게 직관에 따라 미리 단정하는 대신 오히려 자신의 이론을 더 밀어붙인 결과, 마침내 물리학자들이 우주를 생각하는 방식을 근본적으로 바꾸어 놓은 것이었다.

그런데 흥미로운 것은 이처럼 기발한 창조성을 가진 사람들은 자신의 전문분야뿐만 아니라 일반적인 사회적 규범도 어기는 경향성이 높다는 것이다. 창조성이 높은 사람들은 규칙을 인생에서 절대 넘어가서는 안 되는 금지선이라고 생각하는 대신 편리할 때 따르면 되는 참고사항 정도로 생각하는 경우가 흔하다. 매우 창조적인 사람들은 흔히 사회적으로 용납될까 말까 하는 경계점에서 아슬아슬하게 살아가는 경우가 많다.

예술가들과 음악가들 중에는 전형적인 행동규칙들을 무시한 사람들 얘기가 무척 많아서 이것이 예술가들과 음악가들에 대한 일반적인 선입견이 되어 있다. 그러나 그런 예술분야의 사람들 말고도 다른 분야의 많은 창조적인 사람들도 마찬가지다. 예를 들어서 노벨 물리학상을 받은 리처드 파인먼(Richard Feynman) 교수의 자서전을 읽어 보면 그가 사회생활에서 다른 사람들의 기대에는 거의 아랑곳하지 않았음을 매우 선명하게 보여준다.

사실상 당신이 규칙을 따르고 마감일을 지키려는 욕구가 강하면 강할수록 당신의 창조성은 떨어질 가능성이 크다. 그러니 우리는 밥과 또 그와 유사한 창조성 있는 사람들에게 특별한 경의를 표해야 할 것이다.

"
치밀한 창조성이란

어불성설이다.
"

우리는 정말
우리 뇌의 10퍼센트만
사용할까?

얼마 전에 우리는 사람들이 우리가 심리학자라는 것을 알게 됐을 때 보이는 반응에 대해서 이야기한 적이 있다. 어떤 사람들은 좀 수줍어하면서 "아! 그럼, 아마 지금 저를 분석하고 계시겠네요." 같은 말을 하곤 한다. 마치 우리가 일종의 심리분석의 비술이라도 갖추고 있는 사람처럼 말이다. 그러면 아트는 흔히 자신은 다른 사람의 문제에 대해 관심이 없으니 걱정하지 말라고 답하곤 한다. 밥은, 자신은 다른 사람들의 문제에 관심을 갖고는 있지만 학술적인 전문가로서의 관심이 아니라고 답하곤 한다.

우리들이 자신의 정신세계를 속속들이 살피고 있지 않다는 사실에 대해 좀 마음이 편안해지고 나면, 이 새로 사귄 사람들이 으레 하는 질문은 사람들이 어떻게 생각하는지에 대한 것이다. 가장 흔한 질문 중 하나는, 약간의 변형이 있기는 하지만, 대개 우리 인간이 뇌의 10퍼센트만 사용하고 있다는 것이 맞느냐는 것이다. 어떤 사람들은 단순히 그 말이 사실인지 알고 싶어 하지만 어떤 사람들은 그 나머지 잠자고 있는 뇌를 자극해서 더 활용하는 방법은 없는지 알고 싶어 하기도 한다.

지난 여러 해 동안 인간이 우리 뇌의 10퍼센트밖에 활용하지 못한다는 생각은 엄청난 주목을 받았다. 우리가 구글 검색 사이트에 들어가서 '10퍼센트의 뇌(10% brain)'라는 검색어를 치자 2억 5,300만 개의 히트가 올라왔다. 우리가 다행이라고 생각하는 것은 대부분 검색결과 문서가 그 문구에 '꾸며낸 이야기(myth)'라는 단어가 붙어 있었다는 것이다. 그렇지만 그 웹페이지들에서 우리가 뇌의 10퍼센트만 사용하고 있다는 그 말이 사실이 아니라고 애써 설명을 하고 있는데도 다른 꾸며낸 이야기들이 다 그렇듯이 이 이야기는 계속해서 사람들 사이에 떠돌고 있다.

이 사용되지 않는 뇌라는 생각을 크게 퍼뜨린 데에는 대중매체에 나왔던 얘기들이 한몫을 했다. 1991년 영화 〈영혼의 사랑 (Defending Your Life)〉에서는 세상을 떠난 사람들이 '다음 단계' (그것이 무엇인지는 모르겠지만)로 나아갈 수 있게 해주는 것은 이 사용되지 않은 두뇌의 일부를 사용하는 능력이라고 묘사하고 있다. 2014년 영화 〈루시(Lucy)〉는 스칼렛 요한슨이 자신의 뇌를 최대 용량으로 돌아가게 하는 약을 먹은 후에 초능력을 갖게 된다는 이야기이다.

우리가 한평생 사는 동안 우리들 뇌의 대부분이 그냥 한가하게 놀고 있다는 생각은 편리한 드라마 소재가 되고 말았다. 즉, 이런 작품들에서는, 숨겨져 있는 인간의 잠재력이 우리에게 엄청난 것을 안겨 줄 수 있다는 이야기를 하려고 하는 것이다. 그러나 실제로는 어떤가? 정답은 우리 모두 우리의 뇌 전부를 항상 사용하고 있다는 것이다.

뇌라고 하는 것은 놀라울 정도로 에너지를 많이 소비하는 값비싼 기관이다. 평균적으로 체중의 3퍼센트밖에 안 되는 무게이지만 사용하고 있는 에너지는 하루 총 에너지 소비량의 20퍼센트에서 30퍼센트에 이른다. 그렇다. 우리의 뇌는 매일 하루에 수백 칼로리의 열량을 태우고 있다. 심지어는 우리가 그물침대에 한가하게 누워서 느긋하게 낮잠을 자고 있을 때도 말이다.

그러면 도대체 우리의 뇌가 왜 그렇게 엄청나게 많은 에너지를 사용하고 있는지 궁금할 것이다. 어떤 사람들에게는 우리가 종일 걷고, 움켜쥐고, 들어올리고, 계단을 오르고 하면서 종일 근육을 사용하고 있으니, 우리 근육이 사용하는 에너지가 뇌보다는 훨씬 더 많은 에너지를 소비하지 않겠는가 하는 생각이 들만도 하다. 뇌야 두개골 안에 편안히 들어앉아서 사람이 움직이는 대로 그냥 차타고 있는 것처럼 가만히 앉아 있는 것이니까 말이다. 그렇지만 일단 우리 뇌 속에 들어 있는 매우 활동적인 뇌세포들이 어떤 일을 해야 하는지 이해하고 나면, 그 끈적끈적하게 생긴 1.5킬로그램짜리 물건이 왜 그렇게 많은 에너지를 필요로 하는지 깨닫기 시작할 것이다. 뉴런이라고 부르는 뇌세포들은 신경체계의 근본적인 작동장치이다. 이 특별한 세포들은 초파리의 뇌이든, 해삼의 뇌이든, 사람의 뇌이든 간에 모든 뇌에 들어 있으면서 뇌의 전기화학적 회로를 형성하고 있다. 뉴런은 세포 몸체로 부터 뻗어 나와 있는 축색돌기라고 부르는 통로를 따라 회로 안의 다음 뉴런까지 전기 신호를 보내는 역할을 한다. 어떤 축색돌기는 상대적으로 짧지만 어떤 것은 거의 1미터나 된다. 이 전기 신호들은 세포의 안팎을 도는 자성을 띤 미립자들의 움직임에 의해 화학적으로 만들어진다.

전기신호가 축색돌기를 따라 끝까지 이동해서 끝 지점에 도달하면 이 신호는 신경전달물질이라고 부르는 놀라운 분자들을 세포와 세포 사이에 있는 시냅스라고 부르는 작은 공간 안으로 흘려 넣는다. 이 신경전달물질은 인접해 있는 뉴런에 있는 작은 수용체에 달라붙어서 신호가 도착했다고 알려준다. 각각의 뉴런은 신호를 약 1만 개에 이르는 다른 뉴런에게 신호를 보낼 수 있기 때문에 우리가 숨을 쉬거나, 손을 들어 올리거나, 눈을 깜빡이거나, 생각할 때에 매 순간 엄청나게 많은 화학적 활동이 일어나게 된다. 이 모든 엄청난 이야기는 뉴런에 대한 이야기일 뿐이고, 뇌 안에는 교세포라고 부르는 또 다른 세포들이 있는데 이것들도 체계적이고 기능적인 일들을 추가로 실행한다. 뇌 안에는 뉴런만큼이나 많은 교세포가 활동하고 있다.

이 모든 일이 일어나도록 하려면 엄청난 에너지가 필요하다. 그런데 당신이 아무리 열심히 생각을 한다고 해도 거기에 소요되는 에너지에는 큰 차이가 없다. 즉, 당신이 뭔가를 매우 집중해서 하고 있다면 뇌는 에너지를 약간 더 필요로 하겠지만 그 부분에 그저 불만 켜 있는 정도하고 비교해도 소요되는 에너지 양은 크게 달라지지 않는다.

진화는 우리가 쉴 새 없이 그렇게 엄청난 에너지를 쓰고 있는 신체 기관을 그냥 아무 일도 안 하게 놔두지는 않을 것이다. 실제로 뇌는 엄청나게 바쁘게 활동하고 있다. 우리가 자고 있을 때에도 뇌는 활동을 한다. 우리가 깨어 있는 동안 경험했던 사건이나 익혔던 기술에 대한 기억을 처리하고, 깨어 있는 동안 쌓여진 화학물질과 독성 물질을 처리하여 없애는 여러 가지 잡일을 우리가 자고 있는 동안 뇌는 쉬지 않고 해내고 있다.

그러면 우리는 쉴 새 없이 항상 뇌의 전부를 사용하고 있는데 왜 뇌의 10퍼센트만 활용한다는 황당한 이야기가 나온 것일까? 이 잘못된 이야기의 근원을 정확하게 꼬집어 말할 수는 없지만 아마도 두 가지 사실과 관련이 있는 것으로 보인다.

첫째, 19세기의 생리학자들이 뇌를 분해하고 어떻게 각 부분이 연결되어 있는지를 이해하기 시작하던 즈음에, 뇌에는 단순히 뉴런만이 아닌 다른 많은 것들이 포함되어 있다는 것을 알게 되었다. 뇌에는 영양을 공급하고 뇌를 보호해주며 두개골 안에서 뇌를 떠 있게 해주는 액체로 가득 찬 방이 여러 개 있다. 그리고 앞에서 이야기한 교세포들이 있는데 이것들은 다양한 보조 기능들을 담당하고 있다. 만일 뇌에서 중요한 일을 하는 것이 뉴런뿐이라고 생각을 한다면(물론 이것은 전혀 사실이 아니다), 우리가 뇌의 10퍼센트만을 '사용하고' 있다고 말하는 사람이 있을 수도 있겠지만, 이것은 두어 가지 면에서 맞지 않는 말이다.

첫째, 뇌의 모든 구조는 뇌가 효율적으로 작동하도록 하는 데에 필수적이다. 만일 뇌가 보호되지 않고, 영양 공급을 받지 못하고, 독성 물질을 제거해낼 수 없다면 뇌는 제대로 작동하지 않는다.

둘째, 사람들이 우리가 두뇌의 10퍼센트만 사용하고 있다는 말을 다른 사람들에게서 들으면 우리는 즉각적으로 우리가 우리의 뇌를 더 많이 활용한다면 우리가 더 똑똑해지고 더 효율적인 사람이 될 것으로 생각하게 된다. 또는 영화 〈루시〉의 경우라면 우리가 초능력을 얻게 되어서 사물을 생각으로 움직일 수도 있을 것이라고 말이다. 물론 사실은 아니지만, 아이디어는 그럴듯하다.

뇌에 대한 헛소문의 두번째 원인은 다음 이야기와 관련이 있는 것으로 보인다. 1800년대 후반의 심리학자 윌리엄 제임스(William James) 교수를 시작으로 해서, 그 이후 인간의 정신에 대해 관심을 가졌던 몇몇 연구자들은 인간이 무엇을 할 수 있는지에 관심을 갖게 되었다. 윌리엄 제임스 이외에도, 1931년에 『인간관계론(How to Win Friends and Influence People)』이라는 책을 펴낸 20세기 초반의 전설적인 사업가 데일 카네기(Dale Carnegie) 같은 인물은 사람들이 열심히 일하고 공부하면 얼마나 많은 것을 더 이룰 수 있는지 독자들을 설득하려고 애를 썼다.

이들은 과학적 데이터에 의존하기보다는 단순히 인간에게는 새로운 사실과 기술을 배울 수 있는 능력이 거의 무제한으로 있다고 믿고 있었다. 그들은 매우 성공적인 사람들은 자신들이 어렸을 때 배운 것을 계속 기억하면서도 평생 새로운 것을 계속해서 배운 사람들이었다는 것에 주목했다. 따라서 그들이 보기에 보통 사람들은 자신들이 이룰 수 있는 일의 거의 가죽만 건드리다가 만 사람들처럼 보였던 것이다.

인간들이 사용하고 있는 정신 능력의 양이 몇 퍼센트인지 정확하게 말하기는 어렵다. 왜냐하면 어디까지 가능한지 그 한계를 알 수 없기 때문이다. 그러나 모든 과학적 근거들에 비추어 볼 때, 우리는 열심히 하면 평생 더 많은 것을 배울 수 있다는 것이 사실이다. 그리고 이

것이 이야기의 핵심인 것으로 보인다. 대부분의 사람들은 자신들 주변에 있는 기회들을 잘 활용하지 않고 있다. 많은 사람은 자신이 지금 당장 이루려고 하는 일과 직접적인 관련이 없는 것은 배우려고 하지 않는다. 사람들은 어른이 된 후에는 새로운 것을 배우지 않을 핑계를 댄다. 그런 점에서 보면 우리들에게는 실제로 성취해내고 있는 것보다는 더 많은 것을 성취할 능력이 있다.

따라서 다음 번에 누군가가 당신에게 사람들이 뇌의 10퍼센트만 사용하고 있는 것이 맞느냐고 물으면 우리는 뇌 전부를 사용하고 있다는 사실을 설명할 수 있을 것이다. 그러나 어쨌든 우리의 정신이 가진 광대한 능력을 쓰지 않고 버려둔다면 그것은 너무나도 안타까운 일이 될 것이다.

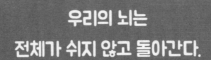

우리의 뇌는
전체가 쉬지 않고 돌아간다.

기억력은 반드시
쇠퇴하게 되어 있을까?

얼마 전 어떤 사람이 자신이 'CRS 환자'라고 쓴 티셔츠를 입고 있는 것을 보았는데 티셔츠에는 CRS가 'CAN'T REMEMBER S***'("x같이 아무것도 기억이 안 나요")의 약자라는 친절한 설명까지 함께 적혀 있었다.[2] 우리 베이비붐 세대들과 X세대들이 이제 인생의 황혼기에 접어들면서 우리의 관심은 점점 더 기억이 나빠지는 현상에 쏠리기 시작했다. 충분히 이해할 만한 일이다. 그렇지만 많은 사람이 이야기하는

---

2) 여기서 S***라고 쓴 것은 우리말의 '빌어먹을' 혹은 'x같이'의 느낌을 주는 비속어 SHIT을 가리키는 것으로 거부감을 주지 않기 위해 완전히 풀어쓰지 않은 것이다.

것을 들어보면, 마치 우리의 정신능력이 우리 눈앞에서 완전히 무너져 내리는 것은 불가피하게 정해진 일이라는 듯이 들린다. 이것은 사실일까? 나이가 들면서 정신능력의 쇠퇴는 필연적으로 나타나는 것일까?

한마디로 답하자면 좋은 소식도 있고 나쁜 소식도 있다. 나쁜 소식부터 이야기해 보자. 20대 초반부터 우리의 인지능력은 길고도 느린 쇠퇴과정을 겪기 시작한다. 20대 초반에는 우리의 정신능력이 최고조에 달해 있다. 생각도 빨리하고 기억도 최상의 상태이다. 그 후로는 생각하는 속도가 느려지고 새로운 일을 배우는 속도도 점점 느려진다. '늙은 개에게 새 기술을 가르칠 수 없다(You can't teach an old dog new tricks)'는 영어 속담이 있지만 늙은 개에게도 새 기술을 가르칠 수는 있다. 다만 가르치는 당신이나 배우는 개나 좀 더 인내심이 있어야 한다.

그렇지만 좋은 소식도 많다. 늙은 개처럼 나이가 들어가는 우리 두 사람에게는 이 소식들이 매우 반갑다. 아마도 당신에게 가장 좋은 소식은 그 길고도 느린 인지적 쇠퇴가 정말로 길고도 느린 과정이라는 사실일 것이다. 70대와 80대 후반까지 살아도 생각하는 데에는 별 불편을 못 느낄 정도로 말이다. 건강한 뇌는 그저 늙는다고 해서 기능이 나빠지는 물건이 아니다. 뇌가 쇠퇴하는 것은 나이 때문보다는 질병, 뇌졸중, 미세 뇌졸중, 뇌 손상 같은 것들 때문이다.

또 다른 좋은 소식은, 대개 나이가 들면 실제로는 새로운 것을 배우는 것이 더 쉬워진다는 것이다. 그 이유는 무엇을 잘 배우는 가장 좋은 방법은 자신이 이미 알고 있는 지식에 새로운 것을 갖다 붙이는 것이기 때문이다. 월드컵 축구 경기를 보는 경우를 예로 들어 보자. 축구에 대해서 거의 아는 것이 하나도 없는 우리 둘 같은 사람들은 그 경기를 본 다음에 기억나는 게 거의 없을 것이다. 어쩌면 골이 들어가는 장면이나, 아니면 공이 빗나간 다음에 선수가 경기장 바닥에서 몸을 비틀며 한동안 괴로워하는 장면 같은 것 정도를 기억할 것이다. 그러나 정말 축구를 좋아하는 팬은 그 경기에 대해서 온갖 것들을 다 기억할 것이다. 얼마나 전략이 잘 짜졌었는지, 결국 어떻게 골로 이어졌는지, 선수 교체가 너무 늦게 이루어졌다는 둥 아니라는 둥 온갖 이야기 말이다. 뭔가 아는 것이 있는 관중은 자신이 알고 있는 기본 지식에 새로운 경기의 정보들이 통합되면서 결국 매우 많은 것을 기억할 수 있게 된다.

대부분의 사람은 나이가 들어가면서 많은 전문지식을 쌓고 새로운 것을 배울 때 이 전문지식을 활용할 수 있는 행운을 누리고 있다. 느긋하고 만족스러운 표정으로 밥이 말하는 것처럼, 젊은이들은 노인들보다 아는 게 없기 때문에 배울 때 노인들보다 더 빨리 배워야만 한다는 것이다. 젊은이들이 아무리 놀라운 속도로 배운다 하더라도 이미 그 주제에 대해서 상당한 지식을 갖추고 그것을 발판으로 삼아 새로운 정보를 이해하고 해석해내는 능력을 갖춘 사람만큼 많이 배울 수는 없다. 이 모든 얘기의 요점은, 나이가 들어가면서 정신적으로 나쁜 결과가 생길 거라는 두려움을 가질 필요가 없다는 말이다. 나이가 들어가면서 생기는 정신적 변화들은 실제로 좋은 변화들이기 때문이다.

그런데 많은 사람이 실제 생활에서 경험하는 것을 생각하면, 우리가 나이가 들어도 기억이 그렇게 많이 쇠퇴하는 것은 아니라는 우리 얘기가 정말 잘 안 믿길 수도 있다. 50대, 60대, 70대 사람들과 얘기를 나눠 보라. 그러면 배우 이름이 기억이 안 나네, 키를 못 찾겠네, 방 안에 들어갔는데 막상 들어가보니 왜 들어왔는지 잊어버렸네, 살 물건들 목록을 안 갖고 가게에 갔더니 뭘 사야 할지 기억이 깜깜하네… 이런 얘기들을 들을 것이다.

이것은 어떻게 설명될 수 있을까? 여기에는 많은 설명이 가능한데 그 설명은 당신의 기억 자체에 문제가 있어서가 아니라 당신이 기억을 어떻게 생각하는지와 관련이 있다.

아트는 아이들이 세 명인데 모두 인지적 활동이 최고조에 달해 있는 나이이다. 아직 그 길고도 느린 인지적 쇠퇴가 시작되지 않았다. 그래도 그 아이들은 많은 것을 까먹는다. 아이들에게 왜 숙제를 안했냐고 물어보면 애들은 "깜빡했어요."라고 답한다. 왜 쓰레기 버리라고 했는데 안 버렸냐고 물어보면 애들은 "아, 참!" 하고 답한다. 그렇지만 아이들은 자기네들이 매우 중요한 일을 까먹고 나서도 "아이고, 제가 이제 나이가 들어 깜빡깜빡하네요!" 하는 답은 절대로 안 한다.

그런데 사람들이 나이 50이 넘어가면 매번 잊어버리는 일들을 이제 다가오는 인지적 붕괴의 조짐이라고 생각하는 듯하다. 즉, 필요한 때 어떤 특정한 정보가 떠오르지 않으면 그때마다 이것은 틀림없이 정신이 망가져가고 있는 증거라고 생각하는 것이다.

이렇게 간혹 뭔가를 잊어버리는 일을 과대 해석하는 일은 그 자체로도 잘못된 것이지만 실제로 그 영향도 매우 파괴적이다. 연구결과에 따르면, 우리가 우리의 기억에 할 수 있는 가장 해로운 것은 우리의 기억력에 대해서 걱정하는 일이다. 많은 연구에서 스트레스를 받는 동안에는 더 생각하기도 힘들고 기억하기도 힘들다는 것을 보여준다. 어떤 순간에 스트레스를 받고 있으면 그때 머리에 담아둘 수 있는 정보의 양이 줄어들고 유연하게 생각하기가 더 힘들어진다. 그렇게 되면 기억 속에서 뭔가를 끄집어낼 수 있는 능력은 당연히 더 나빠지는 것이다.

연구들을 보면, 기억과 노화에 대한 긍정적이거나 부정적인 정보를 아주 잠깐만 접해도 그것이 어른들의 기억력에 영향을 미치는 것을 알 수 있다. 여러 연구에서는, 어른들을 두 그룹으로 나누어 한 그룹에는 나이가 들어가면서 기억이 감퇴한다는 글을 읽게 하고 다른 그룹에는 나이가 들어도 기억력은 그렇게 나빠지지 않는다는 글을 읽게 하였다. 그러고 나서 기억력 시험을 치렀다. 놀랍게도, 나이가 들어도 기억력이 크게 나빠지지 않는다는 글을 읽은 사람들의 기억력 시험 결과는 대조 그룹이었던 대학생들의 기억력 시험 결과와 비교해 별로 나쁘지 않았다. 대학생들이야말로 인지 능력이 최고조에 달해 있는 사람들인데도 말이다. 반면에, 나이가 들어가면서 기억력이 쇠퇴한다는 부정적인 글을 읽은 그룹의 실험참가자들은 기억력 시험 결과가 나빴다.

이 말을 했으니 떠오르는 이야기인데, 나이가 들면서 당신이 뇌를 위해 꼭 해야 할 만한 일이 있다. 가장 중요한 것은 뇌를 잘 관리하는 것이다. 노후에 사람들이 기억 문제를 겪는 것은 젊었을 때 자신들이 했던 잘못된 일들의 결과이다. 잠을 규칙적으로 잘 자고, 약물 과다 복용을 피하고, 술을 너무 많이 먹지 않고, 머리에 날카로운 충격을 받는 일이 없게 하면 그 다음에는 문제가 없을 것이다.

많은 사람이 늙어가면서 겪는 현상은 감각기관이 둔해진다는 것이다. 어렸을 때 큰 볼륨으로 들은 노래들 때문에 노후에 청력에 문제를 겪게 된다. 백내장과 망막의 문제 때문에 시각에 문제를 겪게 된다.

심지어는 후각까지도 약해진다. 이처럼 감각이 둔해지면서 기억으로 가는 정보 자체도 약화된다. 그래서 눈과 귀를 최대한 오랫동안 그리고 최대한 건강하게 잘 유지할 수 있도록 주기적으로 검사를 받아야 한다.

마지막으로, 평생 뭔가를 배우는 사람이 되어야 한다. 많은 연구에 따르면 교육을 많이 받을수록, 그리고 평생에 걸쳐 적극적으로 뭔가를 배울수록 인지적인 쇠퇴의 징후들이 더디게 나타난다. 교육을 받는다고 뇌 손상을 피할 수는 없지만 교육은 우리가 문제를 해결하고 정보를 기억하기 위한 수많은 방법을 만들어 줄 수 있다.

그리고 당신이 나이가 듦에 따라 기억이 점점 나빠진다고 믿으면 결국 그 믿는대로 이루어진다는 것을 꼭 기억해야 한다.

**나이가 들어서
깜빡깜빡한다는 생각을 버려라.**

영화에서
앞뒤가 안 맞는 것을
잡아내기가 왜 어려울까?

⋮

많은 사람이 인터넷을 여기저기 뒤적거리면서 수많은 시간을 보내고 있다. 학생들은 숙제를 안 하려고 그러고 있다가, 결국에 가서는 45분이면 끝낼 숙제를 4시간이 돼서야 마치는 황당한 과제로 만들어 버린다. 직장에서도 마찬가지다. 직장에서 막상 해야 하는 일은 안 하고 인터넷 웹사이트를 여기저기 뒤적거리면서 마치 일을 하는 것 같은 시늉만 낸다. 쇼핑하는 사람들도 계산대 앞에 줄을 서서 자기가 좋아하는 웹사이트에 접속해 들여다보느라 옆 사람과 이야기도 하지 않는다.

정처 없이 둘러보기 딱 좋은 웹사이트는 인터넷 영화 데이터베이스인 IMDb이다. 혹시 당신이 영화 팬이고, 아트가 늦은 오후 시간에 직장에서 즐겨 하듯이 당신도 IMDb를 접속해서 영화를 본다면, 아마도 영화배우, 감독, 작가, 제작진처럼 영화를 만드는 사람들의 이름부터 보고 영화를 고르게 될 것이다. 그런데 여러 가지 잡동사니를 모아 놓은 웹사이트 중에 '실수장면(goofs)'이라고 하는 관심을 끄는 링크가 있다.

이 실수장면들은 여러 가지 종류가 있지만 가장 흥미로운 것은 아마도 앞뒤가 안 맞는 연속성 오류의 장면일 것이다. 예를 들어서, 대화 장면의 한 등장인물이 담배를 피우면서 대화하는 화면이 나온다. 그 화면이 바뀌어 대화상대에게로 갔다가 다시 첫 사람에게로 돌아온다. 그런데 이 사람이 피우던 담배 길이가 첫 장면에서보다 오히려 더 길어졌다. 아니면 같은 장면 내에서 화면에 비친 벽시계 시간이 이리 저리 왔다 갔다 한다. 아니면 같은 장면인데 화면이 바뀔 때마다 테이블 위에 있던 잔이 없어졌다 도로 나타났다 한다. 대개 이런 종류의 실수들이다.

이런 종류의 연속성 오류는 영화에 나타날 가능성이 높다. 왜냐 하면, 영화 장면들은 여러 번 찍은 화면을 편집을 통해 조합하여 만들기 때문이다. 세트 감독, 소품 담당, 스크립트 담당 등 여러 사람이 신경을 곤두세우고 살피지만 자잘한 것이 그 촘촘한 감시를 벗어나 결국 마지막 편집에서도 걸러내지 못해 영화에 삽입된 채 나오게 되는 것이다.

그런데 이러한 연속성 오류의 가장 흥미로운 점은 우리가 그런 오류를 알아차리는 경우가 거의 없다는 것이다. 실제로 당신이 영화를 볼 때는 아무런 오류가 눈에 띄지 않았다가 영화에 대한 오류 얘기를 읽고 난 다음에야 처음에 볼 때 몰랐던 오류들을 발견하게 되는 것이다. 그런 글을 읽고 난 다음에 영화를 다시 보면 그런 실수가 너무 분명하게 드러나 있다는 것을 보게 된다. 아트는 영화 〈아바타(Avatar)〉에서 바닥에 놓여 있는 골프공의 위치가 왔다 갔다 했다는 글을 읽었다. 처음 영화를 볼 때는 못 알아차렸지만, 그 실수에 대한 글을 읽고 난 다음에 다시 볼 때는 그 실수를 볼 수 있었다.

그러면 영화를 보는 사람들이 이렇게 분명하게 드러나는 불일치 장면을 놓치는 이유는 도대체 무엇일까?

우리가 눈을 뜨면 우리 주변 세상에 대한 즉각적이고도 강력한 의식적 경험이 시작된다. 이 경험에는 당신의 시계 안에서 벌어지고 있는 일들의 매우 많은 세부사항이 포함되어 있다. 이런 상황은, 마치 우리의 눈이 카메라처럼 전체 장면을 감광 장치를 통해 포착하고 나면 뇌가 우리에게 무엇이 보이는지를 알아내게 하는 것처럼 생각될지도 모른다.

그렇지만 실제 벌어지고 있는 일은 그렇지 않다. 시각적인 세상에 대한 우리의 감각은 여러 가지 조각을 맞추어 구성한 것이다. 빛이 각막을 통해 눈으로 들어오고 눈의 뒷부분에 위치한 감광 세포가 매트처럼 펼쳐져 있는 망막의 조리개에 의해 초점이 잡힌다. 망막은 디지털카메라 뒤에 있는 감광 센서와는 다르다. 카메라의 감광 센서는 망막과는 달리 전체 이미지를 같은 해상도로 만들어낸다. 이와 달리 눈에는 망막의 한복판에 매우 조밀하게 세포들이 모여 있는 '망막 중심와(fovea)'라고 부르는 작은 구역이 있는데 오직 이 부분만이 고해상도의 초점 잡힌 이미지를 만들어낸다.

이 망막 중심와가 얼마나 작은지 알아보려면 손을 앞으로 쭉 뻗은 다음 눈을 엄지손톱에 초점을 맞춰 보라. 이때 손가락을 제외한 다른 것들도 시야에 있기는 하지만 이 엄지손톱 이외의 모든 부분은 초점이 없이 매우 흐릿하게 보인다는 것을 알 수 있다. 그렇지만 대개 우리는 이런 것을 깨닫지 못하고 있다. 왜냐 하면 당신이 보는 것은 당신의 뇌에 의해 구성된 것이기 때문이다. 앞에서 말한 대로, 우리는 눈으로 보지 않고 귀로 듣지 않는다. 뇌로 보고 뇌로 듣는 것이다.

우리의 뇌가 우리 주변 세상에 무엇이 있는지 구성해내기 위해서는 우리의 눈이 끊임없이 움직여야 한다. 눈은 우리의 시계 안에 무엇이 있는지 이곳저곳 시선을 점프하면서 정보를 모은다. 물론 눈이 이렇게 여기저기 점프를 해도 우리 스스로는 눈이 점프하고 있는 것을 못 깨닫는데 그것은 세상이 마구 출렁거려 보일까 봐 우리의 뇌가 그런 정보를 억제하기 때문이다. 눈은 한 곳을 응시하여 그곳에서 정보를 수집하고 다시 다른 곳으로 점프를 해서 그곳을 응시하여 정보를 수집하고 하는 방식으로 움직이는데 이때 이렇게 점프하는 것을 안구의 '단속운동(saccade)'이라고 부른다.

사실상 우리의 시각체계는 짧은 응시 순간들을 모아 세상에 대한 감각을 만드는 일을 열심히 제대로 안 해도 된다. 왜냐하면 뇌는 세상에 있는 물건들이 그냥 그 자리에 계속해서 있을 것이라고 간주하기 때문이다. 동물, 사람, 자동차 같은 몇 가지 물체들은 움직이는 경향이 있기는 하지만 이것들도 대개 지속적이고 매우 예측 가능한 방법으로 움직인다. 그리고 테이블, 나무, 찻주전자 같은 대부분의 사물은 누군가가 옮겨놓지 않으면 제 자리에 계속 머물러 있다.

분명하게 움직이는 사물은 우리의 주목을 끈다. 왜냐하면, 움직이는 사물은 주변에 무슨 일이 벌어지고 있는지를 이해하는 데 중요한 정보일 수 있다고 오랜 진화 과정이 시각체계에 학습을 시켰기 때문이다. 사실 움직이는 것들은 우리를 잡아먹을 수도 있고 우리의 먹잇감이 될 수도 있다. 눈의 움직임 중에 '원활추종 눈 운동(smooth pursuit)'이라는 것이 있다. 이 움직임은 눈이 이리저리 점프하지 않고 한 번 고정한 상태로 사물의 움직임을 응시하며 따라가게 한다. 이 원활추종 눈 운동이 무엇인지 알아보려면 친구 눈앞에 당신의 손가락을 펴고 이리저리 움직이면서 친구에게 손가락을 계속 바라보라고 하며 그 친구의 눈 움직임을 보면 된다.

우리의 뇌는 확실하게 움직이지 않는 물체들은 그 자리에 계속 있을 것이라고 간주하기 때문에 한 곳을 응시했다가 다음 번 응시로 옮겨 갈 때에 시각 세상에 있는 정보를 많이 저장하지는 않는다. 그 대신 시각체계는 특정한 사물에 대해서 더 자세한 정보가 필요하면 나중에 다시 자세히 보면 되지 하고 생각하는 것이다.

이와 같이 세상은 제법 안정된 상태로 있다는 우리의 가정은 거의 항상 맞다. 두 개의 큰 예외가 있는데 바로 마술사와 영화이다.

마술사들은 사물이 생겨나거나 없어졌다는 착각을 만들어내기 위해서 당신이 알아차리지 못하는 방법으로 환경의 모습을 바꾸는 데 매우 능숙하다. 이런 종류의 트릭의 고전적인 사례는 댄 사이먼스(Dan Simons) 교수와 댄 레빈(Dan Levin) 교수의 연구에서 잘 보여 준다. 그 실험은 이런 식으로 진행된다. 공사장 인부 차림을 한 실험자가 길 가는 한 사람에게 접근하여 지도의 어느 특정 지점까지 가는 길을 묻는다. 실험자와 사정을 모르는 참가자가 이야기를 나누고 있는 동안에 커다란 문짝을 나르는 두 사람이 두 사람 사이를 지나간다. 이렇게 함으로써 공사장 인부 차림을 한 실험자가 상대방의 시야에서 잠시 가려진다. 문짝이 지나가는 동안, 따라서 상대방의 시야가 가려져 있는 동안, 이 실험자는 문짝을 나르는 두 사람 중의 한 사람과 얼른 자리를 바꾼다. 문짝을 나르는 사람도 마찬가지로 공사장 인부의 옷을 입고 있다. 이 자리를 바꾼 '새' 공사장 인부는 도로에 서 있는 그 상대방과 다시 이야기를 이어간다.

이런 얘기를 듣는 사람들은, 이야기 도중에 상대방이 별안간 바뀌는 경험을 하면 누구나 무척 놀라겠구나 하고 생각할 것이다. 그러나 실제 일어난 일은 그렇지 않다. 문짝이 지나간 다음에 사람이 바뀌었다고 알아차린 사람은 극소수였다. 그들은 계속해서 공사장 인부와 이야기를 나누고 있었기 때문에, 비록 실험자 두 명의 모습이나 목소리가 달라졌음에도 불구하고 사람이 바뀌었다는 것을 알아채지 못한 것이다.

이렇게 제법 큰 '중단(disruption: 끊김)'이 생긴 후에 시야에 큰 변화가 있었다는 것을 알아차리지 못하는 것을 '변화 맹시(change blindness)'라고 부른다. 대화를 나누고 있는 두 사람 사이에 문짝이 지나가는 것은 중단적인 변화이다. 마술사들이 흔히 사용하는 큰 소리나 플래시는 중단적 변화이다. 영화의 장면에서 한 화면에서 다음 화면으로 넘어가는 것도 중단적 변화이다.

영화에서 연속성 오류를 놓치는 이유는 실제 세계와 마찬가지로 우리가 한 곳을 응시하다가 다음 장소를 응시하는 이 안구 움직임으로부터 우리 눈이 많은 정보를 거두어들이지 않고 있기 때문이다. 그렇다고 이것이 체계상의 기능장애는 아니다. 이것이 바로 우리 뇌가 기능하도록 진화한 방법이기 때문이다. 다른 장에서 이미 언급한 대로 우리의 뇌는 작동시키는 데 많은 비용이 들어가는 비싼 물건이다. 우리가 보는 것에 대해 모든 세부사항을 다 기억하는 것이 진화상으로 유리하지 않다. 따라서, 예를 들어 움직이는 물체와 같이 우리에게 중요한 것만 주로 기억하고, 다른 것에 대해서는 거의 기억을 하지 않는 것이다.

실상 연속성 오류를 잡아내기 위한 유일한 방법은 그 오류가 있는 부분을 그 중단적 변화가 생기기 이전의 화면에서부터 계속 그것을 응시하고 있는 방법이다. 대개 당신 눈의 중심와는 당신이 주목하는 곳에 머무르고 있기 때문에 사물이 사라지거나 사물의 모습이 달라지는 것을 주목해서 보면 변화를 알아차릴 수 있다.

대부분 영화 편집자들에게 정말 대단하게 잘 찍은 명장면에 연속성 오류가 있는 경우와 그만큼 잘 찍은 장면은 아니지만 연속성 오류가 없는 경우 중에 어느 것을 골라 쓰겠냐고 물으면 오류가 있는 잘 찍힌 장면을 쓰겠다고 할 것이다. 어차피 그 오류를 알아볼 사람들은 극소수이기 때문이다.

다음 번에 영화의 오류장면 목록이 나오면 그 오류 중에 몇 개 또는 전부를 놓쳤더라도 기분 나빠할 필요가 없다. 당신의 시각체계는 그렇게 프로그램된 대로 정확하게 작동하는 것이다. 오류장면을 찾아내기 위한 유일한 방법은 엄청난 시간을 투자하면서 영화를 샅샅이 훑어야 하는데 정작 그렇게 하기로 한다면 그러는 동안 영화의 다른 부분들은 전혀 볼 수가 없을 것이다.

> " 우리가 실제로 보는 것은
> 생각보다 훨씬 적다. "

14

자기도취에 빠진 사람은
다 똑같을까?

:

　그리스와 로마의 신화에 나오는 나르시스는 잘생기고 허영에 들뜬 거만한 젊은 사냥꾼이다. 복수의 신인 네메시스는 나르시스에 대해 매우 화가 났다. 자기에게 한 말의 마지막 단어만 반복할 수 있는 산의 메아리 요정 에코를 나르시스가 거부했고, 에코는 나르시스를 애타게 그리워하다가 몸이 쇠해 죽었기 때문이다. 네메시스는 나르시스를 연못으로 데려가는데 나르시스는 연못에 비친 자신의 아름다운 모습에 도취되어 자신의 모습으로부터 떨어질 수가 없어 결국 연못에 빠져 죽게 된다.

　그는 그렇게 죽었지만, 그의 이름 나르시스는 아마릴리과에 속하는 수선화의 꽃 이름뿐만 아니라 자기도취한 사람들을 가리키는 일반적인 용어로 지금까지 살아남아 있다. 심리학적으로 나르시시즘이라는 용어는 그것이 처음 사용되기 시작한 이후 흥미로운 변화를 겪었다. 처음에는, 자기도취자를 뜻하는 나르시시스트가 그저 자기 자신을 특별히 훌륭하다고 생각하는 사람을 가리키는 단어였다. 그런데 이후 연구에서 이처럼 자신이 대단한 자존감을 가지고 있음을 떠벌리며 다니는 사람들의 상당수가 실제로는 깨지기 쉽고 도움이 필요한 사람들이라는 것이 드러나면서 특별히 주목을 받게 되었다.

자기도취자는 다른 사람들로부터 에너지를 빨아먹는 일종의 자존심 뱀파이어라고 볼 수 있다. 이런 사람들은 주변 사람들로부터 지속해서 칭찬을 들어야 할 뿐만 아니라 혼자서 무대를 독점하지 않으면 안 되기 때문에 자기와 비슷한 다른 사람들을 무시한다.

사람들이 자기도취를 나타내는 방법이 매우 많다는 것은 놀라운 일이 아니다. 이런 방법 중의 어떤 것들은 위험한 부작용을 낳는다. 예를 들어서 '과장형 자기도취자'는 다른 사람들이 자기에게만 주목해야 한다고 믿으므로 주로 자신에만 초점을 맞춘다.

다른 종류의 자기도취자들은 다른 사람이 자신의 자존심에 위협이 될지 모른다는 점에 초점을 맞춘다. 이 '취약형 자기도취자'는 특히 다른 사람이 성공할 때 위협을 느끼는 사람들이다. 따라서 이들은 다른 사람들을 파괴함으로써 자신의 마음속에서, 그리고 다른 사람들의 마음속에서, 자신이 상대적으로 높아지게 하려고 애를 쓴다.

자기 일을 잘 하는 자기도취자는 자기가 이룩한 성취에 대해서 자랑하기에 바쁘다. 그리고 다른 사람들의 주목을 받기 위해 나름 잘 다듬어진 전략들이 있기 때문에 자기의 업적에 대해 다른 사람들로부터 인정을 받는 경우가 많다. 이런 사람들은 사람들의 주목을 한 몸에 받고 싶어 하므로 조직에서 우두머리가 되려고 하고 자신이 사회적이 거나 전문적인 영역에서 자기가 최고라는 태도를 자주 드러낸다.

많은 자기도취자들, 특히 취약형 자기도취자들은 자신의 지위와 인기를 유지하기 위해서 매우 힘들게 안간힘을 쓴다. 그리고 앞에서 말한 이런 특징들이 조합되어 자기도취자들은 그룹 내에서 쉽게 높은 자리에 올라가는 경우가 많다.

자기도취자가 아닌 대부분의 보통 사람은 자기 그룹 내의 다른 사람들과 잘 어울리기를 원하기 때문에 다른 사람들의 장점이나 기술을 인정하고 의견을 존중하는 방식으로 행동한다. 이런 사람들은 다른 사람들에게 친절하고 다른 사람들의 기분, 필요, 희망에 대해 사려 깊게 행동한다.

이와 달리 자기도취자들은 다른 전략들을 택한다. 이들은 다른 사람들이 자기 말을 들어야 한다고 생각하기 때문에 자기와 의견이 다른 사람들을 비판하면서 다른 사람들이 누군가에 대해 특정 의견을 갖도록 강요한다. 특히 자기의 경쟁상대라고 생각하는 사람들의 의견을 강하게 비판한다.

자기도취자의 전략은 흔히 효과가 있다. 최소한 처음에는 그렇다. 다른 사람들은 그가 갖고 있는 자신감에 깊은 인상을 받거나 그들이 다른 사람들에 대해 갖고 있는 비판에 솔깃하여 그를 따르기도 한다. 그러나 시간이 지나면서 그룹의 거의 모든 사람이 비판의 목표가 되면서 그룹의 멤버들은 마침내 그의 비판이 뭔가 충분한 근거가 있는 것이 아니라 자신의 경쟁상대를 견제하고 그 위에 군림하기 위한 방책에 불과했음을 깨닫게 된다.

자기도취자는 자신의 조직 내에서 상관에게 자신의 성취를 떠벌임으로써 힘있는 자리로 승진하는 방법을 발견하지만 이러한 자기도취자가 이끄는 그룹은 많은 고통을 겪는다. 자기도취적 지도자는 그룹이 이룬 성공을 자기 몫으로 차지하고 문제가 생기면 그 책임을 다른 사람에게 돌린다. 자기도취자인 지도자가 이처럼 공로는 가로채고 실패는 떠넘기는 행태는 그 밑에서 일하는 사람들을 매우 화나게 한다.

이런 자기도취자와 연애를 하게 되면 처음에는 순풍에 돛 단듯이 매우 순조롭다. 물론 자기도취자는 새로 생긴 파트너의 주목을 받는 일을 즐거워하지만 머지않아 이 관계는 흔히 일방적인 관계로 느껴지게 된다. 이런 사람들은 관계를 끝내고 갈라서기도 매우 어렵다. 왜냐하면 자기도취자는 자신에 대한 애정과 관심이 사라지는 것을 위협으로 생각하기 때문이다. 자기도취의 가장 위험한 측면은 나르시스적 격분이다. 앞에서 이야기한 취약형 자기도취자의 경우가 그렇다. 그들은 자신에 대한 지지가 줄어들고 자신의 경쟁자의 영향력이 커진다고 느끼게 되면, 그 위협에 대해서 공격적으로 폭언을 퍼붓고 소리를 지르고 심지어는 폭력까지 행사한다.

이 이야기를 끝내기 전에 자기도취적 행동과 관련된 것 모두가 항상 나쁜 것은 아니란 말을 덧붙이려 한다. 예를 들어서 내가 속한 그룹이 어떤 목표를 향해 나아가도록 내가 주도적인 역할을 하기 위해서는 자신이 주목을 받겠다는 의지가 필요하다. 그리고 자신의 성취에 대해 긍지를 가지고 다른 사람들이 나의 성공을 알게 하는 것이 중요하다. 개인의 성공이 아무도 모르는 채 그냥 넘어가는 경우들도 없지 않다. 사실 사업주나 수퍼바이저, 기타 권한을 가진 사람들이 당신이 하는 일을 알고 있는 것이 중요한 때가 많다.

그렇다. 우리 모두는 약간의 자기도취 성향이 있는지 모른다. 예를 들어, 많은 사람은 친구나 동료가 성공을 하거나 뭔가 성취를 이루어 다른 사람의 인정을 받을 때 질투가 나서 고통을 느낀다. 그리고 자신이 느끼는 스스로의 존재가치를 높이기 위해 그들의 성공을 과소평가하고 싶은 유혹도 느낀다.

그렇지만 때때로 우리 마음속에서 그 자기도취적 악마가 튀어나오려 할 때마다 그것을 억누르고 자신의 행동을 조절해야 할 필요가 있음을 생각해야 할 것이다. 우리의 자격 없는 동료가 과분하게 크게 인정을 받았다고 생각하는 것보다는 그에게 온 행운을 축하해주기 위해 의식적으로 노력할 수 있는 것이다. 이런 종류의 행동, 즉 마음에서 우러나오기보다는 의식적으로 억지로 노력해서 상대에게 축하해주는 것이 스스로 솔직하지 못하다고 느낄 수도 있다. 왜냐하면, 그것이 당신의 '진정한' 느낌이 아니기 때문이다. 그러나 당신이 "그렇게 하는 것이 더 낫겠다"고 생각한 방식으로 행동하는 바로 그것이 진화 과정에서 더 생산적이고 긍정적인 사고방식이 생겨나도록 만들었다는 점을 기억해야 한다. 내가 처음 느끼는 감정이 질투심인데도 더 관용적이고 도움을 주는 방식으로 행동하겠다고 의식적으로 결정했다고 하면, 그 의식적으로 취한 행동이 '정말로 진정한' 내가 아니라고 말할 사람이 어디 있겠는가?

방금 말한 것과 같은 방식으로 조금은 억지로 행동한 대부분의 사람은 행동의 습관을 바꾼 것이 사고의 습관까지 바꿔주는 것을 경험하게 된다. 우리의 감정이 그렇게 하라고 시킨다고 해서 질투심에 불타는 멍청이처럼 행동하는 대신, 관대하고 우아한 동료처럼 행동하는 것이 실제로 우리의 감정 자체를 바꾸도록 해준다는 것이다. 대부분의 사람은 자신이 가지고 있는 자기도취적 성향을 읽어내는 데에 능하다. 그러기 때문에 사람들이 가지고 있는 자기도취의 정도를 파악하는 데 가장 효율적인 방법 중의 하나는 직접 자신의 자기도취 정도가 얼마나 된다고 느끼냐고 묻는 것이다.

당신이 살아가는 과정에 자기도취자를 만난다면 자신을 보호하기 위해 해둘 만한 것이 몇 가지 있다. 우선 이 자기도취자를 자세히 관찰하고 그가 어떤 종류인지 결정하는 것이 중요하다. 과장적 자기도취자는 손을 쓸 수가 있다. 그저 대단히 훌륭한 모든 아이디어는 그의 것이라고 믿게 해주면 된다. 그가 원하는 칭찬을 해주고 그가 이야기하면 주의깊게 들으면서 고개를 끄덕여주면 된다. 그런데 취약형 자기도취자는 전혀 상황이 다르다. 그는 쉽게 화를 내고 다른 사람의 의견이 다르면 그걸 강제로 바꾸려고 하기 때문에 그런 자기도취자는 어떻게 해보려는 생각하지 말고 아예 처음부터 피하는 것이 가장 좋은 방법이다. 자신의 의견을 제쳐두고 그 자기도취자를 따라가는 것도 극도로 좌절을 느낄 수밖에 없는 일이지만 이길 수도 없는 싸움에 말려드는 것은 전혀 시도할 가치가 없는 일이다.

어쨌든 당신 인생에 자기도취자를 만났을 때 그가 그래도 좀 유머 감각이 있는 사람이라면 티셔츠에 이 명구를 새겨서 그에게 주면 어떨까?

나에 대한 이야기는 이쯤하고,
당신은 나에 대해 어떻게 생각하세요?

나이가 들수록
정말 시간이 빨리 가는 걸까?

:

아트는 복이 많아서 어린 시절에 조부모님 네 분이 모두 생존해 계셨다. 주말에는 자주 찾아가서 뵙고 아트의 부모님이 어렸을 때 자신들의 삶이 어땠는지 말씀하시는 것을 자주 들었다. 거의 예외 없이 네 분은 항상 한숨을 쉬면서 시간이 얼마나 빨리 지나갔는지를 한탄하시곤 했다.

시간이 빨리 간다고? 이 말은 겨우 여덟 살짜리 아트에게는 도무지 이해가 안 되는 말이었다. 아트한테는 오히려 시간이 천천히 가는 것 같았기 때문이다. 여섯 살을 넘긴 이후 지난 2년 동안이 상상할 수도 없이 긴 시간으로 생각됐다. 물론 지금 와서 아트는 자기 스물두 살짜리 아들이 어쩌면 그렇게 빨리 컸는지 의아해한다.

거의 모든 사람은 나이가 들면서 시간이 더 빨리 간다고 말한다. 왜 그럴까?

일단 우리가 시간을 어떻게 인지하는지에 대한 얘기부터 시작해 보자. 요점은 우리가 어떤 특정 순간에 시간을 경험하는 방법과 과거에 대해 회상하면서 그 시간을 기억하는 방법이 서로 다르다는 것이다.

대부분 사람은 뭔가에 따분해하고 있을 때보다 무엇에 완전히 몰두해 있을 때 시간이 더 빨리 지나가는 것 같다고 인정한다. 심리학자 미하이 칙센트미하이(Mihaly Csikszentmihaly) 교수는 '몰입(flow)'이라는 개념을 제안하였다. 몰입이란 뭔가에 몰두하고 있어서 시간 가는 것을 모르는 경험을 가리킨다. 비디오 게임이라든가 아니면 그와 유사하게 지속적인 주의집중을 해야 하는 일을 하는 사람들이 느끼는 경험이다. 흥미로운 대화, 스포츠, 독서도 몰입상태로 들어가게 할 수 있다.

몰입의 반대는 권태(boredom)다. 지난번에 병원 대기실이나 공항 대합실, 아니면 열차 역에서 기다리던 일을 한 번 상기해보라. 그런 상황에서는 이름이 불리기를 기다리거나 탑승준비가 됐다는 안내를 계속해서 기다려야 하기 때문에 자신을 그 상황으로부터 완전히 분리해낼 수가 없다. 안내를 기다리고 앉아 있는 것은 온 세상 사람들이 가장 따분하게 생각하는 일 중의 하나다. 그렇지만 다음 단계로 움직이기 위해 안내방송을 듣거나 안내판을 봐야 할 필요가 있기 때문에, 책을 읽거나 퍼즐을 맞추거나 하는 것처럼 뭔가 더 흥미로운 일에 전적으로 주의집중을 하는 것이 불가능하다. 그렇기 때문에 그런 상황에서는 시간이 지나가는 것에 대해 의식을 하게 된다. 매 분을 의식할 뿐만 아니라 어떤 경우에는 매 초를 의식하기도 한다. 이때 시간은 괴로울 정도로 천천히 지나간다. 그리고 그 지나가는 시간의 작은 부분들까지도 다 경험을 하게 된다.

그렇지만 지난주나 지난달처럼 지나간 시간을 되돌아볼 때는 그 느낌이 달라지게 하는 것이 한 가지 있는데 그것은 그동안 일어난 두드러진 사건들의 횟수이다. 예를 들어, 새 집이나 새 아파트로 이사를 했다고 하자. 그때 어떤 일이 일어나는가? 짐을 싸고, 짐을 나르고, 가구를 어디에 놓아야 할지 결정하고, 어디에 어떤 그림을 걸어야 할지 생각하고 등등 온갖 일을 하느라 시간이 정신없이 지나간다. 이사한 직후 매일의 생활은 새로운 경험과 사건으로 가득 찬다. 그리고 이사라는 게 자주 하는 게 아니기 때문에 새로 이사 간 곳에 대한 온갖 상세한 정보와 주변의 시설들을 어떻게 찾아다녀야 되는지를 세세하게 다 기억한다.

이사하던 주를 되돌아보면, 이사할 때 흔히 경험하게 되는 일들, 예를 들어 짐 푸는 것, 새로운 이웃들 만나는 것, 새로 발견한 좋은 일, 싫은 일 등 매우 많은 세세하고 특별한 사건을 다 기억하게 되므로 그 한 주는 무척 길게 느껴진다. 그 주는 특기할만한 사건들로 가득 차 있고, 지금 그 사건들을 일일이 다 기억할 수 있으므로 심리적으로 그 주가 오랫동안 지속된 것처럼 느껴지는 것이다. 그러나 그러한 한 주를 평상적인 직장에서의 한 주나 학교에서의 한 주와 비교해보라. 대부분의 한 주라는 시간은 판에 박힌 방식대로 진행된다. 매일 거의 비슷한 시간에 일어나고, 평상시처럼 세수하고 옷을 입는다. 집을 나와서 늘 하는 대로 같은 길로 직장이나 학교에 간다. 하루의 일과도 정상적인 리듬에 따라 지나간다. 그렇지만 그런 평상적인 한 주를 생각하면 도대체 시간이 언제 지나갔는지 의아한 생각이 든다. 특별히 눈에 띄는 기억할 만한 사건이 없으면, 그 주 동안의 세부사항을 많이 기억해 내기가 어렵다. 매일의 출퇴근이나 등하교가 평상시와 같았기 때문에 뇌가 많은 세부사항을 저장해 놓고 있지 않은 것이다.

그렇기 때문에 하루 동안의 직장 일이나 학교 일이 다른 날의 일과 섞여서 구분이 안 되게 된다. 평상적인 한 주는 특별히 저장해 두었다가 나중에 기억해야 할 일들이 별로 없이 지나갔기 때문에 그러한 주를 기억하면 그 한 주가 빨리 지나간 것처럼 느끼게 되는 것이다.

나이가 들어가면서 우리의 일상에는 새로운 일을 하기보다는 이전에 했던 일을 반복하게 되는 일이 많아진다. 성인이 된다는 것은 일상을 잘 관리할 수 있게 해주는 여러 가지 일상적인 패턴들을 잘 갖추어 나가는 과정이나 다름없다. 아이를 기르는 일에는 복잡한 스케줄을 만드는 일이 포함된다. 왜냐하면, 육아에 수반되는 많은 예측 불가능한 일들을 예측 가능한 느낌과 균형을 맞춰야 하기 때문이다. 신생아의 첫 몇 달 동안의 생활은 처음 아기를 기르는 부모들에게는 특별한 일로 가득 차 있다. 아이들이 성장하고 성숙해 가면서 통과하게 되는 많은 기념비적 사건들도 마찬가지로 특기할 만하다. 그렇지만 안정적인 생활이 된다는 것은 판에 박은 듯한 동일한 일을 반복하게 된다는 것과 같은 의미이다.

주어진 상황에서 어떤 일련의 행동을 반복하면 상황, 행동 그리고 그 행동이 만들어내는 결과, 이 세 가지 요소들 사이에 형성돼 있는 연결관계를 학습하게 된다. 이처럼 학습된 연결관계들은 습관을 형성해주고, 일단 습관이 형성되면 많은 주의집중을 안 하면서도 그 일을 해낼 수 있게 된다. 그렇지만 별로 생각도 안 하고 주의집중도 안 하면서 습관에 따라 하는 일은 우리 기억에 잘 남지 않게 된다. 그래서 그런 일들은 나중에 기억을 못 한다. 당신이 습관적으로만 시간을 보냈던 날들을 떠올려 그때 있었던 일을 기억하려고 하면 그런 날들은 특별한 일이 별로 없었기 때문에, 결국 당신이 정성스럽게 많은 일을 해야 했던 날들보다 훨씬 더 짧았던 날들로 느껴지는 것이다.

젊은 사람들의 하루하루 생활은 이들이 아직 많은 기억을 축적시킬 만큼 충분히 긴 시간을 살지 않았다는 바로 그 이유로 인해 새로운 일들로 가득 차 있다. 이에 비해 자기가 살고 있는 곳 주변을 그저 몇 번 다녀 보는 것에 그치는 나이 든 사람들의 일상생활은 과거에 이미 했던 일들을 반복하는 것이라는 바로 그 이유로 새로운 경험이 별로 없다. 나이가 들면서 자신이 하는 일을 자꾸 반복하게 되어 그 일이 점점 더 친숙하게 되면 그 개별 사건들이 별로 기억할 만한 일이 못 되기 때문이다. 그동안 기억할 만한 일이 별로 없으므로 그 기간은 나중에 돌아볼 때 빨리 지나간 것처럼 보이는 것이다.

1800년대 후반부터 전해져 내려온 또 다른 시간 이론은, 우리가 시간을 자신이 살아온 인생의 길이와 비례하여 느끼게 된다는 것이다. 그렇다면 여덟 살짜리 아트가 여섯 살 생일이 아득한 옛날이었다고 느낀 것은 이해할 만하다. 왜냐하면 그 2년의 시간은 아트가 당시까지 살아온 인생 전체 길이의 사분의 일이나 되니까 말이다. 그렇지만 쉰 살 된 사람에게는 두 해라고 해 봐야 겨우 4퍼센트에 불과하다. 이런 차이 때문에 우리가 나이가 들면서 시간이 점점 더 빨리 지나간다고 느끼게 되는 것이라는 주장이다.

달력이 순환적으로 만들어져 있는 것도 시간이 빨리 가는 것처럼 느끼게 해주는 데 일조한다. 우리 두 사람은 매년 가을 개학날에 그동안 편안하고 행복했던 여름이 어느새 지나가 버리고 이렇게 많은 학생이 캠퍼스에 몰려들어 북적대는지 놀라곤 한다. 물론 오해는 말기 바란다. 우리 두 사람 다 학생들을 사랑한다. 그렇지만 학생이 거의 없는 대학 캠퍼스는 뭔가 전원같이 조용하고 편안한 느낌을 주는 것이 사실이다.

학생들로 붐비는 개학 첫날도 우리는 그동안 대학에서 가르쳐 오는 동안 보냈던 모든 개학 날과 심리적으로 비슷하게 느껴진다. 수십 년간 강의해 온 모든 날이 다 하나의 날처럼 압축돼서 마치 그 수십 년간의 시간이 화살처럼 날아가 버린 것 같이 느껴진다.

우리는 모두 인생에서 순환을 경험한다. 그 순환의 경험이 개학날이 아니라 무슨 공휴일이나 생일이나 결혼기념일 같은 것일 가능성이 더 많겠지만 말이다. 그처럼 기념이 되는 날에는 현재 경험하는 바가 과거에 경험했던 것을 자극해서 떠오르게 한다. 그 기억이 더 자세하면 할수록 그날이 시간적으로나 공간적으로 더 가까이 느껴져서 현재의 기념일과 과거의 기념일 사이가 그리 길게 느껴지지 않는다.

새로운 경험들로 가득 찬 생활은 나중에 되돌아볼 때 그렇게 금방 지나간 것처럼 느껴질 가능성이 적다. 따라서 우리가 인생의 한복판에 있을 때는 나중에 과거에 대해서 더 만족감을 느낄 수 있는 추억들을 만들어 내는 것이 가능하다. 즉, 나중에 되돌아보며 행복함을 느낄 수 있도록 부지런히 새로운 경험의 기억들이 많은 삶을 만들면 된다. 그러니 새로운 일들을 계속해서 시도하라. 새로운 취미 생활을 가지라. 새로운 음악을 들어라. 새로운 친구들을 만들라. 새로운 책들을 읽어라. 안 가 본 곳으로 여행을 가라.

당신의 인생에 뭔가 새로운 것을 더할 때마다, 당신은 이다음 그 일을 기억할 때의 상황들, 즉 충만하고 의미 깊었던 시간에 대한 추억을 만들고 있는 것이다. 그렇지만 인생이 충만했다고 느낄 만한 일들로 당신의 하루하루를 풍요롭게 채우더라도 당신이 그 일을 회상할 때는 다음 말이 어느 정도는 항상 사실이다.

나이가 들면 시간이 쏜살같이 지나가는 것처럼 느껴진다.

왜 용서의 힘은
강력할까?

:

동굴 속에서 평생을 은둔하며 살지 않는 한, 우리는 어떤 형태로든 다른 사람으로부터 상처 입는 일을 피할 수는 없다. 이런 개인적인 잘못은 대수롭지 않은 경우도 있다. 내가 좋아하는 영화가 있는데 친구들끼리 함께 모여 그 영화 구경을 가면서 깜빡하고 나한테 같이 가자고 안 하는 경우가 있다. 친구들이 끼리끼리 모여서 가는 자리에 나만 빼놓으면 조금 언짢겠지만 그렇다고 그것으로 세상이 끝난 건 아니다.

다른 잘못은 이보다 심각할 수 있다. 싱어 겸 송라이터인 레오나드 코헨(Leonard Cohen)은 절에 들어가서 수년간 살았다. 집을 떠나 있는 동안 그의 매니저가 그의 돈 수백만 달러를 빼돌렸다. 그 결과 그는 생계를 잇기 위해서 나이가 70대인데도 곳곳을 다니며 다시 공연을 하며 돈을 벌어야 했다.

영화 보러 가는데 안 끼워줬다고 앙심을 품고 있다면 좀 이상하다고 할 수 있지만 평생 모은 돈을 자기가 믿었던 매니저에게 도둑맞았다면 그 도둑에게 계속해서 분노를 품는 것은 충분히 그럴 만하다고 생각된다.

모든 인간관계에서는 한 사람이 다른 사람에게 뭔가를 하거나 아니면 뭔가 해야 할 일을 안 해서 상처주는 일이 벌어진다. 이처럼 뭔가를 한 행동이나 아니면 할 일을 안 한 행동은 상대의 기분을 상하게 하려고 의도한 일은 아닌 경우가 대부분이다. 그렇지만 기분을 상하게 하려는 목적으로 그렇게 하기도 한다. 대개 이런 일이 벌어진 다음에는 관계가 틀어진다.

우리 두 사람 아트와 밥을 예로 들어 상상해 보자. 우리는 라디오 토크쇼를 진행하기 위해서 간간이 만난다. 그런데 아트가 어느 날 아침 스튜디오에 나오면서 브렉퍼스트 타코와 커피를 프로듀서 레베카와 엔지니어 데이비드 줄 것은 사 왔는데 밥의 것은 안 사왔다고 하자. 이때 밥은 충분히 모욕감을 느낄 수 있다. 그리고 아주 많이 드러내놓지는 않지만, 자신이 화가 난 것을 표현하는 방법을 찾을 수도 있다.

잠깐 곁 얘기를 하자면, 이런 잘못 정도는 텍사스 사람이 아니어서 아직 브렉퍼스트 타코 맛을 못 본 사람에게는 아주 미미한 잘못으로 생각될 수도 있다. 그렇지만 브렉퍼스트 타코는 계란, 아보카도, 콩 등을 넣어서 토티야 셸로 말아놓은 정말 환상적인 음식이다. 그러니 텍사스에서 브렉퍼스트 타코를 먹으면서 누군가를 빼놓는다면 그건 실수 중에 큰 실수다. 아트도 그 사실을 알고 있고, 아트가 그 사실을 알고 있다는 것을 밥도 알고 있다.

이렇게 되면 아트와 밥 사이에는 약간의 금이 간다. 밥의 눈에 눈물이 날 수도 있다. 그러면 우리 생각에는 아트가 밥에게 줄 브렉퍼스트 타코와 커피를 깜빡했으니 사과해야 할 것이다. 사과를 한다는 것은 아트가 자신이 잘못했음을 인정하는 것이다. 그리고 이 사과는 자신의 행동이 상처를 주었으므로 이 다음에 같은 일이 반복될 가능성이 별로 없다는 신호를 보내는 것이기도 하다. 아트가 대체로 믿을만한 사람이라면 밥은 아트의 사과를 진지하게 받아들일 가능성이 크다. 그와 반대로 만일 아트가 늘 밥을 우습게 여겨 왔다면 아트의 사과를 귀담아듣지 않을 것이다.

밥이 늘 그렇듯이 아트를 용서하기로 결정한다면 그것은 과거의 일이 현재의 관계에 더 이상 방해가 되는 일은 없을 것이라는 신호를 보내는 것이다. 이 용서로 밥은 아트가 그렇게 생각이 모자라는 일을 하기 이전과 똑같은 상태, 아니면 비슷한 상태로 돌아갈 의사가 있다는 것을 밝힌 것이다. 이 신호는 분명 아트에게는 도움이 된다. 왜냐하면, 이제 이후로 밥과 마주칠 때마다 지난번에 자신이 한 잘못을 계속 기억하기보다는 현재의 상호작용에 더 주의와 관심을 기울일 수 있기 때문이다.

연구 결과에 따르면, 다른 사람의 잘못을 용서하지 않은 경우에는 그 잘못의 세부사항을 잊어버리는 데에 어려움을 겪는다. 그렇지만 잘못한 사람을 용서하게 되면 그 용서 행위가 과거에 일어난 일의 세부사항들을 실제로 '잊어버리게' 만든다. 따라서 밥이 아트를 용서하는 순간부터 아트가 브렉퍼스트 타코를 안 가져왔던 그 끔찍한 날의 세부적인 일들이 밥의 기억 속에서 점점 희미해지는 것이다. 그렇게 되면 두 사람은 잘 지낼 수 있게 된다(어느 날 또 아트가 이번에는 과 카몰리를 사오면서 밥 것을 빼먹을 때까지 말이다).

밥이 기꺼이 용서하려고 하는 데에는, 물론 원래 그가 본성적으로 친절하고 관대하다는 이유 말고도 다른 이유가 있다. 즉, 밥이 아트보다 나이를 더 먹었기 때문이다. 연구결과에 따르면 나이가 든 사람은 나이가 어린 사람들보다 통상 용서를 더 잘 한다. 왜 그런지에 대해서는 두어 가지 이유가 있다. 첫째는 맥락이다. 즉, 나이가 어렸을 때는 자신이 당한 여러 가지 모욕 중에 어느 것이 자기 인생에 평생 영향을 줄 것인지 알기가 어렵다. 그런데 나이가 들면서, 자신이 당한 온갖 잘못들 대부분이 실제 그렇게 대단하게 나쁘지 않다는 것을 깨닫기 시작한다. 어렸을 때는 정말 엄청난 모욕이라고 느껴졌던 것이 나중에 좀 더 세상을 산 경험에 비춰 보면 그것이 자신의 인생의 질에 별로 영향을 안 미친 것을 알게 된다. 그렇기 때문에 더 쉽게 용서하고 잊어버릴 수 있는 것이다.

나이가 든 사람이 젊은 사람보다 더 용서를 잘 하는 또 다른 이유는 사람들이 나이가 들어가면서 성격도 변하기 때문이다. 앞서서 빅파이브 이야기를 했었는데 빅파이브 중의 하나가 '상냥함(agreeableness)'이다. 상냥함이란 사람들이 다른 사람과 잘 지내고 싶어하는 정도를 나타내는 성격 차원이다. 두 번째의 핵심적인 차원은 '신경과민성(neuroticism)'인데 이것도 빅파이브 중의 하나이다. 이것은 사람들이 통상적으로 겪는 불안, 스트레스 그리고 감정적인 에너지의 양을 가리키는 성격 차원이다. 사람들은 나이가 들면서 점점 더 상냥해지고 따라서 다른 사람들과 더 잘 지낼 수 있게 된다.

또한 나이가 들면서 덜 신경질적으로 되어 인생에 대해서 스트레스를 덜 받고 불안을 덜 느낀다. 이 두 가지 성격적 변화가 사람들로 하여금 다른 사람이 잘못했을 때 더 쉽게 용서하게 만드는 것이다.

물론 모든 잘못이 용서를 받을 수 있는 것은 아니다. 레오나드 코헨은 법정에서 자신의 전 매니저가 돈을 훔쳐간 것 이외에도 자신을 얼마나 학대했는지를 증언했다. 그는 정의를 원했고, 그의 매니저는 자신의 죗값으로 감옥에 갔다. 그는 그 사건을 그냥 잊어버리고 아무 일 없었던 듯이 계속 살아가는 것보다는 먼저 자신의 매니저가 벌을 받는 것을 보아야 하겠다고 한 것인데 이것은 현명한 일이었다.

그러나 개인적인 관계에서 일어나는 대부분의 잘못들은 법원까지 가서 법적인 해결을 보지는 않는다. 우리는 나름 적당한 해결을 찾음으로써 모두가 그 혜택을 누린다. 개인적인 관계들에서는 그 해결이라는 것이 용서의 행위로 시작된다. 탁월한 치료사들은 환자들이 자신이 겪은 잘못들, 때로는 엄청난 잘못들을 용서하도록 도와준다. 그렇게 함으로써 어차피 되돌릴 수도 없는 고통스러운 행동을 끊임없이 되뇌이는 순환에 발목을 잡히지 않고 이제는 앞으로 나아가 자신의 인생을 살아갈 수 있도록 한다. 이렇듯이 용서는 과거의 잘못에 대한 분개를 동반하는 부정적인 감정을 넘어서서 다시금 긍정적이고 낙천적인 감정을 회복하고 자신의 삶을 자신이 통제하고 있다는 느낌을 되찾을 수 있게 해주는 것이다.

**용서하라,
그러면 다 잊어버릴 것이다.**

우리의 사고는
일관성이 있을까?

:

우리는 모두 서로 일관되지 않은 신념들을 갖고서도 전혀 불편해하지 않고 살고 있다. 모순, 즉 일관성이 없는 것은 인간 사고의 공통적인 특징이다. 그래도 우리의 신념들이 좀 더 일관된 상황들도 있다.

몇 년 전에 밥이 새 차를 구매할 때 이야기다. 밥은 캠퍼스 안 여기저기에 주차하기도 편안하고 연비도 높은 차를 사고 싶었다. 밥은 흔히들 말하는 '자동차에 꽂힌 아저씨'가 아니다. 운전하기를 좋아하지만 아트처럼 멋있는 스포츠카를 원하는 스타일의 남자는 아니다.

밥은 차를 몇 대 살펴보았는데 각각 장단점이 있었다. 미니쿠퍼는 귀엽고 운전하기도 편했지만, 값이 비쌌다. 피아트는 작아서 운전하기도 쉽고, 주차하기도 편안하고, 값도 쌌지만, 미국에 시판된 지가 얼마 안 돼서 과연 믿을 만한 차인지 알 수가 없었다. 스마트카는 무척 작고 연비도 무척 높고 주차하기도 편하지만, 오스틴 시내를 마구 누비고 다니는 육중한 SUV 차들에 위협을 느끼면서 운전을 해야 할 것 같았다.

밥은 스마트카를 사야 될 것 같은 마음이 서서히 들기 시작했다. 이 결정을 내리려는 순간에 그의 마음속에서 일어난 일은 매우 흥미롭다. 그는 가격뿐만 아니라 작은 차의 편리함과 연비의 경제성에 점점 더 마음이 가게 되었다. 얼마 시간이 지나자 이제 도로를 달리는 다른 차들의 큰 몸집에 대해서는 걱정하는 마음이 거의 없게 되었다. 다시 말해 밥이 스마트카에 대해 마음이 끌리기 시작하자 통상 차를 구매할 때 중요하게 생각하는 그의 기준도 서서히 변한 것이다. 그의 신념 체계 안에서의 이러한 기준의 변화는 스마트카를 사려는 마음이 점점 더 커지게 했다.

밥이 경험한 바는 사고의 많은 측면에서 공통으로 나타나고 있는 일관성의 점진적 증가의 전형적인 예이다. 그러면 우리가 서로 일관적이지 않은 많은 신념을 가지고도 태평하게 살아간다면, 왜 구태여 일관성이 점점 늘어나게 되는 것일까?

이것을 이해하려면 먼저 기억의 유형들에 대한 기본 차이점을 생각해봐야 한다. 우리가 알고 있는 정보는 매우 많다. 예를 들어, 9/11 사태가 일어난 것은 조지 W. 부시 대통령 재임 시절의 일이라는 것을 알고 있다. 어쩌면 로저 배니스터가 1마일을 4분 이내에 달린 최초의 인물이라는 것을 알고 있을 수도 있다. 어쩌면 물의 화학식이 H_2O라는 것도 알고 있을 것이다.

이런 것들을 다 알고 있더라도 몇 분 전에 이것들을 생각하고 있었을 가능성은 별로 없다. 즉, 이런 정보들은 장기기억 속에 저장되어 있다. 장기기억은 다른 사람에게서 들은 실제 사건, 남이 해준 이야기, 과거 사건에서 본 장면들, 만나본 사람들의 이름 등 당신이 알고 있는 모든 것으로 구성되어 있다. 장기기억의 흥미로운 점은 당신이 알고 있는 것을 오랜 세월 동안 기억할 수 있다는 것이다. 어떤 80대 노인들은 심지어 자신들이 어린 시절에 겪었던 사건들의 세부사항까지도 일일이 기억하고 있다.

당신의 장기기억 속에 들어 있는 기억들은 서로 일관적일 필요가 없다. 예를 들어 당신이 알고 있는 속담 중에 '돌다리도 두드려 보고 건너라(Look before you leap)'와 '망설이는 자는 기회를 놓친다(He who hesitates is lost)'라는 속담이 있는데 이 두 속담은 우리에게 상반되는 주문을 하고 있다. 이 두 가지 속담은 서로 상충되는 의미가 있는데도 우리의 머릿속 장기기억 속에 서로 편안하게 자리잡고 있다.

일단 조지 W 부시 대통령, 로저 배니스터, H_2O를 언급하는 것을 들은 다음에는 이 정보들이 단기기억, 즉 작업기억으로 불려 나온다. 앞에서도 언급했지만, 단기기억이란 지금 무엇을 생각하고 있든지 그 생각하고 있는 것과 관련된 정보들을 가리킨다. 이 책을 읽고 있는 동안에는 많은 심리학적 개념들, 예를 들어 기억, 주의, 습관, 성격 같은 것들이 단기기억으로 들어올 가능성이 크다. 예를 들어 상추라든가 홀라후프, 라이스 크리스피 과자처럼 거리가 먼 정보들은 단기기억에 있을 가능성이 없다. 그 이름이 언급되기 전까지는 말이다.

단기기억은 용량이 제한되어 있다. 당신이 많은 것을 알고 있어도 특정한 순간에 당신의 생각에 실제로 영향을 주는 것은 상대적으로 매우 적다. 그런데 어떤 정보들이 단기기억에 함께 들어가게 되면 당신은 이들을 일관성 있게 평가해야 할 압력을 느끼게 된다. 밥이 자동차를 고르면서 차에 대해 가지고 있던 신념들이 자신이 선호하는 것과 점점 더 일관성이 있게 되는 것은 서로 다른 차들의 서로 다른 특징들을 동시에 고려하고 있었기 때문이다. 다시 말해 자동차에 대한 정보들이 장기기억으로 옮겨가 저장되고 마는 것이 아니라 단기기억 안에 생생하게 남아 있었기 때문이다.

그 결과 밥이 스마트카를 선호하는 것이 점점 더 선명해지면서 그 선호하는 것과 일관된 정보는 그 유용성과 중요성이 더 늘어나게 된 것이다. 반면, 밥이 스마트카를 선호하는 것과 일관되지 않는 정보들은 그 유용성과 중요성이 더 줄어들게 된다. 잠시 후에 밥은 스마트카의 그런 측면들에만 관심을 갖게 되고, 그런 점들이 결국 스마트카를 사는 것이 좋겠다고 밥에게 확신을 주게 되는 것이다.

이와 유사하게 앞에서 말한 두 가지 속담들 두 가지를 다 좋은 속담이라고 믿으면서도 마음이 편안할 수 있지만, 이 둘이 일단 단기기억으로 옮겨오면 둘 사이에 모순이 있다는 것을 깨닫게 되고 그런 깨달음은 그 모순을 해결하려고 노력하도록 자극을 할 것이다.

단기기억 안에 들어 있는 정보들 사이에 일관성 있게 만드는 힘은 다른 온갖 종류의 의견에도 영향을 준다. 즉, 앞에서 예로 든 선택과 관련된 선호사항들에 대해서만이 아니다. 인지적 불일치의 고전적인 예들도 비슷한 방법으로 작동한다. 레온 페스팅어(Leon Festinger) 교수의 인지적 불일치 이론 뒤에는, 우리가 두 가지 서로 모순되는 신념들을 동시에 생각할 때는 그 생각 자체가 우리를 불편하게 하여 이 모순을 해결하는 방법을 찾게 만든다는 생각이 자리잡고 있다. 그런 모순을 의식적으로 해결하지 않을 수도 있지만 우리의 신념들이 더 일관적이 되도록 심리적인 기제들이 작동한다는 것이다. 예를 들어, 아트는 스스로를 매우 높게 평가하고 있다. 아직도 눈치채지 못한 독자는 없겠지만 말이다. 그런데도 자신의 교수 생활에서 중요한 상을 한 번도 받아본 적이 없다. 독자 생각에는, 만일 아트가 정말 대단한 사람이라면 그래도 무슨 상이든 상을 한 번 받아야 되지 않겠나 생각할 것이다. 이런 생각은 아트에게는 참 괴로울 수 있는 생각이다. 더구나 밥은 중요한 우수 교육자상을 여러 번 받았으니 말이다.

아트가 자기 자존심에 위협이 되는 이런 상황을 모면하는 길은, 상이라는 것은 그렇게 대수로운 일이 아니라고 폄하하여 생각하는 것이다. 물론, 밥처럼 친한 자기 친구가 상을 받으니 기쁘게 생각은 하겠지만 그래도 상이라는 것은 별로 의미가 없는 것이라고 스스로 믿는 것이다. 최소한 자신이 상을 하나 받을 때까지는 말이다. 이런 방식으로 생각함으로써 아트는 상에 대해 관련 있는 사실들, 즉 상이라는 것이 있다, 동료들은 상을 많이 받는다, 나는 못 받는다, 이런 사실들을 알고 있으면서도 자신의 자존심을 계속 지킬 수 있는 것이다.

단기기억에 들어가는 신념들은 사실의 내용에 있어서 일관성이 있어야 할 뿐만 아니라 느낌과 감정도 마찬가지로 일관성이 있어야 된다. 밥이 차를 사던 상황을 다시 한번 생각해보자. 전에 밥이 피아트를 살 생각을 진지하게 하고 있었는데 자기가 싫어하는 교수가 피아트를 샀다고 상상해 보자. 그것은 밥이 피아트에 대해 달갑지 않은 생각을 갖도록 할 것이다. 이 부정적인 생각은 피아트의 여러 가지 세부적인 면모에 대한 그의 신념에 영향을 주어서 피아트의 장점들은 별로 중요한 것이 아니며, 실제 미국 시장에서 피아트가 어떻게 평가되는지 아직 정보가 부족하다는 것은 매우 큰 문제라는 생각을 굳히게 되는 것이다.

결국 이야기의 핵심은, 우리는 우리의 단기기억 속에 들어가 있는 정보들 사이에서만 일관성을 찾으려고 한다는 것이다. 이런 일관성 기제는 결국 '기준변경효과(change of standard effect)'라는 것을 만들어낸다. 우리는 한 사람을 묘사할 때 다른 사람과의 비교를 암시하는 말을 많이 사용한다. 예를 들어서 당신에게 한 대학 친구가 있는데, 당신은 그가 특별히 통찰력이 있는 사람이라고 생각하고 있다고 하자. 그의 논리는 늘 분명하고 당신이 전에 전혀 생각도 못했던 중요한 요점들을 찾아낸다. 수년 후에도 그 친구를 생각할 때마다 당신은 그가 매우 통찰력 있는 사람이라고 생각한다.

세월이 지난 후에 오랫동안 그 동창을 못 만나고 있다가 다시 만나게 된다. 그와 이야기를 나눠 보니 함께 나누는 이야기는 재미있는데 놀랍게도 그가 새로운 상황에 대해 별로 특별하게 통찰력 있는 관점을 갖고 있지 않은 것처럼 보인다. 대체 어떻게 된 일일까? 그 이유는 이렇다. 당신이 처음에 그를 통찰력 있는 사람이라고 판단할 당시에는 아마도 그를 당신 자신, 그리고 함께 대학생활을 하던 다른 친구들과 비교했을 것이다. 그 그룹과 비교해 볼 때는 그가 통찰력이 있었을 것이다. 그러나 이제 당신이 세상을 살아가면서 점점 경험이 쌓이고 다른 사람들과 점점 더 많이 교제를 나누면서 통찰력에 대한 당신의 기준이 바뀐 것이다.

그렇지만 당신이 친구를 평가하면서 "통찰력 있다"고 내렸던 판단은 오랜 세월 동안 계속 유지되고 있었다. 왜냐하면 그에 대한 당신의 신념을 최신의 것으로 업데이트할 기회가 없었기 때문이다. 대학생활 이후로는 그 친구에 대해 생각해보지 않았고, 그래서 그의 통찰력 수준을 당신이 요즘 들어서 자주 함께 어울리는 사람들의 통찰력과 맞비교를 할 방법이 없었다. 즉, 그에 대해 내렸던 판단이 장기기억에 들어가 있어서 그를 다시 만나기 전까지는 다른 사람들에 대한 평가와 그에 대한 평가를 비교할 기회를 얻지 못한 것이다.

　이 모든 것은 사고와 신념의 일관성은 장기기억에 들어 있는 정보보다는 현재의 일에 대해 생각할 때 더 중요해진다는 것을 암시해 준다. 따라서 이 장에서의 이야기를 정리하면 일관성에 관여하는 요소들은 다음과 같다.

**일관성 =
현재 상황에서 + 의식적으로 + 비교를 통해**

우리가 믿는 것들은
일관성이 있을까?

⋮

어떻게 보면 사람들의 사고는 매우 뒤죽박죽이고 일관성이 없는 것 같
다. 예를 들어, 우리 속담들이 뭔가를 좋은 것이라고 하는 데 반해 또
다른 속담들은 그것이 나쁜 것이라고 하여 그와 상반되는 교훈을 제
시하기도 한다. 즉, 앞에서 예로 들었던 '돌다리도 두드려 보고 건너
라(Look before you leap)'라고 서두르지 않기를 권고하는 속담
이 있는 한편, '망설이는 자는 기회를 놓친다(He who hesitates is
lost)'라는 앞의 것과 정반대의 교훈을 담고 있는 속담도 있다. 우리는
서로 다른 상황에서 이 속담들을 모두 좋은 속담이라고 생각한다.

사실상, 우리의 신념체계는 매우 심각한 모순을 포함하고 있다. 그렇다고 그것이 앞에서 본 것처럼 단순히 너무 많은 속담을 배웠기 때문에 그런 것은 절대 아니다.

예를 들어서, 20세기 초반 미국에서는 정치적으로 우파에 속하는 사람들에게 일반적인 특징이 있었다. 즉, 낙태를 반대하고, 회생불가능한 병을 앓고 있는 사람들이 의사의 도움을 받아 자살하는 것을 반대하면서도, 살인범들에게 사형을 집행하고, 또 적으로 간주되는 사람들에게 군사력을 동원하여 죽이는 것에는 찬성을 하는 것이었다. 그들은 한편으로는 낙태와 의사의 도움에 의한 자살에 대하여 반대하는 자신의 신념을 생명의 신성함을 들어 변호를 하면서도, 또 한편으로는 범죄자와 적군을 죽이는 것을 찬성하는 자신의 신념은 징벌과 국가안보를 들어 예외로 만들었던 것이다. 한편, 정치적으로 좌파에 속하는 사람들은 마리화나를 피우거나 동성애자들의 결혼에 대해서는 개인의 자유를 외치면서도 혐오 발언이나 총기소유에 대해서는 자유에 제한이 있어야 한다고 생각했다. 즉, 이들은 개인의 자유가 미국사회의 가장 기본적인 자유라는 신념을 사람들의 행동의 전부가 아닌 일부에만 적용해야 한다고 생각한 것이다.

분명히 말하건대, 이 책에서는 이러한 신념들이 좋은지 나쁜지를 판단하려는 것이 아니다. 다만 여기서 제시하려는 한 가지 흥미로운 사실이 있는데, 그것은 우리의 마음은 개인의 신념을 이끌어 가는 원칙, 예를 들어 생명의 신성함이나 개인의 자유의 중요성 같은 핵심적인 원칙을 따르면서도, 이와 동시에 이 핵심원칙에 어긋나는 의견들을 마음속에 담아두고 있다는 것을 말하려는 것이다. 게다가 우리는 이런 의견들이 이율배반이라는 사실조차 대개 의식하지 못하고 있다.

이 문제의 일부는 실용적인 문제이다. 우리가 갖고 있는 핵심적이면서도 어겨서는 안 된다고 생각하는 원칙은 이른바 '보호된 가치' (protected value)라고 부른다. 사람들은 자신이 갖고 있는 보호된 가치를 어기는 일을 아예 생각조차 하기 싫어한다. 다른 사람들이 이 보호된 가치를 파괴하는 것을 보면 단순히 언짢은 정도가 아니라 극렬한 분노를 느끼기도 한다. 사람들은 자신의 보호된 가치를 스스로 어길 생각을 하고 있을 때는 죄의식과 수치심을 느낀다.

예를 들어, 아트는 온 가족이 뉴욕 메츠 팀의 팬들인 뉴저지의 한 가정에 태어났다. 곁 얘기지만 아트와 달리 밥은 다행히도 어렸을 때 어느 스포츠 팀의 팬이 아니어도 괜찮은 행운을 누렸다. 그런데 메츠 팀 팬들이 어떤 사람들이냐 하면, 이들이 좋아하는 팀은 딱 둘인데 하나는 메츠이고, 또 하나는 어느 팀이든지 양키즈 팀과 맞붙어 싸우는 상대팀이다. 이렇다 보니 메츠 팀 팬들의 보호된 가치는 양키즈 팀을 미워하는 것이다. 따라서 아트는 어렸을 때 양키즈 팀 팬하고 이야기만 해도 속에서 피가 끓어올랐다. 이제 와서 얘기지만 지금은 어른이 돼서 그런 열광은 좀 수그러졌고, 이제 양키즈 팀 팬인 친구들도 있노라고 자랑스럽게 말하곤 한다. 물론 그 친구들은 팀을 잘못 고르기는 했지만 말이다. 그뿐 아니라 아트는 경기를 보러 양키 스타디움에 가게 되면 한참 죄의식을 느끼곤 했다. 실은 지금도 양키 스타디움에 가면 약간의 죄의식을 느낀다.

얘기의 요점은 일단 우리가 한 가지 이상의 보호된 가치들을 갖게 되면 그런 가치들은 어느 순간 갈등관계에 놓이게 될 가능성이 무척 많다는 것이다. 낙태를 반대하고 의사의 도움을 받는 자살을 반대는 가치와, 살인자들에게 사형을 내리는 것을 찬성하고 미국인들의 생명과 가치에 위협이 되는 정부가 있으면 군사적으로 처단하는 것을 찬성하는 가치가 이런 종류의 갈등을 겪게 한다. 사람들은 매우 깊게 뿌리박힌 가치들, 즉 생명의 존엄성과 국가안보의 중요성을 믿고 있으며 상황에 따라서 이들 중 어느 것을 선택해야 하는 것이다.

그러나 매우 흥미로운 점은 그런 선택이 명시적으로 잘 드러나지 않는다는 것이다. 실제로 대부분의 사람은 이런 종류의 신념 간의 불일치를 거의 의식하지 못하고 살아간다. 누군가가 그것을 지적해주기 전까지는 말이다. 이 보호된 가치에 대해서는 이 책 후반부에서 다시 이야기하기로 하자.

이제 일관성에 대한 첫 이야기, 즉 우리의 뇌는 일관성에 신경을 안 쓴다는 이야기로 돌아가 보자.

다시 말해, 당신이 지금까지 알고 있는 것과 새로운 사실을 배우게 될 때, 우리의 머릿속에는 그 불일치를 지적하면서 해결하라고 지시해주는 자동적인 장치가 없다. 그냥 서로 일관되지 않은 신념들을 머릿속에 담아두는 것이다.

어떻게 그것이 가능할까?

한 가지 보편적인 사실은, 우리가 인간의 행동에 대해 무슨 말을 하든지 간에 그 말은 한정적인 상황에서만 맞는 말이라는 것이다. 인간의 행동을 이해하는 방법은 행동이 일어날 상황을 아는 것이다.

신념에 대해서도 마찬가지이다. 누군가가 말하기를 "나는 인간의 생명은 신성하다고 믿어." 또는 "나는 개인의 자유가 중요하다고 믿어."라고 할 때 그 말은 굳이 말하지는 않았어도 '다른 모든 것이 똑같은 상황일 때'라는 단서가 붙어 있는 것이다. 그러나 그런 일반적인 신념이나 가치에 대한 진술을 어겨야 되는 상황은 거의 항상 존재한다.

당신이 믿고 있는 규칙에 대한 예외를 일일이 나열하는 것은 당신의 뇌에게는 너무 고된 일이다. 따라서 뇌는 그렇게 하는 대신 좀 더 쉬운 방법을 택한다. 즉, 그 신념을 특정한 상황에 연결해 놓아서 그 상황이 왔을 때 쉽게 그 신념을 기억해내게 하는 것이다.

예를 들어, 밥이 어느 국립공원에 놀러갔다고 하자. 공원에는 곰을 조심하라는 경고문들이 곳곳에 붙어 있다. 그래서 밥은 "아, 곰에게 가까이 가면 안 되겠구나, 곰을 조심해야 하겠구나." 하고 생각한다. 그렇지만 밥은 동물원에도 간다. 동물원에도 곰이 있지만 밥은 곰을 두려워할 필요가 없다. 왜냐하면, 동물원 곰은 보호 펜스가 쳐져 있고, 곰이 있는 곳과 사람들이 구경하는 사이에는 크고 깊은 도랑을 파두어서 자신이 잘 보호되고 있으니 말이다.

이론적으로 말하자면, 밥은 "곰을 두려워하라"라는 규칙을 배웠다. 그리고는 그 규칙의 예외가 되는 다양한 경우들을 배웠다. 또는 같은 이야기를 조금 돌려 말하자면, 하나의 규칙과 그 규칙이 적용되는 상황들을 배웠다고 말할 수도 있다. 그렇게 하면 이후 그 상황이 다시 왔을 때 그 규칙을 기억하는 것이 쉬울 것이다.

대부분 시간에는 밥이 곰과 맞닥뜨릴 가능성이 별로 없다. 그래서 밥은 곰에 대해 전혀 생각을 안 하고 있을 것이다. 국립공원이나 그와 유사하게 보이는 곳들, 이를테면 깊은 숲속에서는 밥이 곰과 마주칠 수 있다. 그러므로 그런 상황에서는 곰의 위험에 대한 정보를 빨리 기억해내는 것이 매우 중요한 일이다. 이와 반대로, 밥이 동물원에 있는 곰을 생각할 때는 곰을 두려워하지 않는다. 왜냐하면, 그런 상황에서는 동물원의 보호 장치들이 사람들을 곰과의 위험한 접촉으로부터 보호해준다는 것을 배웠기 때문이다.

이러한 체계는 매우 잘 작동하고 있어서 통상 당신 마음속에 들어 있는 신념들이 서로 모순관계에 있을 수 있다는 사실을 생각할 필요가 거의 없다. 그러나 그 모순적인 신념들을 의식으로 불러내오고 나면 그 신념들이 서로 일관성이 없다는 것을 깨닫게 된다. 곁 얘기지만 우리가 일관성이 없다는 사례들을 끊임없이 얘기해주고 싶어 하는 사람들은 무척 많다. 특히 인터넷을 보면 그런 얘기들이 많다. 어쨌든 그렇게 일관성이 없는 것을 깨닫게 되면 당신이 할 수 있는 선택사항은 두 가지이다.

하나는 "상황에 따라 다르지, 뭐." 하는 전략이다. 이 경우에는 당신이 가진 신념들이 실제로는 모순관계에 있는 것이 아니라고 머릿속에 메모를 해두는 것이다. 하나의 신념은 어떤 특정한 상황들에 적용되고, 그 반대의 신념은 또 다른 어떤 특정한 상황들에 적용된다고 말이다.

그러나 때로는 이 모순 관계에 있는 신념 중에서 하나를 선택함으로써 문제를 해결하기도 한다. 이 전략은 과학을 하는 사람들이 선택하는 방식이다. 우리가 과학적 연구를 할 때는 세상사에 대한 특정한 측면을 설명하는 서로 경쟁관계에 있는 이론들이 있는 경우가 흔하다. 두 가지 이론이 서로 상충되면 과학자들은 어느 것을 믿어야 할지를 데이터를 통해 결정한다. 어떤 이론들이 틀렸는지 아닌지를 결정하기 위하여 데이터를 수집하고 분석하는 것은 과학에서 보호된 가치이다. 이러한 과정은 이 모순관계를 해결하기 위해 서로 상충되는 아이디어들을 시험대에 나란히 올려놓는다.

일반 개인들은 매일 매일의 일상에서 부득이하게 그런 곤경에 처하는 경우가 별로 없다. 누군가가 아니면 그 무엇인가가 모순관계를 확연히 드러내 보이기 전까지는 서로 모순관계에 있는 신념들이 편안하게 마음속에 자리를 잡고 있다. 모순관계가 드러나면, 어떤 경우에는 그런 모순된 가치들을 세밀하게 재검토하기도 하고, 때로는 편리하게 합리화해 버리고 얼른 다른 이야기로 주제를 바꾸기도 한다. 이 모든 것에서 흥미로운 것은 우리가 갖고 있는 신념들이 도전을 받아도 우리는 별로 개의치 않고 그 모순된 신념들을 그대로 마음속에 담아둔다는 것이다.

월터 휘트먼의 답은 아마 가장 재치있는 것일 것이다. 그는 이렇게 말했다. "나는 나 자신에게 모순되는가? 그럼 됐다. 나는 나 자신에게 모순된다. (나는 통이 큰 사람이다. 많은 것들을 품을 수 있으니.)" 정말 멋진 말이다.

> ❝ 심리학에서 가장 중요한 말은
> '상황에 따라 다르다'는 말이다.

외국어를 배우는 것은
왜 어려울까?

:

대다수의 미국인은 놀라울 정도로 한 가지 언어밖에 말할 줄 모른다.
어른으로서 영어 이외에 다른 언어로 외국인과 편안하게 이야기할 수
있는 사람들의 숫자를 짐작하기는 어렵지만 대략 10퍼센트에서 30퍼
센트 정도 된다고 한다. 어림잡아 미국인들의 4분의 1정도만 외국어
를 말할 수 있다고 할 수 있을 것이다.

그렇다고 미국인들이 노력을 안 해서가 아니다. 미국의 대부분 학
생은 중학교나 고등학교 때 외국어 수업을 듣는다. 그렇다면 많은 학
생이 여러 해 동안 외국어를 배우지만 대부분의 학생은 말을 못한다
는 것이다.

왜 이렇게 외국어가 어려울까?

이 문제에 대한 답을 제대로 찾아보려면 먼저 어린아이들이 여러 언어에 접하게 될 경우에 아이들에게 어떤 일이 일어나는지를 살펴볼 필요가 있다. 두 개 언어를 사용하는 집안에서 자라난 아이들은 한 언어만 사용하는 집안에서 자란 아이들보다는 말을 시작하는 시기가 늦는 경우가 많다. 그렇지만 아이들이 두 언어를 계속 사용하기만 한다면 결국은 큰 노력을 들이지 않고 두 언어를 모두 유창하게 잘 하는 아이들로 자란다. 하지만 이중언어를 사용하는 아이들이라고 모두 문자적으로 두 언어를 사용할 수 있는 것은 아니다. 다시 말해 입으로는 두 언어를 유창하게 말하더라도 글로는 두 언어를 모두 읽고 쓸 줄은 모를 수 있다는 것이다.

이와는 달리, 어떤 아이들은 한 언어만 사용하는 집안에서 자라지만, 매우 어린 나이에 집밖에서 외국어를 접하게 되기도 한다. 이런 경우는 아이들이 자기네들끼리 사용하는 지역어가 있고, 밖에서는 학교에서 가르치는 공용어가 있는 상황이다. 아이들이 4세 또는 5세 정도 되기 이전에는 두 번째 언어에 노출되지 않을 가능성이 크지만, 이런 경우에 해당하는 아이들은 상황에 따라서 두 가지 언어를 사용해야 하므로 결국 유창한 이중언어 사용자가 된다.

그러나 놀라운 점은 아이들이 새로운 언어에 처음 노출되는 시기가 사춘기에 가까우면 가까울수록 원어민처럼 말할 수 있는 가능성이 더 줄어든다는 것이다. 이처럼 새로운 언어를 배울 때 생겨나는 어려움은 몇 가지 요인이 있다. 그 중 첫 번째는 통계와 관련이 있다.

언어를 배우는 과정에서 생기는 일 중에는 말소리의 통계적인 분포를 알아차리는 일이 포함되어 있다. 모든 언어에는 음소라고 부르는 말소리가 있다. 인간의 뇌는 갓난아기 때부터도 어떤 음소 뒤에 어떤 음소들이 따라 나올 가능성이 크다는 것을 계산하기 시작한다. 외국 영화를 본 사람이라면 누구라도 영화 속 문장들이 그냥 연속되는 소리가 사슬처럼 이어져 들리는 것을 경험해 본 적이 있을 것이다. 언제 한 단어가 끝나고 다음 단어가 시작되는지 도무지 알 수가 없다. 그러나 갓난아기의 머릿속에서는 자동으로 놀라운 계산이 이루어지는데 이런 계산과정은 아이들이 무슨 말인지 이해하기도 전에 문장의 기본구조를 파악하도록 도와준다.

문법에는 단어들을 순서로 배열하는 것, 문장 안에서 주어의 명사와 동사가 규칙에 따라 일치를 이루게 하는 것, 새로운 문장의미를 만들어 내기 위해 단어들을 꿰맞추어 문장을 만드는 것 등 온갖 방법이 포함되어 있다. 이런 과정에도 통계가 역할을 한다.

대부분의 모국어 화자는 언어의 용법에 알맞은 규칙을 제대로 잘 지킨다. 그러나 막상 그 규칙들이 무엇인지 구체적으로 말할 수 있는 사람들은 별로 없다. 당신은 온갖 종류의 새 문장을 만들 수 있겠지만 그래도 어떤 규칙이 한 단어 다음에 어떤 단어가 오게 하는지를 말로 설명하기는 어려울 것이다. 그것이 어려운 이유는 당신이 문장을 만들어내는 언어의 규칙을 처음 배웠을 때 그저 듣고 자꾸 반복해서 사용함으로써 의식적인 노력없이 은연중에 그 규칙을 배웠기 때문이다.

아이들은 물론 언어를 사용하지만 그 언어에 대해 명시적으로 생각하는 시간은 많지 않다. 아이들은 그렇게 명시적으로 생각하기에 마땅한 준비가 갖춰져 있지 않기 때문이다. 개념적인 대상을 자세히 분석할 때는 뇌의 전두엽이 사용된다. 그러나 어린아이들에게는 전두엽이 아직 발달되어 있지 않아서 도대체 무슨 일이 벌어지고 있는지 분석 능력을 통해서는 언어습득에 접근할 수가 없다. 아이들은 그저 다른 사람들과 의사소통하려고 노력하는 데에만 집중함으로써 언어를 습득하는 것이다.

언어의 규칙들은 고등학교 영어시험에 정답을 쓰기에는 좋을지 모르지만, 신속하고 효율적으로 의사소통을 하는 데에는 실제로 그렇게 좋은 것이 못 된다. 역설적으로 말하면, 십대들은 비판적 분석능력이 급속하게 자라나는 때인데, 이 분석능력이 실제로는 언어를 배우는 것을 더 어렵게 만드는 것이다. 만약 십대들이 자기네들이 하고 있는 것을 분석하는 능력이 모자란다면 오히려 언어를 배우는 일이 더 쉬울 텐데 말이다.

아이들이 사춘기가 지난 다음에 언어를 배우는 것이 어려운 또 다른 요인은 거북함, 즉 당황하는 느낌이다.

이상하게 들릴지 모르지만, 이 말은 진실이다. 거북함 때문에 언어를 못 배우는 것이다.

언어를 배우는 데 있어서 가장 중요한 것 중 하나는 직접 언어를 사용하는 것이다. 원어민과 대화를 하면, 원어민들이 말하는 것을 듣고 또 원어민의 억양을 경험할 수 있게 된다. 비록 떠듬떠듬하는 대화이긴 하지만 원어민과 일찍부터 대화하는 경험을 하기 위해 우선 몇 개의 중요한 단어들을 익히고, 그 단어들을 문장에서 쓰는 연습을 할 필요가 있다. 그러나 대학은 말할 것도 없고, 중학교나 고등학교를 다닌 사람이라면 이 시기가 사람들이 자신의 체면에 무척 신경을 쓰는 나이라는 것을 잘 알고 있을 것이다. 동료들 앞에서 부끄러움을 당하는 것은 결코 겪고 싶어 하지 않는다. 그렇지만 새로운 언어로 말을 해보려고 하는 일은 약간이라도 부끄러움과 거북함을 느끼게 만드는 일임에 틀림없다. 단어를 잘못 사용하거나, 발음을 틀리거나, 문법적인 오류를 범하거나 할 가능성이 매우 높은 것이다. 심지어는 딱 한 문장 말하는 중에도 그 안에서 단어선택, 발음, 문법 이 모든 실수를 다 할 수도 있다.

실수를 피하는 가장 좋은 방법은, 특히 다른 사람이 있는 앞이라면 아무 말도 안 하고 가만히 있는 것이다.

이런 모든 것들을 보면 결국 피할 수 없는 결론에 이르게 된다. 즉, 미국에서는 아이들이 외국어로 의사소통하기를 제일 싫어할 나이에 애들에게 외국어를 가르치기 시작한다는 사실이다. 청소년들은 자기 급우들 앞에서 실수하는 것을 피하려 하므로 외국어를 사용하지 않는 경향이 있고, 따라서 외국어를 실제로 말하는 법을 제대로 배우지 못하는 것이다.

외국어 배우는 것을 어렵게 만드는 세 번째 요인은 서로 다른 언어들이 사용하는 말소리, 즉 음소들 때문이다. 예를 들어 영어에서는 /r/와 /l/를 구별한다. 일본어에는 이런 구별이 없다. 영어에서는 /r/와 /l/를 서로 다른 소리로 간주하지만 일본어에서는 이 두 가지 소리가 하나의 소리 범주를 이루고 있다. 그래서 일본어를 모국어로 쓰는 사람이 /r/와 /l/를 들으면 같은 소리의 다른 형태로 듣게 되는 것이다.

발음이 잘못되는 것은 단순히 입술과 혀가 소리를 내기 위한 기술을 제대로 발휘하지 못해서가 아니라 그 소리들 사이의 차이점을 구별하지 못하기 때문에 생기는 결과이기도 하다. 특정한 언어의 음소들 사이의 변이는 원어민들조차 구별이 안 된다. 예를 들어서, 영어의

'핏'이라고 발음되는 pit과 '스핏'이라고 발음되는 spit을 발음해 보면 이 두 단어에 있는 /p/의 발음은 실제로는 다르다. 혹시 당신이 영어 사용자라도 지금까지 모르고 있었을 것이다. '핏'이라고 발음할 때는 p소리가 날 때 공기가 함께 팍 터져 나오는데 '스핏'이라고 할 때는 p소리가 날 때 그처럼 공기가 터져 나오지 않는다. 입 앞에다가 손가락을 대고 두 단어를 발음해 보면 터져 나오는 공기가 있고 없고를 금방 느낄 수 있을 것이다. 영어에는 이처럼 터져 나오는 공기에는 의미가 없다. 그래서 이 두 단어에 들어 있는 서로 다른 p소리를 같은 소리의 변이형으로 듣는 것이다. 그렇지만 한국어 같은 경우에는 이 두 소리가 서로 다른 소리로 사용된다. 따라서 한국인들은 이 공기의 배출에 민감하다.[3]

다른 언어들에는 흔히 사용되는데 영어에 없는 소리도 있다. 예를 들어 독일어의 Ich(이히: 나)라는 단어는 영어 원어민이 듣기에는 마치 가래를 뱉으려고 목을 긁을 때 나는 소리처럼 느껴진다. 히브리어와 아랍어에도 이와 비슷한 소리가 있지만, 영어에는 이 소리가 없다. 이런 경우에 미국사람이 겪는 문제는 기본적으로 발음상의 어려움이다. 전에 내보지 않은 말소리를 내는 것은 매우 어려운 일이다.

놀랍게도 갓난아기들은 전 세계의 모든 언어에서 사용되는 말소리들을 구별할 수 있는 능력을 타고났다. 인간의 청각체계가 그렇게 할 수 있는 장치를 갖추고 있기 때문이다. 그렇지만 어떤 소리가 자신의 모국어에서 의미상 차이를 보이지 않으면, 아이들은 시간이 지나면서

---

3) 한국인이 영어의 발음을 잘 들어보면, 공기가 터져 나오는 pit '핏'과는 달리, 공기가 터져 나오지 않는 spit은 '스핏'보다는 '스삣'에 더 가깝게 들린다. 공기가 함께 터져 나오는 소리를 기음(氣音: aspirated sound)이라 부른다.

그런 소리를 구별하는 능력을 상실하게 된다. 그리고 그런 능력이 사라진 다음에 그런 소리의 차이점이 의미가 있는 새로운 외국어를 배우려 하면, 당연히 그 언어의 원어민들이 분명하게 구별하는 것처럼 소리를 구별해내기가 매우 어려워지는 것이다.

외국어를 배우기 어려운 마지막 이유는, 언어의 어떤 측면은 규칙을 가지고 설명하기가 매우 어렵기 때문이라는 것이다. 다시 말해, 언어의 어떤 부분은 전혀 규칙에 기초해 있는 것으로 보이지 않는다는 것이다. 이런 경우들은 그냥 외워야 한다.

예를 들어서, 아마 당신이 영어를 모국어로 사용하는 원어민이라면 영어의 전치사라는 것을 그다지 심각하게 생각해 본 적이 없을 것이다. 예를 들어서 in '안에', on '위에', at '에' 등이 전치사인데 이것은 어떤 행동이나 사물이, 기준이 되는 다른 사물과 비교할 때 상대적인 위치가 어디인지를 표시해준다. 당신은 영어 모국어 화자로서 영어 표현에서 어디에 어느 전치사를 써야 할지 정확하게 이해하고 있다고 스스로 생각하고 있을 것이다. 그리고 당신도 다른 사람들과 마찬가지라면, 전치사 사용에 무엇인가 이상한 게 있다고는 전혀 생각하지 않을 것이다. 그런데도 매우 이상한 것들이 있다.

전치사 on을 생각해 보자. 이 전치사는 무엇인가가 어떤 표면 위에 있을 때 쓰는 단어이다. 그렇지만 어떤 물체가 표면에 의해서 지탱되는 때에, 예를 들어서 '사과가 책상 위에 놓여 있다(the apple is on the table)'라고 하지만, 그냥 표면에 접촉만 하고 있을 때도 '그림이 벽에 걸려 있다(the picture is on the wall)'라고 한다. 그런데 더 혼동되는 것은 뭔가가 분명히 사물의 표면에 의해서 지탱되고 있는데도 '사과가 그릇에 담겨 있다(the apples are in the bowl)'에서 보듯이 on이 아닌 전혀 다른 전치사 in을 쓰기도 한다.

더 혼란스러운 것은 언어마다 전치사가 조금씩 다르다는 것이다. 영어에서는 테이블에 뭐가 있거나 벽에 뭐가 걸려 있거나 다 전치사 on을 쓰는데, 화란어에서는 이런 경우 사용되는 전치사가 다 다르다. 그러니 당신이 모국어인 영어의 전치사 체계를 다 이해했다고 하더라도 새로운 언어의 전치사 체계도 영어와 같을 것이라고 기대해서는 안 된다. 실상 성인들이 새로운 외국어를 배울 때는 다른 무엇보다도 전치사 사용에 있어서 실수를 더 많이 한다.

일반적인 문법과 마찬가지로 어느 언어의 전치사를 가장 잘 배우는 길은 그 모국어 화자들이 말하는 것을 듣고, 또 그들이 하는 대로 따라서 쓰고 함으로써, 우리의 뇌가 어떤 환경에서 어느 것이 적합한지 깨닫게 해주는 것이다. 이때 뇌는 전치사가 쓰일 때 그 의미와 통계적인 빈도를 고려해가면서 그런 깨달음을 얻게 된다. 이렇게 암묵적으로 학습이 이루어지려면 새로운 언어에 대해 많이 노출되어야 한다. 그런데 그 언어를 사용하는 언어사회의 구성원이 되겠다는 적극적인 의지가 없이는 그렇게 새 언어에 노출되는 것 자체가 쉽지 않다.

이 모든 얘기를 통해서 보면, 언어학습은 쉽기도 하고 어렵기도 하다. 즉, 어린아이들에게는 매우 쉽지만 나이가 들어가면서 점점 더 어려워지는 것이다. 사춘기에 도달할 때쯤 되면 새로운 외국어를 모국어처럼 잘 할 가능성은 거의 없다. 그렇다고 어른이 되었으니 외국어를 배우면 안 되겠다고 생각하면 안 된다. 여러 가지 지적 도전에 맞서는 일이 뇌에 유익한 자극을 주듯이, 실상 외국어를 배우는 일은, 뇌를 활발하게 활동하도록 자극을 하여 이 책의 다른 곳에서도 말한 여러 가지 이익을 거둬들일 수 있는 아주 훌륭한 일이다. 그러나 부정할 수 없는 사실은, 어른으로서 외국어를 배우는 일은 어린이가 언어를 배우는 것과는 다르고 또 더 어렵다는 것이다.

외국어를 배우려면 완벽한 문장을 잘 분석하느라 애쓸 것이 아니라 그 언어의 소리에 완전히 빠져들고, 비록 제대로 하고 있는 것인지 확실하지 않더라도 그 언어를 말할 수 있는 기회를 최대한으로 많이 가져 보라.

요약하면 당신이 외국어를 모국어 화자들처럼 잘 하고 싶다면 이것을 기억하라.

> **생각할 필요 없다.**
> **무조건 듣고 말해라.**

왼쪽 뇌와
오른쪽 뇌는 다를까?

:

뇌 그림을 보면 좌우가 제법 대칭을 이루고 있다. 외관상으로는 우측 반쪽과 좌측 반쪽이 똑같이 생겼다. 골이 져 있는 모습도 양쪽에 거의 대칭되는 곳에 골이 파여 있다. 이렇게 다 비슷해 보이지만 누가 '좌뇌형' 인간이네 누가 '우뇌형' 인간이네 말하는 것을 들어보았을 것이다. 이런 얘기들의 요점은 좌뇌형 인간은 논리적이고 언어 능력이 뛰어나며, 우뇌형 인간은 창조적이고 예술적이고 음악을 잘 하는 것으로 이야기되곤 한다.

정말 그럴까? 뇌에 대한 진실은 무엇일까?

이런 차이에 대한 이야기의 발단이 된 것은 노벨상 수상자였던 로저 스페리(Roger Sperry) 교수와 그의 제자로서 후에 탁월한 인지 뇌신경학자가 된 마이클 가자니가(Michael Gazzaniga) 교수의 연구였다. 스페리 교수는 한 연구에서, 심각한 간질병을 치료하는 방법 의 하나로 뇌의 좌반구와 우반구를 연결해 주는 '뇌량(corpus callosum)'이라고 부르는 두꺼운 섬유질 묶음을 끊어 버리는 것을 제안하였다. 스페리 교수와 가자니가 교수는 그렇게 하면 간질에 의한 발작이 뇌의 두 반구 중 한쪽에만 국한되고 다른 한쪽에는 영향이 없을 것이라고 본 것이다.

그들의 생각은 사실로 입증되었다. 그렇게 뇌량을 절단하는 수술을 함으로써 간질 발작을 한 쪽 뇌에만 국한시키는 데에 성공했다. 그렇지만 그런 수술을 받은 환자에게는 다른 중요한 문제가 나타났다. 즉, 이 뇌량이 잘라져 버리면 뇌의 두 반구 사이에 아무런 정보도 서로 교환이 안 되는 것이었다. 이것은 큰 문제였는데 그 이유는 이런 환자들은 자신이 경험하는 세상에 대한 정보가 즉각적으로 뇌 전체에 들어오지 않기 때문이다. 예를 들어 시각정보에 대해 말하자면, 시야의 왼쪽에 있는 사물은 오른쪽 뇌에서 정보가 처리가 되고, 시야의 오른쪽에 있는 사물은 왼쪽 뇌에서 정보가 처리되는데 이 말은, 즉 정보가 양쪽 뇌에 분산되어 있다는 말이다. 따라서 두 뇌가 정보교환을 하지 못하면 문제가 되는 것이다.

여기에서 잠시 유의할 점은, '왼쪽'이라고 하면 왼쪽 눈이 아니라 왼쪽 신체를 가리킨다는 것이다. 시야의 왼쪽에서 비치는 불빛은 왼쪽 눈과 오른쪽 눈 양쪽으로 들어가서, 양쪽 눈의 맨 뒤에 있는 감광세포들이 망을 이루고 있는 망막의 오른쪽에 자극을 준다. 양 눈의 망막의 오른쪽에서 일어나고 있는 활동의 정보는 우선 오른쪽 뇌로 들어간다. 이와 마찬가지로, 시야의 오른쪽에서 비치는 빛은 왼쪽 눈과 오른쪽 눈 양쪽으로 들어가서 양쪽 눈의 망막의 왼쪽에 자극을 주고, 이 양 눈의 망막의 왼쪽 구역에서 일어나고 있는 활동 정보는 우선 왼쪽 뇌로 들어간다.

정상적인 사람의 뇌라면 오른쪽 뇌에서 들어온 정보와 왼쪽 뇌에서 들어온 정보가 이 뇌량을 통해 신속하게 서로 교환이 이루어져서 공유된다. 그렇지만 뇌량이 잘려나간 환자의 경우에는 이 신호들이 한쪽 뇌에서 다른 쪽 뇌로 이동을 할 수가 없다. 따라서 시각적으로 받아들인 정보는 그 신호가 처음 들어온 쪽의 뇌에 그대로 남아 있을 수밖에 없다.

스페리 교수와 가자니가 교수는 이 수술을 받은 환자들을 대상으로 많은 실험을 진행했다. 환자가 앞을 보고 있는 상태에서 그 환자의 왼쪽 시야나 오른쪽 시야에 단어가 쓰인 카드를 보여 주었다. 단어가 오른쪽 시야에 있을 때, 즉 왼쪽 뇌가 정보를 처리하게 될 때는 환자들이 자신이 본 단어가 무엇인지 말할 수 있었다. 그러나 단어가 왼쪽 시야에 있을 때, 즉 오른쪽 뇌가 정보를 처리하게 될 때는 환자들이 자신이 본 단어가 무엇인지 말할 수 없었다.

이런 연구는 우리 인간의 뇌의 양쪽이 서로 담당하고 있는 기능이 다르다는 것을 처음으로 보여준 것이었다. 실제로 대부분의 오른손잡이들은 언어를 담당하고 있는 영역이 주로 뇌의 왼쪽에 위치하고 있다. 이러한 발견은 그 이전에 이미 연구에서 밝혀진 사실, 즉 뇌졸중이 왼쪽 뇌에 나타난 환자의 경우에는 오른쪽 뇌에 나타난 환자들보다 언어에 손상을 겪을 가능성이 크다는 사실과 바로 관련이 있다.

그러나 방금 오른손잡이라는 말을 한 것을 주의할 필요가 있다. 아트처럼 왼손잡이들의 경우에는 약간 이상한 점이 있다. 물론 사람이 이상하다는 것이 아니라 뇌의 구조가 이상하다는 이야기지만. 어떤 왼손잡이들은 언어를 담당하고 있는 영역이 주로 왼쪽에 위치하고 있다. 어떤 왼손잡이들은 반대로 언어 담당영역이 주로 오른쪽에 위치하고 있다. 또 어떤 왼손잡이들은 언어 담당영역이 양쪽에 나뉘어 있다. 그렇기 때문에 뇌와 언어의 관계를 연구하는 연구들이 주로 오른손잡이들을 대상으로 하는 것이다. 그러나 여기서 빠뜨릴 수 없는 중요한 이야기는 이런 초기의 연구들에서도 언어의 특정한 측면을 이해하는 데에는 오른쪽 뇌가 관여한다는 증거가 있었다는 것이다. 예를 들어서 뇌량을 끊어놓은 환자들에게 왼쪽에서 단어를 보여주었을 때, 즉 단어정보가 오른쪽 뇌로 들어가게 했을 때는 그 단어가 가리키는 물건이 들어 있는 박스에 왼손을 넣어서 그 물건을 꺼낼 수 있었던 것이다. 예를 들어, 그 환자에게 '별'이라는 단어를 보여 주면, 상자 속에서 '별' 모양의 물건을 끄집어내었던 것이다. 비록 그 단어가 무엇인지 말로는 못하더라도 말이다. 그런데 해당되는 물건을 제대로 골라서 꺼내려면 그 환자들은 반드시 왼쪽 손을 사용하여야만 했다. 왜냐하면, 왼손은 오른쪽 뇌가 컨트롤하기 때문이다.

이 초기 연구가 이루어진 이후로 양쪽 뇌의 차이점에 대해 많은 연구가 이루어졌고, 이 연구결과로부터 인간의 지각작용과 사고에 대해 매우 흥미로운 사실들이 밝혀졌다. 예를 들어, 많은 사람이 음악을 듣거나 음악을 생각할 때는 뇌의 오른쪽 부분이 매우 활동적이 된다. 이런 종류의 연구결과들은 매우 흥미로울 뿐만 아니라 우리의 뇌가 어떤 구조를 갖고 있는지에 대해 많은 것을 알려 주었다.

또 이런 연구들은 일반 대중의 상상력을 자극시켰다. 뇌의 양쪽이 서로 다르다는 것에 대해 점점 더 많은 것이 알려지고 그런 얘기들이 유행을 타게 되자 이상한 일이 벌어지기 시작했다. 과학자들은 특정한 세부 주제를 치밀한 연구를 통해 해당 주제에 대해 명확한 결과를 밝혀 놓았는데, 일반인들은 그 연구들을 자기들의 목적에 편리한 방법으로 과도하게 일반화시키고 잘못 적용하기에 이르렀던 것이었다. 그런 오류의 결과로 아직도 많은 사람은 학교 교육이 언어, 과학, 수학과 같이 과도하게 아이들의 '왼쪽 뇌'만 기르는 교육을 한다고 비판하고 있다. 더 포괄적이고 예술적인 기술을 가르침으로써 '오른쪽 뇌'를 기르는 교육은 불충분하게 이루어지고 있다고 하면서 말이다. 심지어는 자신이 분석적인 인간인지 아니면 통합적이고 창조적인 인간인지를 뜻하는 말로 자신을 '좌뇌형 인간'이네 '우뇌형 인간'이네 하며 소개하기도 한다.

사실상 정상적인 뇌에서는, 정보가 양쪽 뇌에서 모두 공유되고 있다. 뇌의 양쪽이 각각 전문적으로 담당하고 있는 기능이 좀 다르기는 하더라도 정상적인 사고는 양쪽 뇌 모두가 서로 조화를 이루며 협동하며 이루어지는 것이다. 간단히 말해서 왼쪽 뇌나 오른쪽 뇌만 갖고 생각을 하는 사람은 이 세상에 아무도 없다.

심지어는 음악이 정말 전적으로 오른쪽 뇌에서만 처리되고 있는 것인지조차도 분명하지가 않다. 물론 오른손잡이를 기준으로 말할 때 말이다. 많은 연구에서 드러난 증거에 따르면, 음악과 같이 주로 오른쪽 뇌가 담당하는 뭔가에 대해 전문성을 기르는 사람은 그 전문성이 늘어남에 따라 왼쪽 뇌도 거기에 점점 더 많이 관여하게 된다. 아이들이 '오른쪽 뇌를 발달시킬 수 있도록' 학교에서 아이들에게 음악을 가르쳐야 한다는 주장하는 사람들은 뇌의 기능에 대해 이 점을 크게 오해하고 있는 것이다. 물론 학교에서 음악을 교육하는 것은 여러 가지 훌륭한 이점이 있지만 말이다.

뇌의 구조는 매우 유연하기 때문에 학습 경험에 따라 뇌의 활동 방식도 계속해서 바뀐다. 심지어는 언어처리능력이 왼쪽 뇌에 있는 것도 이런 전문성의 결과일 가능성이 있다. 모든 어른이 언어를 잘하여 언어에 대한 전문성이 생겼기 때문에, 예를 들어 음악과 같이 다른 종류의 정보를 처리하는 것보다 더 높은 전문성을 이 왼쪽 뇌에 있는 '언어담당영역'이 보여 주는 것일 수 있다는 것이다.

그런데 뇌의 양쪽 반구의 차이점을 좀 더 미묘하게 설명하는 이론들도 있다. 어떤 이론들은, 왼쪽 뇌와 오른쪽 뇌의 차이는 각각 세밀한 세부사항을 처리하는 영역과 굵직하게 큰 요약사항을 처리하는 영역을 나누어 담당하는 결과라고 보기도 한다. 예를 들어서, 당신이 눈을 찡그리면서 세상을 바라보면 눈에 보이는 세상의 모습이 대략적인 윤곽그림으로만 보이는데 이런 모습은 오른쪽 뇌가 담당하고, 당신이 두 눈을 크게 뜨면 세상의 모든 세밀한 부분들까지도 보이는데 이런 모습은 왼쪽 뇌가 담당한다는 것이다. 그 이론들이 사실이라면 언어를 왼쪽 뇌에서 담당하게 된 이유는 바로 언어 사용을 위해서는 말소리와 어순 등 세밀한 부분에 관심을 기울여야 하기 때문이라고 볼 수 있다.

이런 점들을 고려하면 '좌뇌형' 또는 '우뇌형'이라는 말은 전혀 맞지 않는 말인 것을 알 수 있다. 다른 사람들에 비해 더 과학적으로 생각하는 경향이 있거나 수학적 계산을 더 많이 하거나 하는 사람들이라고 해서 주로 왼쪽 뇌로 생각하는 사람인 것은 아니다. 마찬가지로 예술적이고, 음악에 소질이 있고, 직관이 발달되어 있고, 공연예술에 재능이 있는 사람이라고 해서 오른쪽 뇌만 주로 사용하는 것이 아니다. 만약에 오른쪽 뇌는 큰 윤곽을, 왼쪽 뇌는 좀 더 세밀한 세부사항을 담당하는 것이라고 주장하는 이론이 맞는다면 우리가 무슨 일을 하든지 간에 우리의 양쪽 뇌가 동시에 관여할 가능성이 크다.

우리가 건전하고 올바르게 생각하기 위해서는 인생을 살아가면서 겪는 모든 문제를 해결하기 위해 다양한 접근법을 사용해야 한다. 그런데도 학교의 교과과정에서 예술과 인문학 프로그램들을 배제시키는 경향이 있는 것은 매우 불행한 일이다. 왜냐하면, 앞에서 말한 것처럼 과학과 같은 학문에서 오는 엄격하고 까다로운 '비확증(disconfirmation)' 접근법의 역할은, 인간의 상호작용 속에 드러나는 역사나 문학과 같은 학문의 폭넓은 주제들을 깊게 이해하는 접근법의 역할과 잘 어우러져야만 하기 때문이다.

예를 들어, 아무리 과학기술이 훌륭하다고 해도 사람들이 그것을 장차 어떻게 사용할지 알 수 없다면, 그리고 그 디자인이 사람들의 사고방식과 잘 부합하지 않는다면, 사람들은 그 기술을 외면할 것이다. 바로 이런 이유 때문에 아이팟이 나오기 전에 나왔던 많은 MP3 장치가 성공을 거두지 못했던 것이다. 이 문제들은 그 후 이 기술을 어떻게 하면 보통사람들이 사용하기에 쉽게 만들고 또 동시에 눈에 보기에도 매력적이게 할 수 있는가를 애플사의 천재들이 알아냄으로써 해결되었다.

실제로 많은 과학자와 수학자는 무엇이 아름다운지에 대해 매우 세련된 감각을 갖고 있다. 우리 두 사람은 동료 과학자들이 참여하는 학회에 자주 참석하는데, 과학자들은 어떤 이론이 '우아하다든가

(elegant)', '덜걱댄다든가(clunky)' 아니면 데이터가 '아름답다든가(beautiful)', '못생겼다든가(ugly)' 등처럼 묘사하는 말을 흔히 듣는다. 이 말들은 은유적 표현이 아니다. 과학자들은 자기 분야의 전문성을 가지게 되면서 이론들과 데이터 패턴에 대해 유쾌하거나 그렇지 않은 느낌을 실제로 느끼게 되는 것이다. 누군가가 마치 음악을 들으면서 '다른 세상으로 가는 듯한(transported)' 것을 느끼거나 '벌 받는 듯한(punished)' 것을 느끼는 것과 똑같이 말이다.

아이들을 과학, 인문학 그리고 예술을 잘 조합하여 가르쳐야 할 이유는 무척이나 많다. 이들 각각의 학문 영역은 사고에 대해 각각 다른 접근법을 제공해주고 매우 귀중한 기술을 익히게 해주기 때문이다.

이 장을 시작할 때 제시했던 질문, 왼쪽 뇌와 오른쪽 뇌는 다를까라는 질문에 대해 답하자면, 그렇다. 오른쪽 뇌와 왼쪽 뇌는 차이가 있다. 그렇지만 아직은 완전히 해결되지 않은 문제이다.

**뇌에는 많은 측면이 있지만
양쪽 뇌가 따로 놀지는 않는다.**

어떻게 하면
작가의 벽을 극복할 수 있을까?

:

자! 이제 흥미로운 이야기를 해 보자. '작가의 벽(Writer's block)'이라고 부르는 현상 말이다. '작가의 벽' 현상은 작가들이 뭔가를 써야하는데, 글을 써야 한다는 필사적인 강박관념에 사로잡혀서 만족스러운 글을 전혀 쓰지 못하고 꽉 막혀 있는 현상을 가리킨다. 이때 작가들은 때로 그냥 아무것도 안 하고 가만히 앉아 허공만 바라보고 있거나, 때로는 앉아서 뭔가 잠깐 끄적거리고 고통스러운 신음을 내면서 지워버리는 일을 계속 반복하면서 실제 아무런 진전도 없는 순환속에 갇혀 있기도 한다.

이처럼 글을 쓸 때 꽉 막히는 느낌, 작가의 벽은 대체 왜 오는 것일까? 글쓰기를 잘 아는 사람들이 별안간 왜 그렇게 뭔가 괜찮은 글을 한 자도 못 쓰고 꽉 막혀 있는 것일까?

물론 이런 현상이 나타나는 것은 언어능력이 급작스레 사라져서가 아니다. 글을 한 문장도 더 못 쓰더라도 친구들이나 가족들하고 이야기하는 데 전혀 어려움이 없다. 그 이야기 속에는 인간의 역사에 단한 번도 나타나지 않았던 신선한 문장들이 미리 계획도 없이 자연스럽게 나오기도 한다. 그러니 문장을 만드는 능력이 사라진 것은 전혀 아니다. 그런데도 지금 당장 해야 하는 글쓰기에는 전혀 진전이 없다. 뭐가 문제일까?

실상 이 작가의 벽은 불안에서 오는 것이다. 모든 작가들은 좋은 생각을 떠올려서 이를 효과적으로 표현하고 싶어한다. 작가들은 멋지고 참신한 생각이 떠오르지 않거나 떠오른 생각을 깔끔하고 멋지고 위트있게 표현하지 못하면 공포를 느끼게 된다.

미리 이야기해둘 것은 아트는 직접 작가의 벽을 체험해 보지는 못했다. 아트는 주로 무슨 얘기든지 정신없이 그냥 써 내려간다. 처음에 봐서는 말도 안 되는 얘기들을 주절주절 쓰고 있지만 그래도 절대 계속 써대는 일을 멈추지 않는다. 아트가 이처럼 약간은 무책임하게 마구 써 내려가는 것이 실제로는 작가의 벽을 극복하는 데에 큰 도움이 되는 방법이다. 아트는 아이디어가 얼마나 참신하지 못하고 문장이 얼마나 엉망인가에 대해서는 전혀 신경을 안 쓴다. 대신 뭔가가 글로 쓰인다는 것에만 관심이 있다.

밥은 작가의 벽 얘기를 할 때, 작가들이 지금 당장 글을 써 내려가면서 방금 쓴 이 글 자체를 대단한 대가들의 최종본 수준, 아니면 자신이 과거에 잘 썼던 글의 수준과 비교하는 경향이 있다는 이야기를 덧붙인다. 소설 작가는 왜 자기가 쓴 문장들이 헤밍웨이나 업다이크의 글 같지 않은지, 스티브 킹이나 제임스 패터슨의 글에 미치지 못하는지 걱정할 수 있다. 여기서 문제는 자신이 방금 쓴 초본 원고 문장을 마치 여러 편집자가 수없이 여러 번 편집을 한 다음에 만들어진 완성본인 것처럼 평가하고 있다는 것이다.

물론 독자들은 출판된 것들만 볼 뿐이다. 독자들이 못 보는 것은 완성본이 만들어지기 이전에 거쳤던 수없이 많은 초고 문장들이다. 이 초고 문장들은 너무 황당해서 나누고 합치고 하는 과정을 수없이 거칠 수밖에 없는 것들이고, 또 말의 논리의 흐름에 맞지 않게 마구 비약된 논리를 사용한 것들이고, 한 문장에 썼던 표현이 바로 다음 문장에 또 반복해서 나오고 하는 등 많은 결점을 가지고 있었던 것들이다.

모차르트가 교향곡들을 작곡할 때 마구 거침없이 쏟아내었다고 하는데, 그렇게 처음 초본부터 세련된 문장들로 글을 마구 써 내려가는 작가들은 거의 없다. 대부분의 성공적인 작가들은 작가 활동에서 귀중한 교훈을 얻는데 이것은 심리학 연구에서도 잘 밝혀진 것이다. 즉, '가장 좋은' 아이디어를 가진 사람들은 결국 '가장 많은' 아이디어를 가진 사람이라는 것이다. 다시 말해 '오직 좋은 아이디어만'을 만들어내는 훌륭한 방법은 존재하지 않는다는 것이다. 대신 끊임없이 많이 만들어 내놓고 나서 그것들이 글로 모습을 드러낸 다음에 그 중에 좋은 것을 골라내야 한다는 것이다.

그러니 글쓰기와 같이 뭔가 창조적인 일을 할 때의 중요한 기술은 형편없거나 시시한 아이디어들을 두려워하지 않는 것이다. 그러다 보면 결국 어떤 날은 종일 쓴 모든 것을 버려야 하는 때도 있을 것이다. 아트가 『스마트 싱킹: 앞서가는 사람들의 두뇌습관(Smart Thinking)』이라는 책을 쓸 때 그 책의 한 장은 장 전체 내용이 완전히 다른 두 개의 원고가 있었는데 두 원고를 다 폐기하고 다시 써서 결국 아트도 편집자도 괜찮다고 생각한 이 세 번째 원고를 택하게 되었다. 아마 아트가 완벽한 초고가 떠오르기를 기대했다면 그냥 책 집필 자체를 포기했을 수도 있다.

실제로 이 이야기는 또 다른 중요한 점을 보여 준다. 즉, 자기가 쓴 글에 대해 혹시 자신이 없더라도 자신의 아이디어를 다른 사람에게 보여주는 것을 두려워하지 말라는 것이다. 때로는 친구나 편집자가 당신의 글을 형편없다고 생각해서 결국 다시 써야 될 수도 있다. 그렇다고 그 초고를 혼자만 갖고 있을 이유는 없다. 오히려 그 반대다. 작가들이 궁극적으로 만드는 최고의 작품은 자신의 비평이나 다른 사람의 비평에 따라 수정을 통해 이루어진다는 것을 기억해야 한다.

사람들이 자신의 아이디어를 다른 사람에게 보여주기 두려워하는 이유 중의 하나는 소위 '가면 증후군(= 사기꾼 증후군: imposter syndrome)'이다. 가면 증후군이라는 것은 뭔가를 제대로 하기 위해 무진 애를 써야 하는 사람은 동료 중에서 자기 혼자뿐이라고 생각하는 것이다. 이 가면 증후군을 앓고 있는 사람들은, 다른 사람들이 "아니, 이 사람이 겨우 이 정도 수준의 결과를 내는 데도 이렇게 많은 노력을 들이는 것을 보면 이 사람의 현재 지위와 명성은 결국 사기 쳐서 얻은 것이나 다름없나 보군." 하고 생각할 것이라고 믿는 것이다.

사실 거의 모든 사람은 자신이 다른 사람에게 잘 가꾸어진 모습만 보이려고 한다. 사람들의 페이스북을 들어가 보라. 모든 가족이 아름답고 미소가 얼굴에 가득하다. 자녀들은 모두 학교에서 우등생이다. 사람들은 자신이 저지른 실수나 자신이 겪고 있는 문제들을 페이스북에 올리지는 않는다. 다른 사람들에 대해 우리가 보고 있는 것은 그 사람들이 다른 사람들에게 보이려고 선택한 것들만 보고 있는 것이다. 사람들은 대개 자신의 약점이나 실수나 실패한 아이디어를 모든 사람에게 알리려고는 생각하지 않는다.

성공적으로 창조적인 사람이 되는 큰 비결 중의 하나는, 내가 사실은 창조적인 인물이라는 평을 들을 만한 자격이 없는 사람이라고 하는 자신의 느낌을 극복하는 것이다. 모든 작가는 다 황당한 문장을 쓴 적이 있고, 문단 전체가 이치에 닿지 않는 글을 쓴 적이 있는 사람들이다. 모든 작가는 누군가 다른 사람이 쓴 글에서 아이디어를 그대로 베껴다가 따분하기 그지없는 글을 써 본 사람들이다. 모든 작가는 때때로 앞뒤가 맞지 않는 글을 다 써 본 경험이 있는 사람들이다.

당신이 완벽하지 않은 뭔가를 보여 주었다고 해서 다른 사람들이 당신을 나쁘게 생각할 가능성은 별로 없다. 심지어는 그런 것을 보고서는 결국 당신도 자기네들처럼 인간이구나 하고 생각하며 오히려 마음의 부담을 덜 수도 있다. 어쩌면 당신 작품이 더 나아지도록 도움이 될 만한 이야기를 해줄 수도 있다.

다른 사람들에게 기회조차 주지 않고서는, 다른 사람들 생각 때문에 결국 당신의 아이디어를 전부 바꿔야 할 것이라고 걱정한다면 결국 당신은 다른 가능성들을 탐색해보고 당신의 아이디어를 잘 다듬을 수 있는 절호의 기회를 놓치고 마는 것이다. 때로는 형편없고 시시한 아이디어들이 더 훌륭한 아이디어로 가는 발판이 되기도 한다.

아이디어를 만들어 내려면 어쨌든 기억에서 그것을 끄집어내야 한다. 정보는 당신이 현재 순간에 무엇을 생각하든지 간에 그 생각에 대한 반응으로 기억으로부터 불려나오는 것이다. 예를 들어 당신이 언젠가 들었던 수업을 생각해보라. 그 기억을 떠올려보는 것은 그리 어려울 게 없다. 수업에 대해서 생각해보라는 말에 당신은 그냥 자연스럽게 수업의 기억을 떠올린 것이다.

당신이 지금 생각하고 있는 것을 바꾸려면 당신의 기억에게 그와 다른 질문을 해야 한다. 그렇게 하는 방법 중의 하나는 얼핏 보기에 신통치 않은 아이디어들이 흘러나오도록 놔두는 것이다. 그렇게 하면, 처음에 나온 신통치 않은 아이디어가 더 나은 아이디어를 생각해내도록 이끌어 주는 것을 경험하게 될 것이다. 시간이 가면서 처음에 형편없는 아이디어로 시작했던 것이 점점 더 나은 아이디어로 발전했다가 결국에는 탁월한 아이디어로 바뀔 수 있는 것이다.

작가의 벽이 생기지 않게 하려면, 그냥 앉아서 뭔가를 쓰고 그 후에 그것을 편집하는 이런 과정이 하나의 일상처럼 반복해서 이루어져야 한다. 스티븐 킹처럼 많은 작품을 내는 다작가들은 마치 20분이면 책을 한 권씩 내는 것 같은 생각이 든다. 어느새 보면 또 한 권이 나와 있다. 그는 자기가 글을 쓰는 과정에 대해서도 많은 글을 썼다. 그의 비결은 무엇일까? 그는 매일 글을 쓴다. 매일 아침 잠자리에서 일어나 몇 시간씩 글을 쓴다. 그는 사람들이 습관적으로 시간 되면 잠자리에 드는 것처럼 작가들도 습관적으로 글을 써야 한다고 말하였다.

매일 글쓰기를 해야 하는 이유는 글쓰기가 기술이기 때문이다. 밥은 음악가들을 가르치고 음악가들이 학습하는 것을 도와주는 데에 매일 많은 시간을 쓴다. 결국 모든 음악가는 자신이 하는 연주를 잘하기 위해 계속 연습을 해야 한다는 것을 깨닫고 있다. 그리고 또한 훌륭한 음악가가 되기 위해서 다른 사람들의 피드백도 많이 받아야 한다.

글쓰기는 연습을 통해 점점 더 숙달되는 기술이다. 그러니 지금 시작해 보라. 그리고 나중에 피드백을 받으라. 그리고 다시 글쓰기를 더 해보라. 우리가 할 이야기의 요점은 이것이다.

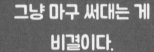

그냥 마구 써대는 게
비결이다.

실패는
필요한 것일까?

· · ·

대부분의 학생이 수년간 학교에 다니면서, 제일 중요한 것이라고 배우는 교훈은 '실수는 나쁘다'라는 것이다. 학교에서 가장 높은 점수를 받는 학생은 실수를 가장 적게 하는 학생이다. 스펠링 테스트에서 단어 철자 하나를 잘못 말하면 바로 감점이 된다. 수학 시간에 계산을 하나 잘못하면 바로 감점이 된다. 실수를 많이 하면 할수록 점수는 낮아진다. 최고의 대학에 들어가기 위해 좋은 점수를 받으려고 경쟁을 하는 상황에서 학생들은 어떻게 해서라도 실수를 줄이려고 애쓰면서 엄청난 스트레스를 받는다. 그러나 심리학적 관점에서 보면 실수는 정말 대단히 훌륭한 것이다.

그런데 밥이 여기 이야기 시작점에서 한 가지 미리 얘기해두고 싶은 것은, 이 장의 제목은 '실패'인데 우리 이야기는 '실수'로 시작한다는 것을 유의해야 할 것이다. 큰 실패란 뭔가 성취하려고 했던 것들, 예를 들어 낙제하지 않고 학점을 따는 것, 회사를 성공적으로 운영하는 것, 직장에서 승진하는 것 등과 같이 큰 목적을 갖고 있다가 실제로 그 목적을 이루지 못하는 것을 가리킨다.

당신의 목표가 중요하면 중요한 만큼 그 실패는 더 큰 실패가 되고, 거기서 느끼는 좌절은 더 커진다. 실패는 자기가 자기 자신에 대해 갖고 있는 느낌을 크게 훼손하기 때문에 감정적 측면에서 볼 때 다루기가 어렵다. 실패를 하면 자신이 뭔가 잘못된 목표를 추구하고 있었다고 믿게 될 수도 있다. 또 주변의 다른 사람들에게 실망을 안겨주었다고 느낄 수도 있다.

이 장에서는 주로 '실수'에 대해서 이야기하려고 하는데 그러는데에는 이유가 있다. 즉, 어떤 일이 실패인지 아닌지는 실수의 결과들이 결정한다. 실수의 결과가 그렇게 크게 나쁘지 않으면 실패라고까지는 생각하지 않는다. 그 결과의 나쁜 정도가 매우 크면 그것을 실패라고 생각한다.

우리는 여러 가지 종류의 실수들을 한다. 어떤 실수들은 그 결과가 대수롭지 않다. 예를 들어, 전화번호를 누르면서 번호 두 개를 서로 바꿔 눌러서 자동차 정비소 대신 피자집으로 전화가 걸릴 수도 있다. 어떤 실수는 그 결과가 무척 심각할 가능성이 있지만 크게 나쁘지 않은 결과를 가져오기도 한다. 예를 들어, 어느 날 시간이 늦어서 집에서 뛰어나와 서둘러 길을 건너면서 양쪽을 살피지 않아 거의 차에 치일 뻔한 실수를 한다. 이런 실수는 그 결과가 심각할 수 있었지만 다행히 그러지는 않았다. 물론 어떤 실수는 엄청나게 심각한 결과를 가져올 수 있다. 예를 들어, 운전하면서 전화기를 쳐다보다가 다른 차를 들이받아 결국 옆자리에 탄 사람이 부상을 입게 할 수도 있다.

대부분 개개인 인생 속의 다양하고 복잡한 목표들이 단 하나의 실수 때문에 실패하는 경우는 많지 않다. 훌륭한 직원이 실수 한 번 했다고 파면되지는 않는다. 통상적으로 싸움 한 번 했다고 결혼이 파탄 나지는 않는다. 또한 사장이 한 번 나쁜 결정을 내렸다고 해서 회사가 파산하지는 않는다. 일반적으로 큰 실패는 여러 개의 실수가 한꺼번에 일어나서 결국은 엄청나게 파괴적인 결말을 불러온 경우이다. 사실상 큰 실패를 막는 가장 좋은 방법은 작은 실수들로부터 교훈을 배우고 이것이 더 큰 문제가 되지 않도록 잘못된 부분을 고치는 일을 하는 것이다.

이렇게 말하면 어떤 이는 "아니 실패보다는 성공을 통해서 배우는 게 더 낫지 않겠나?" 하는 생각을 할 수도 있다. 그럴듯한 말이다. 그렇지만 성공은 실패처럼 교훈을 잘 주지 못한다. 그 이유는 대개 성공을 진단할 때 '무엇이 잘 됐기 때문일까?'를 따지기 어렵기 때문이다. 이 일에 참여했던 사람들이 노력한 결과일까? 흔히 심리학자들이 맥락이라고 부르는 것, 즉 환경 때문이었을까? 그냥 순전히 운이었을까? 계획을 잘 짰기 때문일까? 원인을 찾기가 쉽지 않다.

무엇 때문에 성공을 했는지 정확하게 알 수 없기 때문에 사람들은 과거에 했던 방법을 그대로 반복하는 경우가 흔하다. 즉, 과거에 했던 것이 성공적이었듯이 이번에도 그렇게 되기를 기대하면서 말이다. 아트는 빈번히 론 존슨(Ron Johnson)의 예를 든다. 존슨은 애플사에 근무하면서 애플스토어의 설립을 지휘했던 인물이다. 컴퓨터, 아이패드, 아이폰 같은 것을 살 수 있는 그 폼 나고 멋진 애플스토어 말이다. 애플스토어의 컨셉은 우아한 디자인과 애플의 이미지를 프로모션 하는 방법의 탁월성 때문에 많은 사람으로부터 호평을 받고 있다. 우리가 본 애플스토어는 늘 쇼핑객들로 붐빈다.

그가 이룬 대단한 성공으로 론 존슨은 2011년 백화점 제이씨페니의 회장으로 영입이 된다. 그에게 맡겨진 임무는 주로 중저가의 의류와 가정용품을 파는 백화점으로 알려진 제이씨페니의 과거의 명성을 다시 회복시키는 것이었다. 존슨은 애플스토어에 사용했던 방법을 그대로 제이씨페니에 옮겨 적용하였다. 그의 목표는 더 젊고, 유행에 더 민감한 계층에게 어필하는 것이었다. 그는 사람들이 제이씨페니를 우연히 들르는 곳이 아니라 일부러 찾아오는 곳이 되도록 스토어의 디자인을 바꿨다. 그러면서 그동안 제이씨페니 하면 으레 떠오르던 할인쿠폰과 대규모 할인행사를 완전히 없애 버렸다. 불행히도 이 전략은 완전히 실패하였다.

존슨의 실패를 이해하는 것은 그의 성공을 이해하는 것보다 쉽다. 그는 제이씨페니의 디자인을 바꾸고, 쿠폰과 할인행사를 없앰으로써 그동안의 단단한 지지층인 단골 고객들을 완전히 외면하였다. 대개의 제이씨페니 고객들은 유행을 따르는 폼 나는 쇼핑 경험을 원한 것이 아니라 그저 자신이 쓰는 돈에 대해 가격 대비 좋은 상품을 찾는 사람들이었던 것이다. 그리고 새로운 디자인도, 아메리칸 어패럴이나 애버크롬비 앤 피치 같은 소매상에 더 자주 가는 젊은 고객들에게 전혀 어필하지 못했다. 결국 제이씨페니는 실패하고 론 존슨은 파면되었다. 아트는 론 존슨이 이 경험을 통해 정말 많은 교훈을 얻었을 것이라고 생각한다. 최신 유행과 멋진 테크놀로지 회사에 맞는 전략이 할인 의류 매장 회사에도 동일하게 적용될 것이라고 가정하는 것보다는 기존 단골고객들을 잘 연구하는 일이 얼마나 중요한가에 대해 큰 교훈을 얻었을 것이다.

그런데 실수를 통해 뭔가를 배우기 위해서는 실수를 똑바로 직시하는 일이 중요하다. 이 세상 누구도 실수를 되씹으며 언짢은 감정을 즐길 사람은 없다. 특별히 그 언짢은 감정이 자기 자신에게 대한 경우라면 더더욱 그렇다. 그렇지만 모든 사람들은, 비록 개인차가 있기는 하지만 자신의 실수와 실패에 대해 언짢은 마음을 좀 누그러뜨리는 이런 저런 방식들을 나름대로 다 터득하고 있다.

실수에 대해 언짢은 마음을 줄이는 한 가지 방법은 자신의 책임을 면제하고 잘못을 상황에 돌리는 것이다. 이렇게 문제에 대한 책임을 외부로 돌림으로써 나는 자신의 능력을 의심할 필요가 없어진다. 나는 해야 할 모든 일을 제대로 했지만 상황이 안 따라 주었거나 아니면 다른 사람들의 노력이 부족했던 것이 문제가 되는 것이다. 상황만 좀 달랐다면 내가 한 일은 대성공이라고 엄청난 찬사를 받았을 텐데 하면서 말이다.

자신의 실수에 대해 느끼는 나쁜 감정을 줄이는 또 다른 방법은 실수를 그냥 무시하는 것이다. 어떤 경우 사람들은 자신이 한 실수에 대해 생각을 그만 둔다. 또 어떤 경우 사람들은 자신도 잘 의식하지 못하는 중에 실수의 심각성을 최소화시켜 생각한다. 예를 들어, 심리학자인 데이비드 더닝(David Dunning) 교수와 저스틴 크루거(Justin Kruger) 교수의 연구에 따르면, 어떤 과제를 주고 수행하게 해보면, 자신의 수행능력을 가장 크게 과대평가하는 사람들은 바로 성적이 가장 낮은 사람들이다. 과제를 제대로 못한 사람은 어쩌면 자신이 얼마나 형편없는 사람인지를 파악하는 능력이 떨어져서 그럴 수도 있겠지만, 어쨌든 자신이 한 일이 얼마나 형편없는지를 제대로 모르고 그저 행복한 마음을 유지함으로써 그는 자신의 실수를 인정하여 손상될 수 있는 자신의 이미지를 스스로 보호하고 있는 것이다.

사람들이 자신의 실수를 정말로 잘 깨닫고 있을 때에도, 자신의 자존감을 지키기 위해 다음번에 유사한 실수를 할 상황이 되면 그 상황을 그냥 피하고 말기도 한다. 그러나 새로운 전문성을 기른다는 것은 전에 해본 적이 전혀 없는 일을 새롭게 시도하는 일을 필요로 한다. 사람들이 새로운 것을 배울 때는 많은 실수를 할 가능성이 있다. 그렇다고 새로운 일을 배우는 것을 피할 필요는 없다.

실패의 가능성을 피하면 새로이 창의적인 일을 시도해보지 못한다. 창조적인 아이디어들은 아직 시도해보지 않은 일이다. 따라서 처음으로 시도해 볼 때 제대로 결과가 나오지 않을 가능성이 있다. 제임스 다이슨(James Dyson)은 진공청소기에서 빨아들인 먼지를 모으는 집진 백을 없애보겠다는 혁신적인 아이디어를 생각해냈다. 그 후 최종 완성된 형태가 시장에 출시되기까지 여러 해 동안 프로토타입을 개발하느라 애를 썼다. 그 과정에서 그는 무척 많은 실수를 했다. 그러나 그는 매번 실수로부터 배운 것을 다음번 새로운 디자인에 적용하였다. 발명가 토마스 에디슨이 한 불후의 명언인 "나는 10,000번 실패한 것이 아니다. 나는 안 되는 방법을 10,000번 성공적으로 발견했을 뿐이다."를 기억해야 할 것이다. 곁 얘기를 하자면 아트는 에디슨의 열렬한 팬이다. 지금 에디슨이라는 이름을 가진 뉴저지 한 도시에서 에디슨이 처음으로 전등으로 가로등을 설치했는데 바로 그곳에서 몇 구역 떨어지지 않은 곳에서 아트가 자랐기 때문이다.

다시 실수 이야기로 돌아가면, 자존감을 높이겠다고 실수를 무시하는 대신, 자신이 하는 일을 정직하게 평가하고, 자신이 한 실수를 인정하고, 자신에 대한 깊은 동정심을 유지하는 일이 오히려 더 건강하고 더 생산적인 일이다. 모든 사람은 실수를 한다. 실수가 무엇이었는지 확인하고 그 실수에서 자신이 한 역할이 무엇이었는지를 인정한 후에야 교훈을 얻고 개선을 하는 일이 가능해지는 것이다.

밥은 노련한 음악가들이 자신의 연주를 녹음한 다음에 실수를 찾아내기 위해 그 녹음을 듣는 이야기를 하곤 한다. 이런 음악가들은 이미 매우 뛰어난 사람들인데도 더 나은 연주자가 되기 위해 계속해서 자신의 연주 녹음을 비판적으로 듣는 데에 많은 시간을 들이는 것이다. 실상 그런 노련한 음악가의 탁월성은 자신의 연주를 기꺼이 비판적으로 살펴보겠다는 의지의 직접적인 결과이다.

실수로부터 교훈을 얻는 것의 중요성은 캐롤 드웩(Carol Dwek) 교수와 그녀의 동료들이 함께 한 연구에서 잘 드러난다. 예를 들어서, 당신이 '나는 수학을 잘 해' 또는 '나는 운동을 못 해' 하는 식으로 자신의 능력이 고정되어 있다고 믿으면 당신이 하는 실수는 당신의 자존감에 위협이 될 가능성이 크다. 그러나 드웩 교수의 연구에서 드러나듯이, 만일 당신이 모든 능력은 학습될 수 있는 기술이라고 믿으면 실수는 그저 당신이 좀 더 노력해야 할 필요가 있다는 신호에 불과한 것이다. 모든 일은 점점 전문성이 늘어나는 기술일 뿐이라고 생각하면, 실수를 무능력의 표시로 두려워할 대상이 아니라 더 나은 기술을 위한 도구로 사용할 대상이 되는 것이다.

실패를 인정하고 실수로부터 배우는 것의 중요성은, 매우 많은 신생 기업체를 만들어내고 있는 실리콘 밸리 같은 지역의 특징으로도 잘 나타난다. 실리콘 밸리의 기업가들을 대상으로 한 사회학적 연구들에 따르면, 그곳에서는 결국 망하고 만 회사들을 시작했던 사람들이 그 도산에 대해 벌을 받지 않는다. 그 대신 그 사람들은 새로운 회사에서 일할 수 있는 기회를 갖게 된다. 즉, 이 지역 사람들에게 실패는 결국 시장에서 새로운 테크놀로지를 개발하는 방법을 더 잘 알 수 있도록 도와주는 것이라는 신념이 있다. 그 결과 실리콘 밸리는 새로운 혁신적 비즈니스들을 발달시킬 수 있는 건강한 환경을 만들어 낸 것이다. 이러한 태도는 동부 지역의 많은 대규모 하이테크 회사들의 태도와 큰 대조를 보인다. 이 동부 지역의 하이테크 회사들은 어떤 프로젝트가 실패하면 그 프로젝트 책임자들에게 새로운 도전을 해볼 수 있게 독려하는 것이 아니라 그들에게 실패의 책임을 물어 처벌하는 경향이 많다.

말하나 마나 실패하고 싶은 사람은 아무도 없다. 통상적으로 역사도 실패한 아이디어와 상품에 관심을 두지 않는다. 그러나 가장 성공적인 사람들은 새로운 일들을 시도하고, 실수하고, 그 실수를 통해 배우는 사람들이다. 실수는 당장은 나쁜 것일 수 있지만 결국에는 더 위대한 일로 튀어 오르게 하는 도약대가 될 수 있는 것이다. 그리고 역사가 주목하는 사람들은 자신의 실수에서 많은 것을 배운 사람들이다.

이 장에서 기억할 요점을 한마디로 하면 다음과 같다.

> **나는 실패하기 때문에**
> **(그리고 거기서 배우기 때문에)**
> **성공한다.**

우리가 눈으로 보는 것 중
얼마만큼이 사실일까?

:

어쩌면 이 책에서 제시한 모든 질문 중에 이 질문이 제일 바보스럽게 느껴질 수도 있다. 눈을 뜨고 주변을 한 바퀴 둘러보면 많은 것들을 보게 된다. 우리가 방송국 스튜디오에 있을 때는 마이크, 케이블, 여러 개의 커피 머그잔, 종이 패드들, 물 잔, 의자, 펜, 연필 등등을 볼 수 있다. 이것들을 보는 데 무슨 노력이 들어가는 것도 아니다. 그냥 눈을 뜨면 뇌가 알아서 나머지 일을 처리한다.

우리가 보는 세상은 제법 질서 정연한 것 같다. 즉, 환경이 완전히 난장판인 경우에도, 예를 들어 우리 둘이 방송국 스튜디오에 갈 때마다 스튜디오는 완전 엉망인데, 그래도 그 스튜디오 안에 있는 물건을 눈으로 포착하기는 매우 쉽다. 그러나 세상을 좀 더 자세히 들여다 보면 물건이 어디 있는지를 알아내기 위해 우리의 시각체계가 얼마나 많은 일을 해야 하는지 서서히 깨닫게 될 것이다.

예를 들어서 스튜디오 안에 있는 연필이 종이 한 장에 부분적으로 가려져 있다고 생각해 보자. 있는 대로 자세히 보면 노란색 연필이 종이 뒤에 가려져 있다가 종이가 끝난 부분에서 연필이 다시 나타난다.

이것이 뭐 당연한 일로 보일 수 있겠지만 우리의 시각체계가 그 상황에서 어떻게 연필이 하나의 물체이고, 종이는 또 다른 물체이고, 연필은 종이 뒤에서 계속 이어지고 있다고 알 수 있는 것일까? 다시 말해 우리의 뇌가, 나누어져 있는 요소들을 어떻게 하나로 통합하고 이것을 또 다른 물건의 일부인 다른 요소들과 심리적으로 다른 것으로 파악하고 있을까? 뇌가 이 일을 하는 것은 너무나도 자연스러워서 이것이 무슨 해결을 해야 할 문제처럼 느껴지지도 않을 것이다.

이런 종류의 질문에 관심을 가졌던 사람들은 1930년대 게슈탈트 심리학자라고 불린 독일 학자들이었는데, 여기서 참고로 게슈탈트 (Gestalt)는 '모습'이라는 뜻을 가진 독일어 단어이다. 우리가 보는 이미지의 어떤 자질들이 우리로 하여금 그 이미지 요소들을 함께 묶어서 하나의 사물로 보게 하는 것인지가 이들 연구의 초점이었다. 우리는 사물을 인지할 때 선, 평면, 각도, 색깔 등과 같이 그 사물의 개별적인 자질들을 인지하는 것이 아니라 사물을 하나의 전체적이고 완성된 형태로 인지한다는 것이다.

한 가지 예를 들어 보면, 게슈탈트 심리학자들이 발견해낸 가장 핵심적인 원리는 이른바 '부드러운 연속성(good continuation)' 원리라고 부른 것이다. 다음 두 개의 간단한 그림을 보자. 그림의 선을 연필로 보고 사각형을 종이라고 보면, 왼쪽 그림에는 선이 사각형으로 가려져 있고, 그 선은 사각형 아래에서 연속적인 것으로 보이기 때문에 비록 선이 사각형으로 가려져 있더라도 우리의 뇌는 그 선이 연속된 것으로 해석을 한다. 그러나 오른쪽 그림에서는 선들이 부드러운 연속성을 보이지 않는다. 따라서 우리의 뇌는 그 선 두 개가 사각형으로 가려진 두 개의 독립된 사물일 것이라고 간주하는 것이다.

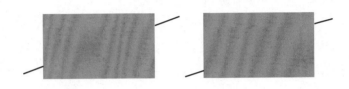

또 다른 원리는 색깔이 같은 것들은 색깔이 다른 것들보다도 같은 사물의 부분들로 볼 가능성이 크다는 것이다. 따라서 종이로 가려진 연필이 부드러운 연속성뿐만 아니라 양쪽에 나온 부분이 색깔까지 같다면 그 두 부분을 가려져 있는 같은 물건의 일부로 생각할 가능성이 크다는 것이다.

그뿐 아니라 시각 세계의 요소들이 서로 가까이 있을수록 멀리 떨어져 있는 것보다 같은 사물의 일부로 묶어볼 가능성이 크다는 것이다. 예를 들어, 앞에서 예로 든 그림을 보면 그 사각형의 폭이 좁으면 좁을수록 그 둘로 나타난 선들이 서로 가까워지기 때문에 같은 사물의 일부로 보일 가능성이 크다.

여기서 매우 흥미로운 한 가지 원리는, 물론 우리 둘만 흥미롭다고 생각하는지는 모르겠지만, '공동 운명(common fate)'의 법칙이라고 하는 것이다. 기본적으로 우리가 시각으로 보는 세상에서 두 가지

부분이 같은 물건의 일부일 때는 이것들이 움직일 때 함께 움직인다. 즉, 내가 연필을 집으면 연필의 모든 부분은 같은 방법으로 움직이는 것을 보게 된다.

어떤 사물의 일부들이 함께 움직이면 그 일부들은 대개 같은 물건의 일부들이라는 것을 우리가 잘 알고 있기 때문에, 여러 물건이 같은 방법으로 움직이면 우리는 그 물건들을 하나의 덩어리로 묶어서 본다. 예를 들어, 밴드들이 행진을 하며 쇼를 할 때는 이 원리를 잘 활용한다. 운동장에서 행진하는 대학 밴드들이 놀라운 기교를 보이는 매우 흥미로운 비디오들을 유튜브에서 많이 찾아볼 수 있다.

밴드의 멤버들이 운동장에서 고래나 보트와 같이 어떤 모습을 나타내도록 줄지어 서 있다. 게슈탈트의 인접성 원리에 따라 이 멤버들이 우리가 알아 볼 수 있는 어떤 특정한 형태를 이루도록 멤버들을 서로 가까이 뭉치게 만든다. 그런 대형을 갖추고 나서 음악이 연주되면 밴드 멤버들은 운동장의 특정한 지점으로 각기 행진을 시작한다. 이렇게 행진을 하면 이 광경을 보고 있는 관객들이 보기에는 고래나 보트 같은 모습의 사물들이 운동장에서 움직이기 시작하는 것으로 보인다. 관객들에게는 이 밴드 멤버들이 같은 물체의 각 부분들로 보이는 것이다. 따라서 보트 모양이나 고래 모양을 이루고 있는 대형에서 멤버들이 이쪽저쪽으로 움직이면 결국 보트나 고래의 모양이 달라지는 것으로 보이는 것이다. 어떤 밴드들은 동물 모습이 아니라 좀 추상적인 패턴으로 행진을 하기도 하지만 어쨌든 행진하는 음악 밴드의 공통점은 관중들이 볼 때 각 개인 멤버가 아니라 그들이 움직이면서 이루는 전체 모양을 보게 된다는 것이다.

이러한 게슈탈트 원리들은 우리 시각체계에 깊이 박혀 있는 여러 가지 가정 중의 일부이다. 빛의 움직임은 우주의 시작부터 지금까지 변함이 없고 수백만 년 동안의 진화 과정은 유기체의 필요에 따라 시각체계를 잘 적응시켜 왔다. 그 결과 시각체계에는 시각적 세계에 대한 여러 가지 가정들이 확고하게 자리 잡게 되었으며, 이러한 가정들은 뇌로 하여금 환경 속에 무엇이 있는지에 대해 아주 훌륭하게 짐작할 수 있도록 해주었다.

물론 눈에 보이는 어떤 사물의 특정한 모습이 기대를 벗어나 시각체계의 예상을 깨뜨리는 경우도 간혹 있다. 그런 경우를 우리는 '착시(optical illusion)'라 부른다.

착시의 널리 알려진 고전적인 예는 위의 그림을 볼 때 일어난다. 잠시 이 검은 색 사각형 묶음에 시각을 고정시키고 바라보면 사각형 사이의 모서리에 검은 원처럼 보이는 것이 나타나기 시작한다. 그런데 사각형들을 가리면 검은 색 원처럼 보였던 것이 사실은 착시였던 것을 금방 알게 된다.

이 착시는 우리의 시각 체계가 경계선들을 더 부각시키는 방법 때문에 일어나는 것이다. 시각체계는 사물들이 최대한 쉽게 보이도록 사물들 사이의 윤곽을 일부러 더 뚜렷하게 만든다. 그러기 위해서 어떤 이미지든지 그 이미지의 어두운 부분과 밝은 부분 사이의 경계를 더 부각시킨다. 이런 이유로 사각형들 사이의 옆면 공간은 매우 환하고 밝게 보인다. 그렇지만 이 사각형의 모서리에 있는 교차점 공간들은 벌어져 있어서 명확한 검은 색 경계선으로 둘러싸여 있지 않기 때문에 경계가 부각되지 않는다. 따라서 이 교차점 지역은 사각형의 옆면 공간에 비해 좀 더 검게 보이는 것이다.

아래의 그림은 '대조적 착시(contrast illusion)'를 통해 있지도 않은 사물의 모습을 만들어내는 현상을 보여 준다. 원들 사이의 테두리들은 '착시 윤곽(illusory contour)'이라고 부른다.

이 그림에서, 부분만 보이는 원들의 열린 부분들이 열을 잘 맞추고 있으면 시각 체계는 부드러운 연속성이라는 원칙을 통해서 이 그림이 네 개의 오렌지 색 원 위에 하얀 사각형이 얹혀 있는 것으로 간주하게 된다. 사각형의 테두리들이 대조적 착시에 의해 부각되는 것이다. 그 결과 우리는 실제 그림에는 없는 사각형의 윤곽을 보게 되는 것이다.

그러나 원들을 가리면 사각형의 테두리들은 사라진다. 물론 이런 종류의 착시 윤곽은 삼각형이나 다른 도형으로도 쉽게 볼 수 있다.

게슈탈트 원리들은 심리학자들이 밝혀내기 훨씬 이전부터 화가들이 잘 이해하고 있었던 원리들이다. 화가들은 이차원인 화폭 위에 삼차원의 세계를 그려내기 위해 그림을 바라보는 사람들이 실제로는 없는 물체들을 보게 만드는 트릭을 발견했던 것이다. 이 화가들은 이차원 이미지들로부터 삼차원을 이끌어내도록 시각 체계의 원리들을 잘 활용하였다. 처음에는 화가들이 이런 원리들을 시각적 장면을 실제처럼 묘사하는 데에 사용하였다. 후에는 현실을 흥미로운 방식으로 왜곡시키는 이미지를 만들어내기 위해 이 원리들을 사용하였다.

이러한 흥미로운 착시들은 시각 체계가 우리 주변에 대한 그림을 우리에게 매우 신속하게 제공하도록 체제를 잘 갖추고 있다는 것을 보여준다. 우리 조상들이 거친 세상 속에서 살아남기 위해 신속하게 판단을 내릴 수 있으려면, 훌륭한 가정에 기초하여 추측하는 능력이 절대적으로 필요하였다.

물론 가정 때문에 때로는 사물을 잘못 지각할 수도 있겠지만 눈에 보이는 것이 어떤 물건인지, 그 경계가 어디인지, 그리고 공간상에 그것이 어느 위치에 있는지에 대한 정보는 여러 경로로 들어온다. 게슈탈트 원리들, 또는 시각체계에 깊이 자리를 잡고 있는 기타 가정들 때문에 특정한 순간에 세상에 어떤 물건이 있는지 착오를 일으킬 수는 있겠지만, 그래도 한 장면이나 사물이 여러 가정을 동시에 위배할 가능성은 별로 없다. 그렇기 때문에 통상 우리가 무엇을 보는지에 대해 아주 크게 실수를 하지 않는 것이다. 또한, 마찬가지 이유로 착시현상이 우리에게 그렇게 흥미롭고 재미있게 느껴지는 것이다.

"
본다는 것은
실제로는 간주하는 것이다.
"

벌주는 것은
효과가 있을까?

⋮

어느 누군가 말하기를 "어느 단체가 그 행동에 대해서 책임을 져야 한다."고 했다면 그 말을 듣는 순간 당신에게는 저절로 엄중한 상황이 떠오를 것이다. 어느 단체가 자기네들이 한 행동에 책임을 져서 결국 그 단체 모든 사람의 봉급이 올랐다는 말을 이제까지 한 번이라도 들어본 적이 있는가? 어느 누구도 "축하합니다. 너무 훌륭한 일을 하셔서 책임규명 팀이 당신들에게 봉급을 올려주기로 했습니다." 같은 이상한 말을 들을 가능성은 거의 없다.

오히려 그 반대로 우리가 누구의 책임을 묻는다면 대개 우리는 자연스럽게 뭔가 일이 제대로 안 된 것에 초점을 맞춘다. 그 누군가가 정말로 잘못을 했다면 벌을 받는 것은 당연하다. 그런데 이처럼 벌에 초점을 맞추는 것이 실제로 일을 잘 되게 할까?

이 질문에 대해서 답을 하자면 우선 우리가 가지고 있는 동기유발체계에 대해서 살펴보아야 한다. 동기유발체계는 사람으로 하여금 어떤 행동을 하도록 만드는 체계이다. 이 동기 체계에는 두 개의 구성요소가 있는데 하나는 접근(approach)이고 하나는 회피(avoidance)이다.

접근체계는 뭔가 성취하고 싶은 좋은 것이 이 세상에 있을 때 작동한다. 예를 들어서 맛있는 음식을 먹는 것이나, 새로운 친구를 사귀는 것이나, 직장에서의 목표를 성취하는 것 등이 그 접근 대상이 된다. 이 체계는 우리가 환경 속의 좋은 측면에 초점을 맞추고, 우리 자신과 다른 사람들을 위해 긍정적인 결과를 가져오게 할 계획들을 세우도록 유도한다.

회피체계는 환경 속에 뭔가 피하고 싶은 나쁜 것이 있을 때 작동한다. 그리고 질병이나, 위험한 상황이나, 직장에서의 실패 같은 것 등이 그 대상이 된다. 회피체계가 가동되면 우리는 주변의 모든 가능한 위협적인 요소들에 더 예민해지고 하루라도 더 살아남기 위해 최악의 시나리오에 대처하는 계획을 세우느라 무척 많은 시간을 보낸다.

벌 받을 가능성이 있는 위협은 당연히 회피체계를 가동시킨다. 이런 상황에서는 나쁜 일이 생길 구멍을 온종일 간신히 막고 나면 또다시 나쁜 일을 막으려고 애쓰기 위해 또 하루를 살아야 하는 것이다. 이러한 위협은 단기적으로 매우 강력한 동기를 유발한다. 1950년대에 닐 밀러(Neal Miller) 교수는 쥐들을 대상으로 이른바 '목표경사(goal-gradient)'라는 것을 실험하였다. 이 실험에서는 쥐를 특별한 장치에 결박해놓고 나서, 쥐가 원하는 것을 향해 가려고 애쓰거나 원하지 않는 것으로부터 피하려고 힘을 쓰는 그 강도를 측정하였다. 쥐를 치즈조각처럼 자기가 좋아하는 것 가까이에 놓으면 쥐는 그 치즈조각을 향해서 가까이 가려고 애를 쓴다. 치즈조각이 가까워지면 가까워질수록 쥐는 더 힘을 주어 그쪽으로 가려고 한다. 그렇지만 쥐를 고양이처럼 자기가 무서워하는 것 가까이에 놓으면 당연히 도망치려고 뒤로 뺀다. 앞의 경우와 마찬가지로 고양이가 가까워지면 가까워질수록 뒤로 빼는 힘이 더 강해진다.

밀러 교수가 발견한 것은 쥐가 고양이에게 가까이 있을 때는 같은 거리로 치즈 가까이 있을 때보다 힘을 쓰는 강도가 더 크다는 것이었다. 다시 말해 상과 벌이 동일한 거리에 있을 때는 벌을 피하려는 힘이 상을 얻으려는 힘보다 더 크다는 것이었다. 그런데 상과 벌이 멀리 떨어져 있을 때는 그 반대현상이 일어났다. 쥐가 멀리 떨어져 있는 고양이를 피하려고 힘을 쓰는 것보다는 같은 거리로 멀리 떨어져 있는 치즈에게 가까이 가려고 쓰는 힘이 더 컸다.

이러한 실험결과가 말해 주는 것은, 단기적으로 당근보다는 채찍이 더 힘이 있다는 것이다. 마감일이 다가오고 있는데 마감일을 못 맞추면 부서 직원들 전체나 개인을 해고하겠다고 하면 다들 열심히 일을 마치기 위해 애를 쓴다는 것이다. 이런 식으로 위협을 하면 직장 전체가 벌집의 벌떼처럼 열심히 일할 테니 이런 위협적인 방법을 자주 사용해야 하지 않겠는가?

아니다.

문제가 무엇인가 하면, 위협에 대한 감정적인 반응은 스트레스인데 스트레스는 장기적으로 매우 나쁜 결과들을 많이 가져온다는 것이다. 사람이 스트레스를 받고 있으면 여러 가지 호르몬들이 분비되는데 이 호르몬들은 당장 '싸울 것인가 도망칠 것인가'처럼 눈앞에 닥친 단기적인 일을 처리하도록 에너지를 만들어낸다. 그러나 이러한 호르몬 분비는 장기적으로 면역체계의 효율성을 떨어뜨린다. 따라서 장기적으로 스트레스를 받으며 사는 사람들은 그렇지 않은 사람들보다 병에 더 잘 걸리고 결과적으로는 생산성이 악화된다. 개인적으로 비참한 삶을 살아가는 것은 말할 것도 없고 말이다.

벌을 전략으로 쓸 때 장기적인 문제 중 또 다른 하나는, 벌에 대한 자연스러운 반응은 도망치는 것이라는 점이다. 예를 들어, 아트가 대학원생일 때 중요한 학회에 제출할 논문신청 마감일이 다가오면 그 전 몇 주 동안은 실험실에서 일하는 모든 대학원생들이 밤늦게까지 일하곤 했다. 모두 자기 논문에 좋은 점수를 받고 싶어 하기 때문에 그 목표를 달성하기 위해 모두 전력투구하는 것이다. 그런데 아트 친구 중에는 실험실 구성원 모두가 끊임없는 위협 속에 일하는 그런 실험실에서 연구 작업을 하는 대학원생들도 있었다. 그 친구들의 지도교수는 계획에 맞춰 일을 못 끝내거나, 실험실이 깨끗하게 정돈되어 있지 않거나, 학생들이 괜찮은 아이디어를 내지 못하면 불같이 화를 냈다. 이런 실험실에서 공부하며 연구하는 대학원생들은 지도교수와 연구회의를 할 때마다 지도교수가 비판을 하거나 아니면 화를 낼까 봐 노심초사하며 항상 걱정했기 때문에 모두가 가능하면 지도교수를 안 만나려고 노력했다. 그런 실험실의 학생들은 대학원에 대해 염증을 내고 다른 교수의 실험실로 옮기거나 아예 대학원을 중퇴해 버리기도 하였다. 그렇게 함으로써 아예 위협적인 환경을 벗어난 것이다.

바로 이것이 벌이 갖고 있는 장기적인 문제이다. 벌이 강조되는 곳에서는 결국 건강이 나빠지고 생산성도 떨어진다. 아니면 회피전략을 써서 어떻게 해서든지 위협적인 환경을 벗어날 방안을 찾으려고 한다. 위협의 수준이 높은 환경에서 도망하지 않고 남아있는 사람들은 어쩔 수 없이 그곳에 붙어는 있지만 계속 일할 의욕을 상실한 상태로 그냥 견디고만 있다. 그런 사람들은 때때로 자신이 무엇을 하든지 간에 어쨌든 벌을 받을 것이라고 느끼게 된다. 그렇게 되면 벌을 주겠다는 위협이 오히려 위협이 되지 못하는 것이다.

물론 목표를 성취하려는 동기가 아예 없는 사람들에게 활기를 불어넣기 위해서 어쩌다 한 번씩 벌을 쓰는 것은 효과가 있을 수 있다. 그러나 사람들은 긍정적인 보상을 얻을 수 있는 환경에서 일하는 것을 훨씬 더 좋아한다는 것을 깨닫는 것이 중요하다. 직장이든 학교든 벌을 주겠다고 자주 위협하는 곳에서는 사람들이 자기 시간을 더 잘 보낼 만한 다른 장소를 물색하도록 만든다.

벌로 동기를 주겠다고 생각한다면 꼭 기억해야 할 중요한 것 중 하나는 이것이다. 사람들이 위협 속에서 일할 때 사람들이 가지는 가장 큰 동기는 좋은 결과를 내겠다는 것이 아니라 오로지 잠재적인 문제를 사라지게 하는 것뿐이다. 문제를 없애는 것이 가장 중요한 일이 되면 그 목표를 달성하기 위한 방법은 무엇이 되든지 별로 중요해지지 않는다. 그 결과 사람들은 문제를 없애기 위해서 윤리적으로 바람직하지 못한 행동으로 위기를 모면하려는 술수를 쓰게 될 가능성이 많아진다.

벌을 강조할 때 생기는 또 다른 문제는 그렇게 하면 사람들이 자신의 실수를 숨기게 만드는 경향이 있다는 것이다. 그리고 많은 경우에

작은 실수들이 쌓여서 감당할 수 없는 대규모의 재앙이 일어난다. 사람들이 벌을 받을 거라는 두려움이 없을 때는 자신이 저지른 이런 작은 실수들을 기꺼이 인정할 수 있고 그러면 문제는 아주 쉽게 해결되는 것이다.

벌을 받을 것이라는 두려움 없이 자신의 실수를 인정하도록 독려하는 문화의 가장 좋은 예는 좀 뜻밖의 분야에 있다. 사람들은 항공업계에서는 실수가 가장 혹독하게 처벌될 것이라고 믿는다. 그러나 그 반대다. 물론 우리는 아무도 기장이나 승무원이나 항공기 정비사들이 실수를 하는 것을 원하지 않을 것이다. 항공기 사고는 생각만 해도 끔찍하다. 그러나 미국연방항공국은 항공사들과 협약이 있는데, 이 협약에 따르면 사람들이 실수한 이후 24시간 내에 보고를 하면 법률을 위반한 경우가 아니라면 절대로 해고할 수 없다고 정하고 있다. 다시 말해, 항공기를 운행하고 항공기의 정비하는 사람들은 비록 실수하더라도 제대로 보고만 하면 벌을 받지 않는다는 것이다.

실수를 한 사람에게 벌을 안 주는 이유는 이렇다. 연방항공국은 사람들이 저지르는 모든 종류의 실수를 면밀하게 분석해야 할 필요가 있다. 그 실수들이 어떤 절차와 관련된 문제이거나 항공기의 설계나 유지보수와 관련한 문제들이거나 이것들이 대형 사고로 이어지지 않게 하려면 그런 분석이 절대적으로 필요하다. 여행을 하는 사람들이 엄청나게 늘어났음에도 불구하고 지난 50년 동안 항공 여행이 매우 놀라울 정도로 지속적으로 안전한 여행방법인 것은 바로 이러한 제도 때문인 것이다.

가장 건전한 업무환경이란, 피하고 싶어 할 만한 위협과 받고 싶어 할 만한 보상이 잘 조화를 이루고 있는 곳이다. 피하고 싶어 할 만한 위협이란 근무평가를 잘 못 받을 가능성 같은 것이고, 받고 싶어 할 만한 보상이란 승진, 급여 인상, 그리고 흥미 있는 프로젝트에 참여하는 기회 같은 것이 될 것이다. 이런 직장에서 일하는 사람들은 작은 문제들이 더 큰 문제가 되지 않도록 열심히 일할 동기를 갖게 될 뿐만 아니라 일을 더 잘하고 싶은 마음이 들게 만든다.

장기적으로 볼 때 보상은 더 열심히 일하도록 독려하는 효과가 있다. 가장 열심히 공부하는 학생은 실패나 가난을 극복하기 위한 방편으로 공부를 하기보다는, 공부 자체가 즐겁고 자신이 원하는 것을 얻을 수 있는 방법이라고 생각하는 학생이다. 마찬가지로 어느 직장에서나 가장 열심을 내는 직원들은 자기가 하는 일로부터 보상을 기대하는 사람들이다. 이런 사람들은 자기가 하는 일이 다른 사람들이나 사회와 연결해주는 더 큰 일의 일부라고 생각한다. 가장 성공적이면서도 추진력이 있는 사람들, 즉 자기가 하는 일을 소명이라고 생각하는 사람들은, 회피체계가 아니라 접근체계를 사용하는 사람들이다.

밥의 학생들 중에는 장차 음악 교사가 될 사람들이 많다. 밥이 알고 있는 가장 훌륭한 선생님들은 자기가 하는 일을 사명으로 아는 사람들이다. 이러한 교사들은, 학생들이 특정한 악보를 연주하는 실력을 완벽하게 연마하는 과정에서 인생의 중요한 교훈을 얻는다는 것을 잘 알고 있으며, 또한 악기를 연주하거나 노래를 하는 일이 학생들에게 어떤 기쁨을 가져다 줄 것인지도 잘 알고 있다. 이런 교사들은 자신이 음악적인 능력과 탐구력을 기름으로써 이 세상을 더 멋지고 즐거운 곳으로 만들고 있다는 것을 잘 알고 있다.

큰 그림 속의 보상이 실패의 위협을 능가할 때 직업은 소명이 된다. 소명을 가진 사람은 동료들이나 고객들이나 구매자들과 상호작용을 함으로써 사회에 도움을 준다. 그런 사람은 그냥 개인이 아니라 자신보다 훨씬 큰 어떤 임무의 일부인 것이다. 그러기 때문에 간혹 만나게 되는 화난 고객이나 아니면 황당한 실수들도 더 큰 그림 안에서 볼 수 있는 것이다. 이 세상 모든 일 속에는 위협들이 내포되어 있다. 그렇지만 많은 보상적인 요소들이 그런 위협적인 요소들을 무력화시킨다면 일하는 사람들은 더 행복하고 더 생산적인 사람들이 될 것이다. 예를 들어 질병을 연구하는 연구원은 무시무시한 질병을 고치는 일에 몰두할 수 있다. 소방공무원은 국민들을 상해로부터 보호하는 일에 집중할 수 있다. 프로그래머는 고객들의 개인정보를 보호하는 일에 전념할 수 있다. 이런 직업들에는 당연히 누구나 피하고 싶어 할 만한 위협적인 요소들이 있다. 그러나 그 직업에 종사하는 사람들이 자기 직업이 갖고 있는 더 심오한 목표에 집중한다면, 즉 더 큰 보상에 집중한다면, 그들은 그저 자기체면 세우는 일이나 신경 쓰고 대출받은 돈의 월부금 갚는 데에만 매달리면서 사는 사람들보다는 자신과 다른 사람에게 훨씬 더 많은 유익을 가져다줄 수 있는 사람들이 되는 것이다.

불행히도 문화적 환경이 불필요한 위협을 만들어내고 있기 때문에, 많은 사람들은 자신의 직업이 갖고 있는 중요한 목적을 깨닫지 못한다. 자신의 근무평가가 나쁘면 직장에서 해고될까 봐 위협을 느끼면서 일을 한다. 때로는, 직장 내에 불쾌하거나 더 심각하게는 안전하지 못하게 느끼는 근무환경을 만드는 동료들이 있기도 하다. 그런 사람들과는 함께 긍정적인 마음으로 협동을 할 수 없게 된다. 예를 들어, 당신 직장에서도 그저 남이 뭔가 조그만 것이라도 잘못하기만 하면 그것을 빌미로 벌을 주려고 열심히 눈에 불을 켜고 있는 동료가 있을 것이다. 이러한 위협은 일하는 사람뿐만 아니라 업무, 심지어는 직장 전체에 큰 해를 끼친다.

그런 환경에서 일하는 사람들은 흔히 꿀맛 같은 주말만 고대하고 산다. 그런 사람들은 주중에 일하는 날들을 즐거워 할 날이 아니라 어떻게 해서라도 살아남기만 하면 되는 날로 생각을 한다. 이런 상황이 벌어지면 직장에 있는 사람들이 자기의 조직을 위해서 자신이 할 수 있는 일을 최선을 다해서 일하기를 기대하는 것은 불가능하다.

그런 점에서 꼭 기억해야 할 것은 이것이다.

> " 회초리를 아끼면 어떻다고?
> 아니다.
> 회초리를 아껴라. "

왜 비교가
도움이 될까?

:

이 책 맨 앞에서 우리 두 사람이 진행한 라디오 토크쇼 〈당신의 뇌에 대한 두 남자의 이야기〉가 어떻게 시작되었는지 잠시 얘기했는데 거기서는 아주 간단하게 언급만 하고 말았다. 사실을 말하자면, 우리의 거침없는 프로듀서 레베카 매킨로이가 우리에게 라디오 토크쇼를 할 의향이 있냐고 물었을 때 우리가 바로 "물론이지요!"라고 답한 것은 아니었다.

그때 실제 상황은, 레베카가 그렇게 물었을 때 우리는 당황해서 그냥 그녀를 빤히 바라만 보고 있었다. 우리는 둘 다 학문을 하는 심리학자들이니 라디오 프로그램에는 경험이 전혀 없을 수밖에 없었다.

아니 이 세상에 누가 우리 같은 사람들이 라디오에서 하는 토크쇼를 듣겠는가 말이다.

그때 레베카가 아주 간단하게 비교하는 말을 한마디 했다. "왜 자동차에 대한 토크쇼 '카토크' 있잖아요. 그러니까 이건 인간 심리에 대한 카토크라고 생각하면 돼요." 바로 이 말 한마디가 모든 것을 바꿨다.

그 말을 듣고 나니 무슨 말인지 단번에 알 수 있었다. 우리는 카토크를 수년 동안 듣고 있는 팬이었다. 사람들은 그 진행자들이었던 탐 말리오찌와 레이 말리오찌 형제를 클릭과 클랙이라는 애칭으로 불렀는데, 그 두 사람은 라디오에서 정말 흥미진진하게 토크쇼를 진행했다. 심지어는 차에 관심이 없는 사람들까지도 그 쇼 프로그램을 들었다. 사람들은 그냥 매주 한 시간씩 그 두 사람이 이야기하는 것을 편안하게 들으면서 재미있는 시간을 보내고 있었다.

어쨌든, 레베카가 그렇게 아주 간단하게 비교 설명을 하자 우리 둘은 서로 바라보며 고개를 끄덕이고서는 바로 "물론이지요!"라고 답을 한 것이다. 그런데 그와 같이 비교하는 말이 우리 마음을 바꾸는데 왜 그렇게 효과적이었을까?

우리가 뭔가 새로운 것을 배우려 할 때는 그 새로 배우는 항목을 우리가 이미 알고 있는 것에 갖다 붙이는 것이 크게 도움이 된다. 사실상 우리의 기억은 매우 깊게 서로 연결되어 있을 때 가장 잘 작동을 한다. 새로운 개념이나 아이디어를 우리가 이미 아주 잘 이해하고 있는 우리 기억 속의 무엇인가와 비교하게 되면 그 새로운 개념을 더 빠르고 쉽게 이해할 수 있게 하는 유사성을 발견하는 것이다.

그래서 레베카가 새로운 쇼를 심리에 대한 카토크로 생각하면 된다고 했을 때 우리는 레베카의 말뜻을 바로 이해할 수 있었다. 즉, 우리 둘이 에너지 넘치는 대화를 주고받되, 대화 내용은 1979년 토요타가 트랜스미션이 맞물리지 않고 자꾸 어긋난다든가 하는 자동차 얘기가 아니라 사람들이 어떻게 생각하느냐와 같은 심리 얘기를 하는 토크쇼를 염두에 두고 있다는 것, 즉 형식은 비슷하고 주제는 다른 토크쇼를 가리키는 것으로 곧바로 이해한 것이다.

비교가 어떻게 작동하는지에 대해 살펴보자. 우선 시작은 서로 비교하는 것들 사이에 있는 공통점을 찾는 것이다. 우리의 토크쇼 경우에는 한 가지 주제에 대해 두 사람이 이야기를 나누는 것이다. 공통점을 이해하는 것은 우리가 새로운 것을 어떻게 생각하느냐에 매우 중요한 영향력을 끼친다. 우리가 새로 하려는 일을 카토크와 비교하니 즉시 두 진행자의 친밀함과 유머가 넘치는 대화가 부각되었다. 물론 우리 둘의 유머는 카토크에 비하면 좀 썰렁하지만. 그리고 그 비교는 당연히 우리가 토크쇼에 대해 갖는 태도에 영향을 주었다. 특별히 처음에 진행할 때는 그런 영향이 두드러졌다.

비교 대상으로부터 차이점들을 발견할 때 우리 머릿속에서는 매우 흥미로운 일이 일어난다. 이 과정에서는 한 곳에는 있지만 다른 곳에는 없는 모든 측면들을 찾아서 일일이 나열하는 것이 아니다. 그 대신 이른바 '정렬가능한 차이점(alignable difference)'이라고 부르는 것을 찾아낸다. 이름에서도 알 수 있듯이 비교할 차이점들이 종류상 비슷해야 한다는 것이다. 새로 제안한 토크쇼와 카토크 사이의 공통점을 찾아낸 후에, 즉 두 토크쇼가 모두 두 사람이 이야기를 한다든가, 두 토크쇼 모두 두 진행자 중 한 명이 대머리라든가, 토크쇼를 진행하면서 많이 웃는다든가 등과 같은 공통점을 발견한 후에는, 정렬가능한 차이점들을 찾아 나선다. 즉 주제에 관해 말하자면 카토크는 자동차에 관한 것인데 비해 우리의 토크쇼는 인간심리에 관한 것이고, 돈 버는 것에 관해 말하자면 카토크는 엄청나게 많은 돈을 버는 것인데 비해 우리의 토크쇼는… 글쎄 뭐 별로 버는 게 없고…, 진행 시간에 관해 말하자면 카토크는 한 시간짜리 쇼인데 비해 우리의 것은 7분 30초짜리인 것 등 말이다.

이와는 달리 정렬불가능한 차이점들은 비교 대상 중 하나에는 있지만 그에 대응하는 것이 다른 것에는 없는 경우를 말한다. 즉, 카토크는 두 진행자가 문제를 풀어가는 내용이 포함되어 있는데 우리의 토크쇼에는 그런 것이 없고, 우리 토크쇼에서는 프로듀서가 대화에 참여하는데 카토크에서는 진행자인 탐과 레이 두 사람만 이야기를 나눈다든가 하는 것들이다. 이 정렬불가능한 차이점은 처음 맞비교를 할 때는 떠오르지 않지만, 나중에 이런 점들이 고려되면 장차 해야 할 일을 예상하는 데에 도움을 주거나 거기에 영향을 미치거나 한다. 예를 들어서 카토크는 스폰서가 있는데 그 차이점을 고려하자 우리도 우리 토크쇼에 스폰서를 구했으면 좋겠다는 생각을 갖게 했고, 결국 우리도 스폰서를 갖게 되었다.

정렬가능한 차이점들로 비교하는 것은 우리가 특정한 영역의 전문가가 아니더라도 결정을 내리는 데에 도움을 준다. 예를 들어서, 몇 년에 한 번씩 아트는 새로운 노트북 컴퓨터를 산다. 그전과는 달리 요즘은 최신 프로세서 스피드나 메모리 용량이나 하드 드라이브 저장 용량을 다른 사람들 하는 수준으로 따라잡으려고 노력하지는 않는다. 이런 사양들은 너무 빨리 변해서 따라잡을 수가 없다. 그 대신 새 컴퓨터를 살 때가 되면 그냥 컴퓨터 매장에 가서 모델들을 서로 비교한다.

'4기가헤르츠 쿼드코어 프로세서'면 괜찮은 건가? 물론 이름이 그 럴 듯하게 들린다. 비록 밥은 컴퓨터의 성능을 몇 테라플롭인지로 따지기 좋아하지만 말이다. 근데 아트에게는 테라플롭이라는 말이 무슨 꽃밭으로 다이빙을 하는 것 같은 느낌을 준다. 물론 아트가 4기가 헤르츠 쿼드코어 프로세서가 좋은 것인지 아닌지 시간을 들여 많은 조사를 해볼 수도 있다. 그렇지만 더 편하고 좋은 방법은 시판되는 모델들의 프로세서를 비교하는 것이다. 모든 컴퓨터는 프로세서들을 장착하고 있고, 속도가 다 다르기 때문에 이와 같은 프로세서 속도는 정렬가능한 차이이다. 3.4기가헤르츠 프로세서가 4기가헤르츠 프로세서보다 느리고, 4기가헤르츠 프로세서는 5.5기가헤르츠 프로세서보다 느리다는 것을 알기 위해 아트가 대단한 컴퓨터 프로세서 지식을 갖고 있어야 하는 건 아니다. 그냥 모든 컴퓨터 프로세서의 속도를 하나의 선상에 올려놓으면 비교가 쉬워진다.

그렇지만 정렬가능한 차이점만 주목하다보면 매우 중요한 다른 사양을 무시하는 잘못을 범할 수도 있다. 비교할 때 정렬불가능한 차이점들은 중요한 요소가 될 수 있지만 그런 차이점들을 해석하는 데에는 전문성이 필요하다. 아트가 여러 컴퓨터 모델들을 비교할 때 2테라바이트 하드드라이브가 1테라바이트 하드드라이브보다 더 용량이 크다는 것은 당연히 금방 알 수 있다. 그렇지만 아트가 고려하고 있는 후보들 중에 한 컴퓨터가 SD 카드리더가 있다고 하자. 이 SD 카드리더가 있는 컴퓨터를 SD 카드리더가 없는 컴퓨터와 비교하는 것은 정렬불가능한 차이점이다. 아트가 이 정렬불가능한 차이점을 제대로 비교하려면 SD 카드리더가 무엇이며 그게 탑재되어 있는 게 좋은 것인지 아닌지를 파악할 수 있어야 한다.

사람들은 사회적인 상황에서도 이와 유사한 방식으로 비교한다. 물론 비교과정은 대개 의식하지 못하는 상태에서 일어난다. 당신이 누군가를 처음으로 만나면 우선 그 사람을 어떻게 대우해야 할지를 재빨리 결정해야 한다. 그가 농담을 좋아하는 사람일까? 따분한 사람일까? 정치적인 입장이 비슷할까? 당연히 그 사람에게 모든 것을 질문할 수는 없으니 당연히 당신은 이미 알고 있는 사람들 중에 그 사람과 비슷한 누군가와 비교를 하는 경향이 있다. 그 비슷한 것이 어떤 이유이든지 간에 말이다. 만일 밥이 누군가를 만났는데 그 사람이 풍기는 분위기가 레베카 매킨로이 같으면 밥은 당연히 그가 위트가 있고 호기심이 많은 사람일 것이라고 추측할 것이다. 그런 가정 때문에 상대가 질문을 하면 질문에 대해 듣고 싶은 답보다 훨씬 더 상세한 이야기를 늘어놓을 가능성이 크다.

우리가 뭔가를 비교할 때는, 어떤 컴퓨터를 다른 컴퓨터와 비교하고 어떤 사람을 다른 사람과 비교하는 식으로 비교 대상들이 전체적으로 매우 유사한 경우가 많다. 그런데 우리는 때때로 서로 관련성이 훨씬 떨어지는 것과도 비교한다. 만일 당신이 우리 두 사람처럼 여행을 많이 하는 사람이라고 가정해 보자. 여행하는 동안에는, 대부분의 호텔이 기껏해야 영 성능이 시원찮은 트레드밀 서너 대하고 텔레비전 모니터 한 대 정도 갖춘 피트니스 시설 정도를 갖추고 있으니, 건강상태를 유지하기 위해 여행 중에 운동하는 것이 쉽지 않다. 그러니 역기 운동이라도 하도록 역도용 웨이트를 두 개 갖고 가면 최고일 것이다. 하지만 그렇게 무거운 역도 웨이트를 짐 가방에 넣고 다니기는 매우 불편할 것이고, 항공사들도 그런 걸 권장할 리도 만무하다.

이런 문제를 해결하기 위해 디자이너는 에어 매트리스를 생각해 볼 수 있다. 역도 웨이트와 에어 매트리스는 전혀 다른 물건이지만 말이다. 도대체 누가 그렇게 다른 그 두 물건을 비교할 생각을 하겠는가?

여행할 때 매트리스를 들고 다닌다면 불편하기 이를 데 없는 일이다. 그렇지만 에어 매트리스는 매트리스의 부피를 줄였다가 우리가 언제든지 원할 때는 언제 어디서나 구할 수 있는 것, 즉 공기를 불어 넣어서 다시 부피를 늘릴 수가 있다. 마찬가지로 역도 웨이트도 그 부피를 줄였다가 우리가 언제든지 원할 때는 언제나 구할 수 있는 것, 즉 물을 넣어서 다시 부피를 늘릴 수가 있다.

사실 발명의 역사를 보면 새로운 상품을 만들기 위해 이와 유사한 유추적 사고를 한 발명가들의 이야기가 넘쳐난다. 우리가 찍찍이라고 부르는 벨크로는 개털에 달라붙어서 안 떨어지는 도꼬마리 씨를 보고 유추해서 만든 것이다. 뾰족뾰족한 철조망은 미국 남서부 지방의 오꼬띠요라는 가시풀을 보고 유추해서 만든 것이다. 제임스 다이슨이 개발한 그 유명한 집진 백 없는 진공청소기는 제재소에서 사용하는 산업용 원심분리 집진장치를 보고 유추해서 만든 것이다.

유추가 이렇게 강력한 이유는, 우리 인간이 겉으로 보기에는 닮은 것이 없는 것들 사이에도 비교할 수 있는 점들을 찾아내는 놀라운 능력을 갖추고 있기 때문이다. 사람들은 이 비교 대상들이 겉으로는 달라도 소위 '관계적 유사성(relational similarity)'이라고 부르는 비슷한 점이 있다는 것을 알아보는 것이다. 에어 매트리스와 물 웨이트는 모양도 비슷해 보이지 않고 동일한 요소들이 있는 것도 아니지만, 불편한 부피를 빼버렸다가 나중에 필요할 때 쉽게 구할 수 있는 무엇, 즉 공기나 물을 이용하여 제대로 기능할 수 있도록 부피를 복원할 수 있다는 것을 공통점으로 갖고 있다. 이런 본질적인 특징이 이 유추적인 비교의 기초가 되는 것이다.

　이런 것들을 통해서 알 수 있는 것은, 우리가 새로운 무엇을 배우거나, 처음 겪는 문제를 해결하려 할 때는 제일 먼저 "이게 무엇과 비슷한가?" 하는 질문을 던져보아야 한다는 것이다. 그 다음에는 이 새로운 일과 당신이 이미 알고 있는 일 둘 사이의 비교를 할 수 있는 당신의 정신 능력에 모든 것을 맡기면 되는 것이다. 이 장에서 기억할 말은 이것이다.

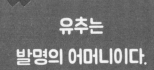

유추는
발명의 어머니이다.

왜 스트레스를 받으면
무너질까?

•••

아트는 예전에 텔레비전 골프 방송을 자주 보곤 했는데, 지금 생각해보면 도대체 왜 그렇게 골프 방송을 열심히 보았는지 스스로 의아할 정도다. 텔레비전으로 보는 골프는 참 이상한 운동이다. 골프 방송을 보면, 카메라는 허공에 날아가는 공을 잡아내느라 애를 쓰고, 경기 해설자는 골퍼들에게 방해가 될까 봐 목소리를 죽여가며 소곤소곤 이야기하는 장면이 방송시간의 대부분을 이루고 있다. 그런데 아트는 골프 방송을 보다가 스포츠 역사상 가장 크게 운동선수가 무너져 내리는 사건을 보게 되었다. 1996년 호주의 골프선수인 그레그 노먼은 프로 골프 토너먼트 중 가장 큰 대회인 마스터즈 대회의 최종 라운드에 출전하여 선두를 달리고 있었다. 그런데 18개 홀을 남겨 두고 노먼은 최악의 플레이로 결국 토너먼트에서 입상을 놓치고 말았다.

숙련된 사람이 극도의 스트레스 상황에서 제대로 실적을 내지 못하는 현상을 우리는 '초킹(choking)', 즉 '수행붕괴'라고 부른다. 한때 아트의 지도학생 중 한 명이었던 대럴 워디(Darrell Worthy) 교수는 미국프로농구 NBA 게임에서 3개 시즌 경기실적을 분석한 적이 있다. 특히 점수 차이가 적은 상황에서 경기가 끝나가는 시점에 있었던 프리드로우, 즉 자유투 기록을 중점적으로 살펴보았다. 워디 교수는 각 선수의 시즌 평균 자유투 득점기록과 이 마지막 결정적인 순간의 자유투 득점기록을 대조해 보았는데, 연구결과에 따르면 해당선수의 팀이 한 점 차이로 뒤쳐져 있을 때, 즉 이번 마지막 기회인 자유투에서 성공하면 동점이 되어 패배를 면할 수 있을 경우에, 그 선수의 득점률은 그의 시즌 평균 득점률보다 여러 퍼센티지 포인트 더 낮았다. 선수의 팀이 동점일 때, 즉 이번 자유투에서 성공하면 당연히 좋겠지만 성공을 못하더라도 자신의 팀에 치명적인 타격을 입히지는 않을 경우에, 그 선수의 득점률은 그의 시즌 평균 득점률보다 약간 더 높았다. 이것을 보면 미국프로농구 선수들조차도 스트레스를 받을 때 무너진다는 것을 알 수 있다.

스트레스로 무너지는 모습은 다양하게 나타난다. 운동선수들은 가장 중요한 순간에 제대로 경기를 못하기도 하고, 학생들은 잘 준비한 시험인데 막상 시험에서 나쁜 점수가 나오기도 한다. 대중연설가들은 청중 앞에서 별안간 말이 막혀서 더 연설을 못하기도 하고, 연예인들은 무대에 나가자마자 자기 대사를 잊어버리기도 한다.

하지만 스트레스가 항상 일을 망치게 하는 것은 아니다. 농구선수

레지 잭슨은 매년 10월에 시작되는 농구 플레이오프에서 시즌 내내 대단한 플레이를 보여주기 때문에 '미스터 옥토버', 즉 '10월의 남자'라는 별명이 있을 정도이다. 2015년 뉴욕 메츠 야구팀의 세컨드 베이스맨인 대니얼 머피는 한 시즌 내내 홈런 14개를 기록했었는데, 6차례 연속 플레이오프에서 홈런을 쳐서 결국 팀을 월드시리즈로 내보내는 데 성공했다. 시카고 불스의 전설과 같은 마이클 조던은 놀라운 농구경기로 항상 승리를 이끌었는데 심지어 자기의 숏에 팀의 성패가 달려 있는 스트레스 상황에서도 놀라운 득점력을 보여 주기는 마찬가지였다.

이런 사례들이 분명하게 보여 주는 것은, 잘 해야 한다는 압박감이 항상 선수를 무너뜨리지는 않는다는 것이다. 사실 어떤 사람들은 압박감을 강하게 느낄 때 더 잘 하기도 한다.

도대체 왜 그럴까?

잘해야 한다는 압박감은 뇌에 두 가지로 영향력을 행사하는데 이 두 가지 영향력은 그 성격이 매우 다르다.

첫째, 이 압박감은 단기기억 용량을 떨어뜨린다. 앞에서도 이야기했듯이 단기기억 용량이란 한 번에 머릿속에 담아둘 수 있는 정보의 양을 가리킨다. 담아둘 수 있는 정보의 양이 많으면 많을수록 이 정보 조각들을 더 잘 연결할 수 있게 되어 창조적이면서 유연하게 행동할 수 있다.

그렇지만 스트레스 상황에서는 이 단기기억의 용량이 작아진다. 이러한 현상은 별로 안 좋아 보일지도 모르겠지만, 우리 진화 역사에서 보면 그렇지 않다. 아득한 옛날 우리 인간의 조상들에게 가장 큰 스트레스 상황은 공격의 위협이었는데, 공격의 위협을 받는 상황에서는 단기기억의 용량을 줄이는 것이야말로 가장 좋은 생존방법이다. 도망할 수 있는 여러 가지 방법에 대해서 창조적으로 생각하기보다는 지금 갖고 있는 정보 중에 가장 중요한 정보에만 초점을 맞추고 거기에 맞춰 재빨리 움직이는 것이 목숨을 부지하는 데에는 훨씬 더 나은 방법이었다. 즉 스트레스 상황에 대한 우리 뇌의 반응은 우리가 위험한 상황을 빨리 빠져나갈 수 있도록 도와주었던 것이다.

둘째, 압박감은 우리가 하는 일에 더 잘 집중할 수 있게 해준다. 우리가 스트레스를 받는 상황에 놓여 있다는 것은 한 가지 일만 까딱 잘못해도 실패할 가능성이 많은 상황에 처해 있다는 것이다. 우리 진화의 역사에 있어서 스트레스 상황은 대부분 사실상 목숨이 왔다 갔다 하는 상황이었다. 이런 상황에서 우리가 하고 있는 일에 집중하는 일은 당연히 중요할 수밖에 없다.

그렇지만 현대인이 살고 있는 세상은 옛날 우리 조상들이 살았던 구석기시대와는 매우 다르다. 오늘날 산업화된 사회에서 우리가 겪는 대부분의 스트레스는 우리를 잡아먹으려 하는 무시무시한 동물이나 우리 땅을 차지하려는 적대적인 다른 사람으로부터 오는 것이 아니다. 대부분의 스트레스는 직장상사가 나에 대해 가지는 기대나 운동경기에서 이겨야 한다는 생각처럼 사회적 상황들에서 오는 것이다. 우리는 때로 이와 같은 사회상황에 완전히 함몰되어서, 목숨이 왔다 갔다 하는 일이 아닌데도 그런 일에 엄청난 스트레스를 받는다. 수천 년 전에 우리 조상들이 스트레스 상황에 잘 대처할 수 있게 해주었던 장치가 지금 우리의 현대 사회에는 잘 맞지 않는 장치가 되고 말았다.

이처럼 시대적으로 잘 맞지 않는 장치 때문에 사람들은 압박감이 있을 때 무너지게 되는 것이다.

밥은 음대 교수이기 때문에 음악 연주를 보게 되는 일이 많다. 때때로 음악전공 학생들은 자신의 연주에 점수가 매겨지는 평가 상황이 되면, 지난 몇 달 동안 열심히 연습을 한 곡인데도 제대로 연주하지 못하는 경우가 많다. 왜 이런 일이 일어나는지를 살펴보면 매우 흥미로운데, 그 이유는 이런 현상들이 사람들의 생각과 주의집중에 어떤 변화가 일어나는지를 잘 보여주기 때문이다.

오랫동안 연습을 하면 매우 정교하고 기술을 요하는 동작이라도 별로 의식적인 노력 없이 거의 자동으로 할 수 있도록 뇌를 훈련시키는 효과가 있다. 그런데 자신이 하는 일이 점수가 매겨지는 고강도 스트레스를 받는 상황에서는, 막강한 능력을 갖춘 우리 뇌의 전두엽이 우리가 이미 잘 연습한 동작들을 모니터하기 시작하는 것이다. 이런 모니터 행동은 전두엽이 마땅히 해야 하는 일, 즉 우리의 동작을 통제하는 신호들의 타이밍을 맞추고 조화롭게 연동시키는 일을 오히려 방해한다. 이런 방해 때문에 연습실에서는 그렇게 아름답게 잘 연주했던 곡들이 별안간 평가를 받는 상황에서는 온갖 결점들이 드러나는 형편없는 연주가 되고 마는 것이다.

이처럼 우리의 뇌가 우리의 행동을 모니터하는 일은 여러 가지 상황에서 일어난다. 아트는 고등학교 다닐 때 연극을 몇 번 한 적이 있다. 지금도 아트가 생생하게 기억하는 사건은, 어느 순간엔가 별안간 자기 손에 신경을 쓰게 된 것이다. 통상적으로 우리는 어느 손이 무엇을 하는지 아무런 의식이 없이 그저 손과 팔을 자연스럽게 자동으로 움직인다. 그런데 무대에 올라서서 스트레스를 받게 되자 아트는 자신의 몸동작에 신경을 쓰게 되고 자기 손으로 무엇을 해야 하는지 의식적으로 생각하다 보니 무대 위에서 동작이 매우 어색하게 되기 시작한 것이다.

한 번 스스로 시험해 보라. 손동작을 어떻게 하는 것이 자연스러운지에 대해 아마 아무 생각도 없을 것이다. 그런데 손을 어떻게 해야겠다고 작정을 하는 순간부터 사람들이 보기에도 어색하고 스스로 느끼기에도 이상한 동작이 나오기 시작하는 것이다.

이처럼 자기 자신을 모니터하는 문제로부터 좀 자유로워지는 데 도움이 될 만한 방법들이 있다. 우선 악기를 연주하거나 운동경기를 하는 경우처럼 몸동작이 수반되는 기술을 익히기 위해 연습할 때는, 실제로 그 압박감을 느낄 상황에서 그 기술 동작을 실행할 때 당신이 어디에 주의집중을 해야 하는지를 연습해야 한다. 그렇게 연습을 하면, 구체적인 것에 주의를 집중할 수 있는 습관을 기르게 되고 결국 주의 집중을 자신의 동작을 모니터하는 데로 돌릴 가능성이 줄어들게 된다.

예를 들어 야구선수들은 타구 연습을 하면서 실제 경기상황에 대해 생각하는 연습을 하면 좋다. 그러면 타석에 나와 서 있으면서 압박감을 느낄 때, 자신이 스윙을 어떻게 하는지를 스스로 모니터하는 대신, 게임에서 집중해야 하는 중요한 요소들에 더 주의를 집중할 수 있게 된다.

앞서 말한 대로, 스트레스 상황에서는 단기기억의 용량이 저하되는데 이것은 상황을 넓게 보고 창조적으로 생각해야 하는 상황에 처해 있을 때 문제가 된다. 사실 바로 이런 이유 때문에 시험에서 느끼는 긴장감이 많은 학생에게 큰 문젯거리가 되는 것이다. 시험에서 좋은 성적을 받기 위한 답을 쓰려면 대개 유연한 생각이 필요한데, 시험 상황에서 불안을 느끼는 학생들은 이렇게 유연하게 생각할 수가 없는 것이다. 바로 그 불안 때문에 단기기억 용량이 떨어져 버렸기 때문이다. 바로 이런 이유 때문에, 매우 중요한 시험의 성적은 사실상 학생들의 실력을 제대로 반영하지 못하는 경우가 많다.

학자들이 시행한 학습 스트레스 실험은 주로 수학 시험을 대상으로 이루어졌다. 수년 동안 교육자들이 발견한 것은 남학생들이 여학생들보다 수학을 더 잘하고 수학분야로 나가 직업을 갖는 경우가 많다는 것이다. 또한 심리학자들이 발견한 것은 남학생들보다 여학생들이 평균적으로 불안감이 더 크다는 것이다. 특히 학생들이 중학교에 진학하는 연령이 되면 여학생들의 불안감이 더욱 커진다는 것이다.

그러나 수학과목 불안감에 대해 흥미로운 사실은, 수학과목 불안감을 느끼는 여학생들이 다른 어떤 과목의 시험보다도 수학 성적에 대해 더 걱정을 많이 한다는 것이다. 다시 말해 남학생들과 여학생들이 시험을 치를 때 실제로 동일한 수준의 불안감을 느끼고 있어도 여학생들은 수학을 더 잘해야 한다는 압박감으로 걱정을 더 많이 하고 있는 것이다.

여학생들이 수학시험에서 실제 능력보다 점수를 낮게 받는 것은 '편견위협(stereotype threat)'이라고 부르는 압박감의 한 유형 때문에 나타나는 현상일 수 있다. 편견위협이라고 하는 것은 자신이 어떤 부정적 편견의 대상이 되는 그룹에 속해 있을 때 겪게 되는 압박감이다. 그런 편견이 사실로 들어날 가능성이 있는 상황에 놓이게 되면 더 추가적인 압박감을 느끼게 되는데 바로 이것이 더욱더 제대로 실력을 발휘하지 못하게 한다.

예를 들어, 미국에는 흑인이 백인만큼 똑똑하지 못하다는 편견이 널리 퍼져 있다. 흑인학생들은 IQ 테스트를 치르면서 자신의 성적이 흑인그룹에 나쁜 영향을 미칠 수 있다고 걱정하게 되면 실제로 실력 발휘를 못해 IQ 점수가 더 떨어진다. 이와 같은 편견위협 효과는 여러 가지 다른 상황에서도 나타난다. 백인학생은 백인이 가득 앉아 있는 방에서 시험을 볼 때보다 아시아인이 가득 앉아 있는 방에서 시험을 보면 점수가 더 나빠질 수 있다. 왜냐하면 아시아 학생들이 수학을 잘 한다는 편견이 널리 퍼져 있기 때문이다. 물론 자기가 받은 성적에 의식적으로 그런 영향이 있었다고 말하는 사람은 아무도 없다. 또 그런 영향은 그리 크지 않고 별로 심각하지 않은 경우가 많다. 그런데도 이런 현상은 우리 자신의 기대, 그리고 그런 기대와 관련된 압박감이 우리의 실제 성적에 영향을 준다는 것을 잘 보여 준다.

이 장을 마치면서 한 가지 제안하고 싶은 것이 있다. 잘해야 한다는 압박감에 대처하는 가장 좋은 비결이 있는데 그 비결이란 압박감이 매우 높은 실제 상황에서 연습을 많이 하는 것이다. 그런 상황은 스스로 일부러 만들어 낼 수도 있다. 당신이 겁내는 상황을 더 자주 접할수록 당신의 뇌는 그런 위협이 실제로 별 위협이 아니라는 것을 배우는 기회가 늘어난다. 어떤 상황에서 한 번 뭔가를 했다고 그 결과가 평생 지속되지는 않는다. 압박감을 느끼는 상황에서 많은 경험을 하고 나면 당신 안에 있는 동기유발체계는 중요한 사실을 배우게 된다. 즉, 스트레스성 반응은 필요하지도 않을 뿐만 아니라 오히려 일을 제대로 하는 데에 방해가 된다는 사실을 깨닫는 것이다. 이런 경험에서 얻은 깨달음을 통해 차분함을 잃지 않는 방법을 익힐 수 있게 된다.

"
압박감을 느끼는 상황에서
연습한 사람이 자연스럽게 잘 한다.
"

우리는 물건을 살 때
어떻게 결정하는가?

⋮

몇 해 전에 아트는 새 커피메이커를 사야 했다. 그래서 시내에 있는 베드 배스 앤 비욘드라는 집안에 필요한 여러 가지 물건을 파는 매장에 갔는데, 놀랍게도 한 섹션 전체가 커피메이커들로 꽉 차 있었다. 커피메이커들의 사양은 정말 머리가 어질어질할 정도였다. 깔때기 형태의 필터를 쓰는 모델, 바스켓 필터를 쓰는 모델, K-컵을 사용하는 모델, 다양한 사이즈의 모델, 자동 타이머 기능을 갖춘 모델, 유리 주전자를 사용하는 모델, 금속성 주전자를 사용하는 모델 등 말이다. 진열품을 보니 선택할 만한 상품이 30가지가 넘는 것 같았다.

그렇게 선택 대상들이 많아지자 아트가 커피메이커를 제대로 고르기가 쉽지 않을 거라는 것이 분명해졌고, 아트는 비명을 지르며 서둘러 매장에서 나오고 싶은 지경이었다. 도무지 어느 모델이 가장 적합할지를 결정할 방법이 없었다. 어느 사양들이 중요한 것인지 자세한 설명문도 없고, 며칠 동안 이 사양들을 자세히 고민해볼 수 있는 것도 아니고, 어느 것이 좋은지 커피메이커 전문가가 옆에서 설명해주는 것도 아니고 말이다.

결국, 12잔 들어가는 깔때기 필터를 사용하는 커피메이커를 샀는데 특별한 이유가 있어서가 아니라 그저 금방 고장날 것 같아 보이지 않아서였다. 그 상표이름도 친숙한 것이니 웬만큼 잘 만들었을 거라고 짐작을 했다. 어느 것을 살지 한 10분 정도 고민을 했다. 그 커피메이커를 산 후 지금까지 여러 해 동안 사용했는데 아직 커피메이커는 그냥 먹을 만한 커피를 무난하게 잘 만들어주고 있다. 그때 그 상품을 고른 게 잘 한 것 같다는 생각을 하며 행복해하고 있다.

이런 경험은 우리가 쇼핑을 할 때 어떻게 결정을 내리는지에 대해 여러 가지 흥미로운 사실들을 보여준다.

우리가 사는 물건들의 세부사항은 대개 우리가 거의 잘 알지 못하는 것들이다. 몇 메이커들의 이름을 들어 봤을 수 있고, 우리가 중요하게 생각하는 몇 가지 사양을 알고 있을 수도 있지만 상품들의 섬세한 차이점들은 대부분 사람이 알지도 못하며, 심지어는 전혀 신경조차 쓰지 않을 일들이다.

그러면 우리는 무엇을 살지를 어떻게 결정하게 되는 것일까?

경제학에서 말하는 결정 이론의 설명에 따르면 우리는 상품의 가격을 포함한 여러 자기 사양을 각각 고려하여 선택을 한다고 한다. 이 사양을 고려하는 과정은 각 사양들이 얼마나 유용한지를 파악하고,

그 중요성에 따라 각 사양에 상대적인 가중치를 매기고, 경제학자들이 말하는 효용이라고 부르는 유용성을 다 합산하는 과정으로 이루어져 있다. 즉 가장 높은 유용성을 가진 상품을 선택한다는 것이다. 하지만 이것은 이론적으로 그럴 뿐이다. 들어 보면 설명이 깔끔하고 나름 그럴듯해 보이지만 대부분의 경우 실제로는 그렇지가 않다.

대부분의 상황에서, 상품의 특정한 면을 각각 평가하고 각 사양을 그 가격과 대비하여 가중치를 매기는 일은 인간들이 하기에는 너무나도 시간이 많이 걸리는 일이다. 특별히 오늘날처럼 정신없이 돌아가는 세상에서는 더더욱 그렇다. 우리들 대부분은 각 옵션을 평가할 만한 충분한 사전 지식도 없고 인내심도 없다. 대신 우리는 우리 환경과 우리 기억에 들어 있어서 바로 사용할 수 있는 정보에 의존한다.

이처럼 금방 사용할 수 있는 정보들 중에서 영향력 있는 한 가지 정보는, 우리가 결정을 내리는 그 순간에 해당 상품이나 상표가 얼마나 우리에게 친숙한가이다. 사실상 친숙함은 우리의 구매 결정에 있어서 가장 중요한 요소이다. 우리 모두는 새롭고 낯선 물건을 신뢰하지 않고 친숙한 물건을 신뢰하도록 하는 정신적인 장치를 가지고 태어났다. 심리학자 밥 자이언스 (Bob Zajonc) 교수는 그가 '단순노출 효과(mere exposure effect)'라고 부르는 현상을 연구하는 실험들을 한 바 있다. 그냥 뭔가를 단순히 보여 주기만 했는데도, 즉 단순노출만 했는데도 그 물건이 후에 더 매력적으로 느껴지게 된다는 것이다.

멜라니 뎀시(Melanie Dempsey) 교수와 앤드루 미첼(Andrew Mitchell) 교수는 단순노출 효과가 사람들이 의식하지 못하는 경우에도 나타난다는 것을 입증해 보였다. 이들의 실험 연구 중 하나에서는 실험참가자들에게 펜의 이미지와 아울러 어떤 긍정적인 정보를 보여 주었다. 그런데 이 이미지들은 스크린에 극히 짧은 시간 동안 비춰졌기 때문에 그것을 보는 사람이 의식적으로 인식할 수 없었다.

나중에 사람들에게 이전에 이미지를 비춰주었던 펜이 포함된 여러 개의 펜을 보여 주면서 그중에서 펜을 고르게 하였다. 앞에서 이야기한 대로 이전에 비춰주었던 이미지는 실제로 의식적으로는 인식할 수 없었고, 무의식에서만 노출이 있었던 것이다. 그런데 이때 일어난 일은 너무나도 놀랍다. 사람들은 이전에 노출되었던 그 이미지의 펜을 고른 것이다. 옵션에 포함되었던 다른 펜 중에는 객관적으로 더 큰 장점이 되는 사양들을 갖추고 있는 펜이 있었는데도 말이다. 물론 실험 참가자들은 이 객관적으로 더 좋은 펜의 이미지에는 노출된 적이 없었다. 다시 말해 이미지가 의식하지도 못할 만큼 짧은 순간 비춘 것만으로도 사람들은 그 펜을 더 친숙하게 느끼고 더 좋아하게 된다는 것이다. 비록 사람들이 그 이미지를 의식적으로 본 적이 없는 데도 말이다. 이런 사실은 우리가 우리 환경 속에 보이는 광고들을 아무리 무시하려고 해도 그 광고들이 우리의 결정에 영향을 미친다는 것과 앞에서 이야기한 대로 아트도 커피메이커를 살 때 전에 들어본 상표를 고르게 되었던 이유를 설명해준다.

혹시 락 콘서트에 가본 적이 있으면 이 단순노출 효과를 경험했을 것이다. 콘서트의 주 무대 밴드는 두 시간 동안 연주를 하는데 자기네 밴드에서 가장 인기가 있는 곡들은 쇼의 맨 끝부분에 연주한다. 청중들이 가장 크게 환호하는 곡은 라디오에서 가장 많이 들었던 곡이다. 물론 그 노래가 그 밴드 노래 중에서 최고 좋은 노래일 수도 있지만 청중들의 환호는 그 노래가 최고여서가 아니다. 청중들이 열광적으로 환호하는 것은 그 노래가 자신들에게 친숙한 노래이기 때문이다. 즉, 사람들은 자기에게 친숙한 것을 선호한다는 것이다.

상품회사들은 자기네 상품이 친숙하게 될 수 있도록 많은 시간과 노력과 돈을 쏟아 붓는다. 여기서 친숙하다는 것은 머릿속에서 쉽게 기억해 낼 수 있는 것을 말한다. 사실상 상품을 친숙하게 만드는 일이 상품광고의 기능 중에 가장 중요한 기능이다. 물론 광고에는 만족한 고객의 이미지를 포함시키기도 하고, 때로는 왜 자기네 상품이 그렇게 훌륭한지에 대한 정보를 제공하기도 한다. 그렇지만 가장 중요한 기능은 그 상품을 친숙해 보이게 하고 그럼으로써 매장에서 그 물건을 볼 때 더 좋아하게 만드는 것이다.

우리가 매일 뭔가를 선택할 때에 상품광고와 친숙성만이 영향을 미치는 것은 물론 아니다. 물론 결정을 내리는 그 순간에 몇 가지 선택 대상들 묶음에 대한 정보를 활용하기도 한다. 다음번에 좀 고급스러운 레스토랑에 가면 와인 리스트 중에서 어떤 와인을 선택하고 난 후에 스스로 왜 그 와인을 선택했는지 한 번 자문해 보라. 대부분의 와인 리스트에는 상대적으로 값이 비싸지 않은 와인들과 황당하게 비싼 와인들과 중간 가격대에 속한 와인들도 있다. 레스토랑들이 와인을 이런 식으로 배열하고 있는 것은 결코 우연이 아니다. 마케터들과 소믈리에들은 우리가 구매 결정을 할 때 사용하는 또 다른 측면, 즉 소위 '타협효과(compromise effect)'라는 것을 잘 이해하고 있는 사람들이다. 사람들은 가격이 서로 다른 물건 중에서 상품을 고를 때, 통상 중간 가격대에서 결정한다. 우리는 보통 가장 싼 와인을 고르지 않지만 그렇다고 한 병에 150만 원씩 하는 샤또뇌프듀빠쁘 와인을 고르는 사람도 거의 없을 것이다. 그 대신 우리는 너무 싸지도 않고 너무 비싸지도 않은 와인을 고른다. 우리가 결과적으로 선택하는 와인은 그 와인 자체 때문만이 아니라 와인 리스트에 있는 다른 와인들과의 함수 관계에 의해 결정된 것이라는 말이다.

대부분의 구매 결정에 있어서 가격과 품질 사이에는 트레이드오프를 통한 균형 조절이 있다. 비록 항상 그런 것은 아니지만, 대개 가격이 제일 높은 상품은 품질도 가장 좋은 상품이다. 우리가 무엇을 사야 할 지 잘 모르는 경우에 우리는 보통 이 가격과 품질 사이의 균형을 맞춘다. 우리는 질이 가장 나쁜 것을 원하지 않는다. 왜냐하면 별로 안 좋아할 수도 있고 또 금방 고장 날 수도 있을 수 있다고 생각하기 때문이다. 그렇다고 해서 최고 사치품을 사지 않는다. 그러기 위해 충분한 돈이 있지도 않고 또 그런 사치품이 정말 필요한 것도 아니기 때문이다. 따라서 우리는 중간쯤에 있는 무언가를 고르는 것이다.

우리가 물건을 살 때 가장 놀라운 점은 그 구매를 결정하는 데에 시간을 거의 들이지 않는다는 사실이다. 이런 점에서 보면 사람들은 구매하는 데에 들이는 노력과 제대로 된 구매 결정 사이에 트레이드오프 균형을 맞추는 것으로 보인다. 다시 말해, 상황에 충분히 적합한 정도의 물건을 고르기 위해 가장 짧은 시간을 사용한다는 것이다.

편의점에 갔을 때를 생각해 보자. 계산대 앞에서 차례를 기다리고 있는데 계산대 옆에 있는 캔디바를 하나 살까 하는 생각이 든다. 보니 캔디바가 한 40개 쯤 있다. 이런 상황에서, 뒤에 서 있는 사람들이 신경질이 나기는 하겠지만 40개 캔디바를 하나씩 자세히 분석하고 그 중에 제일 잘 선택한 뭔가를 고를 수도 있다. 하지만 그렇게 하기보다는 2~3초 정도 쳐다보고 바로 하나를 고를 가능성이 크다.

이처럼 선택을 빨리 하는 이유 중 하나는 비록 그 선택이 최고의 선택이 아니더라도 그렇게 큰 위험이 없다는 사실이다. 예를 들어, 그 상황에서 제일 좋은 선택이 스니커즈 바인데 어떻게 하다 보니 스니커즈 바 대신 리세스 피넛버터 컵을 샀다고 하자. 비록 최고의 선택은 아니었다고 하더라도 리세스 피넛버터 컵을 맛있게 먹을 가능성이 크다.

하지만 만일 당신이 땅콩에 알레르기가 있다고 하면 문제가 달라진다. 그런 경우에는 알레르기로 고생하지 않으려면 시간을 들여서 거기에 있는 상품들의 내용물과 재료에 대한 정보를 자세히 읽어야 할 것이다. 이런 경우에는 실수한 대가가 크기 때문에 적합한 선택을 하기 위해 더 많은 노력을 들여야 하는 것이다.

선택을 할 때 시간을 많이 들이지 않는 또 다른 이유는 우리가 매일 내려야 하는 결정이 너무 많기 때문이다. 매일 내려야 되는 수많은 일들을 자세히 고민해가며 결정해야 한다면 지금 우리가 그냥 평상적으로 습관처럼 하는 일들을 처리하기 위해 우리 시간 전부를 써야 할 것이다. 매주 장을 보러 가서 보통 사람들이 약 50개 정도의 식품을 사게 된다고 할 때, 만일 각 식품마다 1분씩 시간을 들인다면 상품을 고르는 데에만 50분이 걸릴 것이다. 거기다가 식품 매장 통로를 걸어 다니는 시간이 있고, 계산대 앞에서 줄 서서 기다려야 하는 시간이 있고, 또 식품 매장까지 가고 식품 매장에서 집으로 와야 하는 이 모든 시간을 보태야 한다. 그렇다면 한 번 장 보는 일에 하루 일과의 엄청난 시간을 들여야 하는 것이다. 실제로 사람들의 구매 행동을 분석한 자료에 따르면 사람들이 사는 물건들은 대부분 이전에 산 적이 있는 물건들이다. 비록 상품을 서로 비교해보고 사는 일이 좀 더 돈을 절약하게 해줄 수 있을지는 모르지만, 바로바로 물건을 사서 시간을 절약하는 이익이 조심스럽게 결정을 내려서 얻는 잠재적인 이익보다 더 클 가능성이 있다.

우리는 모두 구매 결정에 대해 나름대로 매우 많은 전략을 개발해 갖고 있다. 어떤 전략은 의식적이고 어떤 전략은 무의식이다. 이 전략들은 우리가 모든 것에 전문가가 아니고서도 물건들을 사는 데에 시간을 많이 들이지 않고 제법 괜찮은 결정을 내릴 수 있도록 도움을 준다. 잘못 선택하면 결과가 심각할 가능성이 있는 경우에는 인터넷 웹사이트를 몇 곳 뒤져서 상품 후기나 그 상품 정보를 참고하고 나서 결정을 내리기도 한다. 차를 사거나 집을 사는 것처럼 규모가 큰 구매를 할 때는 결정을 내리기 전에 몇 주씩 시간을 들여가며 상품 후기를 읽고 각 옵션을 자세히 검토하고 때로는 전문가의 도움을 청하기도 한다.

그렇지만 구매 결정에 있어서 핵심적인 요소는 노벨상 수상자인 허브 사이먼(Herb Simon) 교수가 너무나도 잘 명명한 '충분만족(satisficing)'이다. 이 satisficing이라는 단어는 '만족하다'라는 뜻을 가진 satisfy와 '충분하다'라는 뜻을 가진 suffice를 결합해서 만들어 낸 말이다. 대부분의 경우 우리가 가진 자원은 제한되어 있다. 항상 최고의 결정을 내리기 위한 시간도, 돈도, 에너지도 충분하지 않다. 그래서 우리는 우리가 처해 있는 상황에서 '충분히 괜찮은' 정도의 결정을 내리는 정도로 대개 만족하고 있다.

'완벽한 것은 좋은 것의 적이다'라는 유명한 말이 있다. 최고의 것만 고집하는 것은, 우리의 목적에 적합한 정도의 물건으로 만족하고 행복하게 사는 데에 오히려 방해가 된다는 말이다. 이 말을 조금 바꿔서 우리의 교훈을 만들어 보면 다음과 같다.

> **최고의 선택 사항이
> 항상 최고의 선택인 것은 아니다.**

브레인스토밍을
가장 잘 하는 방법은
무엇일까?

아마도 브레인스토밍을 해 본 경험이 한 번쯤은 있을 것이다. 여러 사람이 그룹으로 모여서 한 가지 문제에 대한 해결책을 모색하는 것이다. 참여하는 개인들은 모두가 자기 의견을 내놓거나 다른 사람이 내놓은 아이디어에 자기 아이디어를 보태거나 한다. 이런 식으로 활발하게 서로 협력해 가면서 토론을 하는 일은 매우 흥미로운 일이고, 이런 토론에 참여한 사람들은 모두가 어려운 문제에 대해 좋은 해결책을 찾는 데에 자기가 뭔가 기여를 했다는 느낌을 갖게 된다.

1950년대에 알렉스 오스본(Alex Osborn)이 이 '브레인스토밍'이라는 용어를 처음으로 만들어 냈을 때 그는 그룹이 창의적일 수 있게 하는 기본적인 규칙들을 함께 제시했다. 그의 규칙에 따르면 참가자들은 최대한 많은 아이디어를 제시하고, 다른 사람이 내놓은 아이디어를 비판하지 말아야 하며, 토론하고 있는 아이디어에 자기 아이디어를 더 보태고, 또한 문제가 갖고 있는 제약이 창의성을 제한하는 종류의 것이라면 그런 제약은 모두 무시해야 한다.

이런 규칙들은 너무나도 당연해 보이기 때문에 한 번도 그 중요성을 의심해 본 적이 없을 것이다. 그렇지만 물론 심리학자들은 진지하게 의심을 하고 연구를 했다.

브레인스토밍의 효과를 평가하는 실험자들은 대개 앞에서 말한 규칙을 갖고 브레인스토밍에 참여하는 사람들과 같은 수의 개인들이 각자 혼자서 아이디어를 내도록 하여 그 결과를 비교하는 방식을 사용하였다. 실험 결과에서 밝혀진 바에 따르면, 통상 개별적으로 아이디어를 내는 사람들이 그룹으로 아이디어를 내는 사람들보다 더 많은 아이디어를 내놓는다. 양적으로 그렇다면 질적으로는 어떨까? 아마도 그룹으로 일을 하면 더 효율적일 테니 그룹에 속한 사람들이 정말로 더 훌륭한 아이디어를 낼 것처럼 생각될 것이다. 그러나 실제로는 그렇지 않다. 연구에 따르면, 아이디어가 참신한지 그리고 유용한지 평가해 보면 개인들이 내놓은 아이디어들이 그룹이 내놓은 아이디어들보다 훨씬 더 훌륭한 경향이 있다. 이런 연구결과는 너무 많은 브레인스토밍 연구에서도 동일한 결론을 얻었기 때문에 심지어는 이 현상에 '생산성 소실(productivity loss)'이라는 이름이 붙여져 있을 정도이다.

왜 브레인스토밍이 실패하는 것일까? 그룹의 브레인스토밍이 실패한다면 그룹이 더 좋은 아이디어를 낼 수 있도록 도와주고 싶을 때 어떻게 하는 것이 좋을까?

브레인스토밍이 제법 그럴듯해 보이지만 실제로 그렇지 못한 데에는 몇 가지 이유가 있다. 직관적으로 볼 때 그럴듯해 보이는 브레인스토밍의 여러 규칙이 실제로는 비효율성을 자초하는 것들이다. 한 번에 하나씩 이 규칙을 검토해 보자. 첫째 함께 모이면 창의적으로 생각하게 된다는 것부터 점검해 보자.

창의적으로 생각할 때는 두 가지 서로 다른 과정이 일어난다. 그중하나는 '확산(divergence)'이라고 부르는 것이다. 확산적으로 생각하는 목표는 여러 가지 다른 가능성을 떠올리는 것이다. 확산적 사고는 많은 실험연구의 대상이 되었다. 예를 들어서, 벽돌 하나를 놓고서이것을 얼마나 여러 가지 방법으로 사용할 수 있겠냐고 물어보면 금방 이 확산적 사고를 측정해 볼 수 있다.

창의적으로 생각할 때 관여하는 두 번째 과정은 자신이 생각한여러 가지 아이디어를 평가하고 어느 것이 가장 좋은 것인지를 결정하는 일이다. 이런 과정의 결과는 생각해 본 여러 가지 선택사항의 숫자를 줄여 가는 것이다. 이런 종류의 창조적 과정은 '수렴(convergence)'이라고 부른다.

그룹으로 모아서 일을 할 때의 문제점은, 첫 번째로 말을 꺼내는 사람의 아이디어가 그 방에 있는 모든 다른 사람의 생각을 오염시킨다는 것이다. 대개 제일 먼저 이야기를 꺼내는 사람은 다른 사람들의 주목을 받고 싶어 하는 사람이다. (아트는 그룹이 모여서 뭔가 할 때 자기 의견을 즉각적으로 내놓는 스타일이다.) 그렇지만 제일 먼저 말을 꺼내는 사람의 아이디어가 가장 좋은 아이디어인 것은 아니다. 그저 제일 먼저 자기 얘기를 입 밖으로 꺼낸 것일 뿐이다.

이 첫 아이디어는 그룹 내의 다른 모든 사람의 머리에 들어가서 사람들은 그 아이디어가 떠오르게 하는 모든 것을 떠올릴 뿐이다. 이렇게 함으로써 아트가 의도하지는 않았더라도 아트가 제일 먼저 꺼낸 말이 다른 모든 사람의 생각 범위를 좁혀 버리고 문제에 대해 비슷하게 생각하게 만들고 결국 창조성의 확산적 사고를 방해하게 되는 것이다.

실제로 그룹의 역학관계에 대한 많은 연구에 따르면 그룹은 합의를 이루는 데에 특별히 효율적이다. 같이 이야기하는 커플이나 함께 시간을 많이 보내는 그룹들은 사안들에 대해 결국 비슷한 방법으로 생각을 하게 된다. 매체에서 흔히 말하는 '그룹사고(group-think)'라는 것이 있는데, 이것은 그룹이 더 자주 상호작용을 할수록 그 그룹 내의 사람들은 세상을 동일한 방법으로 보게 될 가능성이 많아진다는 말이다. 다시 말해 그룹이 상호작용하게 하는 것은 유대감을 갖게 하는 데에는 좋지만 창의성을 갖게 하는 데에는 매우 나쁜 방법이다.

그렇다고 해서 창조적이 되기 위해 그룹으로 일을 해서는 안 된다는 말이 아니다. 그 대신, 확산적인 사고가 필요한 순간에는 그룹의 멤버들이 각각 개별적으로 생각할 수 있게 해야 한다는 것이다. 그렇게 확산적으로 생산해 낸 아이디어들을 다시 개별적으로 일하고 있는 개인들에게 전파해서 그 아이디어에 자기 생각을 보태가도록 해야 하는 것이다.

이런 방법으로 일을 하면 장점이 있다. 즉, 각 개인이 다른 사람의 아이디어로 오염되기 전에 자기만의 생각을 최대한으로 많이 떠올릴 수 있고, 그렇게 함으로써 그 그룹 내의 여러 가지 다른 배경의 구성원들이 갖고 있는 광범위한 지식의 토대를 최대한으로 활용할 수 있다는 것이다. 또한 각 개인은 다른 사람이 내놓은 아이디어를 토대로 자신의 아이디어를 보탬으로써 그 아이디어를 더 확대시킬 수 있다.

모든 개인이 자기의 생각들을 내어놓고, 다른 사람들의 아이디어에 기초해서 자기 아이디어를 보탠 후에는 그룹으로 모여서 일을 할 수 있다. 이 시점에서 그룹의 논의는 현재 당면한 문제에 어떤 해결책이 좋을까를 결정하는 데에 초점을 맞춰야 한다. 사람들이 그룹으로 모이게 되면 의견이 모이는 수렴적 특징이 있기 때문에 이런 그룹 토론을 거치면 쉽게 합의에 도달할 수 있다. 그리고 모든 사람이 이 논의에 참여하기 때문에 최종적으로 선택된 해결책에 대해서 참여자 모두가 자신이 그 해결책을 찾는데 마치 자신이 주역이었다는 느낌을 갖도록 해준다.

이렇게 조정된 방식으로 브레인스토밍을 하게 되면 자기 생각만 좋다고 생각하는 다른 사람들의 영향 없이 좋은 아이디어를 생산할 수 있게 된다. 어떤 사람들, 특히 이 책 앞에서 말한 자기도취적 성향을 가진 사람들은, 자기 아이디어가 선택되기를 바란다. 자기 아이디어가 선택되기를 바라는 마음에서 전투적으로 논의에 참여하는 사람들은 그 그룹에서 더 좋은 아이디어를 만들어 낼 가능성을 심각하게 훼손하게 된다.

브레인스토밍에서 창조성을 파괴하는 또 다른 규칙은 문제의 제약을 무시하라는 규칙이다. 얼핏 보아서는 어떤 해결책을 내세우는 데에 제약을 가하는 것은 정말 참신한 해결책을 생각해내는 데에 방해가 될 것처럼 보인다. 그러나 실제로 문제에 아무런 제약이 없다면 사람들의 생각은 덜 창조적이게 된다. 문제의 정확한 기술과 그 문제가 갖고 있는 제약사항들을 자세히 알게 되면 사람들은 거기에 맞게 자신이 알고 있는 것들을 떠올리게 되고 그러한 기억들은 자신이 만들어 내는 아이디어에 영향을 주기 때문이다. 제약이 있을 경우에 적절한 해결책을 찾기가 더 힘들어지는 것은 사실이지만 일단 해결책이 나오면 그것은 참신한 해결책일 가능성이 크다.

탐 워드(Tom Ward) 교수는 사람들에게 존재하지 않는 동물이나 외계에서 온 동물 그림을 그려보라고 하는 실험을 여러 차례 진행하였다. 흥미롭게도 외계에서 온 동물을 그려보라고 해도 사람들이 그린 그림은 지구상에 있는 동물과 사람들처럼 눈, 코, 입, 귀 같은 개별적인 감각기관들을 갖추고 있는 모습으로 대개 인간과 매우 유사한 모습이다. 그런 그림을 보면 대개 좌우 대칭을 이루고 있고 여러 가지 다른 종류의 손, 발, 머리 같은 것이 달려 있다. 그리고 지적능력이 높은 동물이라고 생각되는 동물일수록 사람과 더 유사하게 그린다.

그런데 사람들에게 외계 동물을 그리되 지구상의 동물과 분명한 유사성이 있으면 안 된다는 식으로 그 과제에 더 많은 제약사항을 덧붙이면 더 창의적으로 그린다. 예를 들어 외계에서 온 동물들이 땅에 닿아서는 안 된다는 제약을 두면 사람들은 이 동물이 공중에 떠있을 수 있도록 해주는 장치들을 생각해내고 그런 생각은 그 동물에게 달려 있는 손, 발, 머리 등의 부속물과 흔히 감각기관의 모양에도 영향을 준다.

브레인스토밍 과정에서 만들어지는 개념들은 새롭고 또한 유용한 것이어야 하기 때문에 실제 상황에서는 제약들이 중요하다. 따라서 이다음에 기발한 새로운 해결책을 찾아야 할 순간이 오면 이것을 기억해야 할 것이다.

> **개인의 생각은 흩어지고**
> **그룹의 생각은 모인다.**

인터넷으로는
왜 의사소통이 잘 안 될까?

∶

불과 오백 년 전만 해도 인간의 의사소통은 거의 모두가 직접 서로 얼굴을 보며 이야기를 하는 대면 소통이었다. 물론 글로 쓸 수도 있지만 글로 쓴 편지를 다른 곳으로 전달하는 방법은 거리의 원근을 막론하고 어려운 일이었고, 어떤 곳에서는 편지 전달 자체가 거의 불가능하기까지 했다. 시대가 바뀌어 21세기에 이르면서 지구상 어느 곳에 있는 사람과도 즉각적으로 의사소통을 하는 것이 일상사가 되었다. 세상 어디에 있는 누구에게라도 전화기로 음성통화를 하거나, 인터넷으로 영상통화를 하거나, 문자 메시지를 보내거나, 이메일을 보낼 수 있다.

지구상 어느 곳에 있는 사람과도 언제든지 즉각적으로 연락을 주고 받을 수 있다는 것은 놀라운 일이 틀림없지만, 오늘날 우리가 사용하는 의사소통 방식은 처음 언어가 만들어져서 소수의 사람들이 짧은 거리에서 리얼타임, 즉 실시간으로 대면하여 의사소통을 하던 방식과는 매우 다르다. 우리가 장거리를 사이에 두고 의사소통을 할 때는 정보를 전달하기 위해 필요한 언어의 기본 단위들만 간추려 내어 의사소통을 하게 된다. 그런데 이런 상황에서는 인간의 의사소통이 그저 말을 이루는 단어들로만 이루어져 있는 것이 아니라는 점이 문제가 된다.

　밥이 "와, 셔츠 멋있는데!"라고 말한다면 밥은 아마도 상대에게 친절을 보이는 것이다. 그런데 같은 말을 아트가 밥에게 한다고 할 때는 그것이 친절의 표현이 아닐 가능성이 크다. 동일한 단어들을 발음했지만 억양이 달랐을 수 있다. 게다가 맥락이 정해지지 않았다. 그러면 맥락이, 밥은 요란한 하와이 셔츠를 입고 있고, 아트는 멋진 단추들이 달린 버튼다운 셔츠를 입고 있어서, 그런 맥락이 이런 단어들이 전하는 의미에 영향을 주었을까? 물론 그럴 수 있다. 이처럼 단어들은 그 자체로만은 충분하게 진정한 메시지를 전달할 수 없고 억양과 맥락이 달라짐에 따라 완전히 정반대 의미를 가질 수도 있다.

　단어들을 초월해서 있는 의사소통의 요소들을 언어학자들은 화용론이라고 부른다. 두 사람이 대화하고 있으면 목소리의 어조, 운율, 문장 억양의 오르내림, 제스처, 표정 이 모든 것이 단어의 의미를 이해하는 데에 영향을 준다.

　이만큼 이야기했으니 이메일을 예로 들어 보자. 지난 25년 사이에 이메일은 원래 하이테크 분야의 소수 전문가가 사용하던 것에서 이제

거의 모든 사람들이 사용하는 의사소통 채널로 바뀌었다. 통상 직장에서 일하는 사람이라면 평상 하루에 대략 50통 정도의 메일이 본인을 지정 수신자로 온 것이고, 한 50통 정도는 일반적인 정보 업데이트를 위해 보내온 것이고, 또 50통 정도는 상품을 판매하려는 사람들이 보내온 메일 정도가 될 것이다. 이메일은 보내기도 쉽고 또 상대방에게 바로 전달되기 때문에 우리는 이메일을 다양한 목적으로 사용한다. 직장 동료나 가까운 친구들과 대화를 나누기 위해서, 사람들에게 뭔가 요청을 하기 위해서, 문제점에 대해서 불평을 하기 위해서 등등 말이다. 이런 일을 하려면 전에는 직접 대면해서 하거나 전화 통화로 해야만 했다. 그렇지만 지금은 그저 글을 쓰고 '보내기' 버튼만 누르면 된다.

의사소통 방법이 주로 글로 쓰인 것으로 바뀌면서 생겨나는 문제점들에 초점을 맞춰 이야기하려고 하는데, 그 전에 이메일이 도착하는 빈도에 대해 한마디 할 필요가 있다. 이메일이 상대방에게 도착하는데 필요한 시간은 수천분의 일초 정도이기 때문에 우리는 이메일을 받으면 받을 때와 마찬가지로 보낼 때도 바로 답을 해야 한다고 느끼는 경향이 있다. 그렇지만 각 사람이 매일 받는 이메일의 숫자를 생각할 때 그런 식으로 회신을 한다면 종일 메시지를 확인하고 답을 보내야 할 상황이 된다. 새 이메일이 도착했다는 경고음이 울리거나 아이콘이 화면에 올라오게 해놓으면, 하고 있던 일에서 주의를 돌려서 어떤 메시지가 들어왔는지 확인을 하는 일에 완전히 얽매이게 된다. 결국, 멀티태스킹을 하라는 초대장이나 다름없다. 그런데 이미 앞에서 얘기했듯이 인간은 멀티태스킹을 잘 못 하도록 되어 있다.

비록 우리 중에는 성미가 급해서 짤막한 메시지를 보내 놓고 즉답을 기다리는 직장 상사처럼, 이메일에 즉시 답을 원하는 사람들과 함께 일하는 사람들도 있겠지만, 이메일을 몇 시간 지난 다음에 답한다고 문제 될 것은 없다. 심지어는 들어온 메일을 몇 시간 지난 다음에 열어서 읽어도 문제 될 것 없다. 우리가 이메일을 확인하는 빈도를 줄인다면 우리는 일을 훨씬 더 생산적으로 할 수 있다. 그러기 위해서 우리 이메일 소프트웨어를 정해진 시간에만 확인하여 업데이트하게 세팅해 놓을 수 있고, 특히 그렇게 정해 놓는 시간을 하루 중에 제일 생산성과 창조성이 떨어지는 시간대로 설정해 놓으면 좋을 것이다.

방금 말한 것처럼 중요한 일을 하다가 자꾸 방해를 받게 하는 문제를 제쳐두고라도, 이메일, 문자메시지, 채팅 같은 것들은 대인관계에 부정적인 영향을 미칠 수 있는 의사소통상 문제를 안고 있다.

간단하게 뭔가를 요청하는 경우를 예로 들어 보자. 누군가가 당신에게 뭔가를 해달라고 직접 찾아오거나 전화로 부탁을 할 때는 그 부탁이 얼마나 급한 일인지를 상대방 목소리의 어조로 금방 알 수 있다. 뿐만 아니라 그 어조로부터 그 부탁의 성격이 요구인지 간청인지도 알 수 있다. 그렇지만 부탁을 하는 사람의 목소리에 동반된 어조가 없으면 부탁을 받은 사람은 그 부탁의 중요성, 다급한 정도에 대해 오해하기가 쉽고 결국 그런 오해로 언제 어떻게 답해야 할지에 대해 판단 오류를 범할 수 있다. 또한 받은 편지함에 홍수처럼 밀려드는 이메일에 압도당한 느낌을 가지는 사람들은, 새로운 이메일은 즉시 답해야 하는 것으로 잘못 해석할 수도 있다. 이런 상황은 특히 문제가 될 수 있는데 그 이유는 이메일에 답하는 시간은 일주일 내내 매달려서 작성하던 보고서를 완성하는 데 걸리는 시간보다 더 짧기 때문이다. 이처럼 보내기 버튼을 눌러서 회신을 할 때 느끼는 성취와 완성의 느낌은 이메일이 우리에게 주는 가장 강력한 유혹이다. 하루 종일 보고서를 쓰고서도 아직 완성을 못하고 있으니 보고서에 계속 집중하는 것보다는 이메일을 더 빨리 보고 답하고 싶은 것이다.

무엇을 언제 어떻게 얼마만큼의 노력을 들여서 일을 해야 할 지를 결정하는 것은 직접 대면해서 이야기하거나 전화로 이야기를 주고받을 때는 비교적 쉽게 타협할 수 있는 일이다. 그러나 이처럼 대화에서 이야기를 주고받는 것을 이메일로 주고받기에는 더 시간이 오래 걸린다. 그렇기 때문에 사람들은 흔히 이메일로 온 부탁은 급한 것이라고 단정하는 경우가 많고 따라서 상대방이 그런 부탁을 했다는 것에 대해 화가 나기도 한다.

이메일을 통한 의사소통의 또 다른 문제점은 사람들 사이의 거리 때문에 생겨난다. 대부분의 사람은 대면해서 상호작용을 할 때 사려 깊게 행동하려고 하고, 사려 깊다는 것은 곧 상대방의 감정을 늘 염두에 둔다는 것을 뜻한다. 물론 긴장과 논쟁을 촉발하는 사람과 그런 환경이 있는 것은 분명하지만 대부분의 대면 상호작용은 일반적으로 서로 기분 좋게 진행된다.

우리가 대면해서 대화를 할 때는 우리가 하는 말이 상대방에게 어떤 영향을 주는지를 바로 볼 수 있다. 우리 말이 혼동스러운지, 유쾌한지, 상처를 주는지, 상대방의 감정적인 반응을 즉시 알아차릴 수 있다. 그렇지만 이메일을 보냈을 때는 우리가 하는 말에 대해 상대방의 반응이 어떤지 알 길이 없다. 그 결과 우리의 감정 필터가 꺼져 있는 상황이 되다 보니, 우리가 메일을 보낼 때는, 상대방의 반응을 지켜보면서 말을 할 때보다 말을 더 짧고, 거칠고, 언짢게 쓰는 경우가 많다.

이처럼 메시지를 보내고 받는 사람들 사이에 존재하는 시간과 공간의 거리 때문에 상대방의 감정을 보거나 느낄 수 없고 따라서 상대방의 기분을 상하게 할 가능성이 많은 것이다.

문자메시지와 채팅으로 의사소통을 자주 하는 사람들은 이런 감정적인 모호성 문제가 있다는 것을 잘 이해하고 있다. 그 결과 문자를 이용해서 감정을 표현하는 :-)와 같은 이모티콘이나 ☺처럼 그림을 이용하는 이모지를 만들게 된 것이다. 이런 이미지들은 문자메시지에 감정적인 어조를 더해 보려고 한 시도들이다. 물론 상대방에게 소리를 지를 때는 모두 대문자로 쓰는 방법도 있다. 이런 식의 방법들이 포함되면 감정적인 모호성을 좀 줄여 주는 데에 도움이 될 수도 있겠지만, 급히 쓴 문자 메시지에 포함된 글에서 감정적인 어조를 파악해 내는 것은 여전히 어려운 일이다.

대화하는 능력은 확실히 기술이다. 다른 사람과 한 방에 앉아서 대화를 나누려면 목소리의 억양, 표정, 제스처 등을 잘 사용하여야 한다. 대화를 잘 하는 사람들은 혼자서만 말하지 않고 자기가 하는 말에 여백을 두어서 상대방이 말을 할 수 있게 해준다. 효율적으로 대화하는 일은 연습이 없이는 어려운 일이다.

대화에서 상대방의 이야기를 듣는 기술은 매우 중요하다. 많은 사람은 다른 사람이 하는 말을 오랫동안 주의 깊게 듣고 난 다음에 자기가 할 말을 결정한다. 다른 사람이 전달하려는 의도를 파악하고 거기에 적합하게 반응하기 위해 상대방의 이야기를 잘 듣는 일에는 인내심이 필요하다. 상대방의 반응을 잘 파악하고, 거기에 반응하게 되면 대화의 주고받기를 통해 두 사람 사이의 관계가 향상된다.

우리가 다른 사람들과 주로 글로 의사소통을 하게 되면, 사람들과 긍정적인 관계를 만들고 유지하는 데 도움이 되는 감정적인 요소들을 놓치고 만다. 이런 감정적인 상호작용이 있으면 우리가 살아가면서 하는 여러 가지 일들과 직장에서 하는 일들이 더 즐거운 일이 된다.

이런 말을 한다고 해서 우리 두 사람이 이메일, 문자메시지, 채팅은 완전히 없애야 한다고 주장하는 무슨 기술혁명 반대론자들은 아니다. 이것들도 다 중요한 역할이 있고, 매우 효율적으로 자주 잘 사용된다. 그렇지만 여기에는 단어들만 사용되는데, 단어들은 인간의 의사소통에 있어서 매우 작은 한 부분에 불과하다는 것과 오해를 불러일으킬 수 있는 여지가 많다는 것을 기억해두는 것은 매우 중요하다. 그러니 이 말을 염두에 두어야 할 것이다.

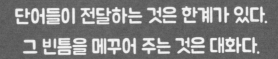

단어들이 전달하는 것은 한계가 있다.
그 빈틈을 메꾸어 주는 것은 대화다.

일어나지도 않은 일을
기억하는 것이
가능할까?

⋮

아트가 어렸을 때 아주 이상한 경험을 한 적이 있다. 친구 집에 놀러 가서 친구와 함께 시간을 보내는데, 그 친구가 긴 모험 얘기를 들려주었다. 예전에 어떤 호숫가에서 하이킹하다가 상처 입은 오리를 발견해서 그 오리를 집으로 데리고 왔고, 집안 식구들이 극진히 잘 보살펴준 덕에 상처가 다 나아 호수로 돌려보냈다는 이야기였다.

그 이야기의 내용은 매우 소상했고, 그 친구는 그때 느낀 감정을 생생하게 재현하면서 이야기를 했다. 그런데 이야기가 끝나자, 친구 형이 방으로 뛰어들어오더니 동생 머리를 쥐어박으면서, "야! 이 멍텅구리야. 그건 네 얘기가 아니고 내 얘기야!" 하고 말하는 것이었다. 부모들이 몇 가지 질문을 해보니 형 이야기가 맞다는 것이 금방 판명났다. 친구가 한 이야기는 실제의 사건에 바탕을 둔 이야기이긴 하였지만, 그 이야기의 주인공은 자신이 아니었는데 자신이었다고 착각을 한 것이었다.

어떻게 이런 일이 일어날 수 있을까? 어떻게 마음속으로 굳게 믿고 있을 정도로 명백하고 감정적으로 생생한 기억인데 세부사항에는 그렇게 큰 오해가 있을 수 있을까?

심리학자들은 몇 가지 이유로 이 질문에 대해 연구를 하였다. 물론 사람들이 거짓된 정보가 포함된 기억을 가지고 있을 수 있다는 것은 그 자체로도 흥미로운 것이다. 게다가 우리의 사법제도는 신뢰할 만한 증인의 증언에 크게 의존하고 있지 않은가? 만일 우리가 경험하는 사건들에 대한 우리 자신의 기억이 신뢰할 수 있을 만큼 정확한 것이 아니라면, 법정에서의 증언의 의미와 효력에 대해 다시 생각해 봐야할 여지가 있는 것이다.

우리 문화는 남에게 공로와 책임을 돌리는 것을 좋아한다. 예를 들어, 대부분의 발명은 한 사람에 의해 이루어지는 것이 아니라, 유사한 문제를 함께 해결해 나가는 사람들의 공동체 속에서 일어나는 것인데도, 우리는 특정한 인물이 어떤 특정 기술의 발명자라고 말하기를 좋아한다. 그러나 정확하게 누군가에게 공적을 돌리거나 책임을 돌리기 위해서는 누가 어떤 말을 했고 누가 어떤 일을 했는지 정확하게 기억해야 할 필요가 있다.

우리가 어떻게 해서 잘못된 기억을 갖게 되는지를 이해하려면, 우리의 뇌가 정보를 저장하는 방식에 대해서 좀 더 이야기할 필요가 있다. 우리는 흔히 뇌를 컴퓨터에 비교한다. 사실상 뇌를 컴퓨터라고 은유적으로 표현하면 유용한 점도 있다. 그러나 기억 저장 방식은 전혀 다르다. 컴퓨터에서는 장기 데이터가 디스크나 기타 저장 장치로 보내졌다가 필요할 때는 오류 없이 바로 불려 나온다.

그러나 뇌가 정보를 저장하는 방식은 다르다. 정보는 뇌의 곳곳에 퍼져 있어서, 과거에 접했던 어떤 패턴과 부분적으로만 일치해도 기억이 호출되어 나올 수 있다. 그런데 그렇게 함으로써 생겨나는 문제는 그 기억이 사용되는 순간에 옛 기억이 재구성된다는 것이다. 그리고 매번 기억이 재생될 때마다 서로 다르지만 유사한 수많은 기억 조각이 함께 모여 섞이게 된다.

뇌를 컴퓨터에 비유하면 안 되는 부분이 바로 이 부분이다. 컴퓨터는 우리가 저장해 둔 내용을 저장 당시와 똑같은 모습으로 호출한다. 그렇지만 뇌는 작동하는 목표 자체가 다르다. 많은 뇌 활동의 목표는 장차 무슨 일이 일어날 것인지를 예측하는 것이다. 그러니 뇌의 관심은 '예측'을 제대로 하는 것이지 과거에 있었던 일을 정확하게 기억하는 것이 아니다.

우리 인생에서 겪은 사건들에 대한 정보를 뇌가 저장하는 방식에 있어서 중요한 점은, 우리가 경험한 내용과 그 내용의 출처가 분리되어 저장되어 있다는 것이다. 어떤 장면이나 소리를 그것이 있었던 환경과 짝을 맞추려면 정보와 정보의 출처를 동시에 호출해내는 방법밖에 없다. 그런데 그 출처에 대한 정보를 잃어버렸거나 정보가 호출이 안 되면, 뇌는 다른 출처에서 온 정보와 섞기 시작하고, 그러고 나면 이 뒤섞인 내용들을 동일한 사건의 일부였던 것으로 간주하게 된다.

엘리자베스 로프터스(Elizabeth Loftus) 교수는 동료학자들과 함께 1970년대부터 이 문제를 집중적으로 연구해 왔다. 이미 이 책 앞부분에서 왜 같은 내용이라도 그냥 저장하는 것보다는 이야기로 저장하면 더 잘 기억되는지에 대해 이야기하는 대목에서 로프터스 교수의 연구에 대해 잠깐 언급한 적이 있는 것을 기억할 것이다. 즉, 사람들이 어떤 단어를 들으면 나중에 해당 사건을 회상할 때 그 단어가 기억에 영향을 미친다는 것이다.

로프터스 교수의 널리 알려진 연구는 이렇게 진행된다. 실험참가자들은 자동차가 정지 표지를 어기고 진행해서 앞의 차를 들이받는 교통사고가 담긴 비디오를 보게 된다. 나중에 실험참가자들에게 "자동차가 양보 표지를 어기고 그냥 직진할 때 차 속도가 얼마나 빨랐습니까?"처럼 잘못된 정보가 들어있는 질문을 한다. 이 질문은 자동차의 속도에 대한 질문이지만, 여기에 포함된 잘못된 정보는 차량이 '정지' 표지가 아니라 '양보' 표지를 어겼다고 말한 것이다.

나중에 실험참가자들에게 사진들을 보여 주면서 그 중에 어느 것이 전에 비디오에서 본 장면이냐고 물었다. 그런데 앞서 양보 표지에 대해 질문을 받았던 사람들은 자동차가 정지 표지를 어기는 사진이 아니라 양보 표지를 어기는 사진이 비디오에 있었다고 답하였다. 이 연구결과가 보여 주는 것은, 사람들이 '들은' 정보를 '본' 정보와 뒤섞는다는 것이다.

놀랍게도 이처럼 잘못된 기억을 만들어내는 일이 매우 쉽다는 것이 밝혀졌다. 심지어 로프터스 교수와 동료학자들은 많은 대학생이 자기가 다섯 살 때 쇼핑몰에서 잠깐 유괴되었던 적이 있었다는 조작된 이야기를 실제로 믿게 만들기까지 하였다. 이러한 현상은 학생들이 자신이 어렸을 때 겪었던 일에 대한 기억을 실험자가 준 정보와 뒤섞어서 결국, 자기가 들어본 적이 없는 세부사항의 공백을 메꾸기 때문에 일어나는 것이다.

사람들은 이전의 사건을 기억할 때 잘못된 기억을 하는 경우를 자주 경험한다. 사람들은 자신이 경험한 내용에 대한 기억을, 그 사건에 대해서 다른 사람들에게서 들은 이야기와 심지어는 그 훨씬 후에 집에서 영화나 비디오를 본 내용과 함께 섞어서 잘못된 기억을 만들어 낸다. 앞에서 얘기했던 아트의 친구의 경우를 보면, 그 친구는 자기가 그 오리를 본 것을 기억하고 또 그 오리를 집으로 데려왔을 때 찍은 사진들을 보았다. 그런데 나중에 이 정보의 출처가, 자기가 아닌 자기형이 그 오리를 집으로 데려왔을 때 본 경험이라는 사실을 잊어버린 것이다.

1990년대에 로디 로디거(Roddy Roediger) 교수와 캐슬린 맥더모트(Kathleen McDermott) 교수는, 1950년대 제임스 디즈(James Deese) 교수가 처음 사용했던 실험 기술을 되살려 연구를 진행하였다. 이 실험은 이렇게 진행된다. 실험참가자들에게 한 목표단어와 관련이 있는 15개의 단어를 듣게 하는 것이다. 예를 들어 목표단어가 '창문'이면 그 15개의 단어 목록에는 '유리', '창턱', '유리판' 같은 단어가 포함되어 있다. 목표단어 '창문'은 그 단어 목록에 들어가 있지 않다.

나중에 실험참가자들에게, 전에 들었던 단어 목록에 나오는 단어들을 기억할 수 있는 한 모두 기억해 보라고 하였다. 실험에 따라 차이가 있지만 적게는 약 4분의 1에서 많게는 절반의 참가자들이 그 목표단어를 말했다. 실제로는 이 목표단어가 목록에 없었는데 말이다.

이 실험이 보여주는 것은, 사람들이 목표단어와 관련된 단어들의 목록을 들을 때에 그 목표단어를 생각한다는 것이다. 실험참가자들이 자기가 직접 들은 단어와 자신이 생각한 단어를 구별하지 못하게 되면 회상 실험을 할 때 그 목표단어를 마치 전에 들은 것처럼 잘못 기억하는 것이다.

정보의 출처를 구별하기 어렵게 만드는 요인들은 잘못된 기억을 떠올리게 하는 경향성을 높게 만든다. 예를 들어, 실험참가들에게 비판 없이 현재에 집중하게 하는 '마음챙김 명상법(mindfulness meditation)' 테크닉을 이용해서 명상하게 하면 사람들은 자기 생각들을 평가하기보다는 그 생각들을 경험하는 데에 주의를 집중하게 된다. 이처럼 명상을 한 후에 앞에서 이야기한 것과 같은 단어 목록을 주면 이 명상경험을 한 사람들은 그런 경험이 없었던 사람들보다 더 높은 빈도로 목표단어를 답하는 기억 오류를 보인다.

마지막으로, 정보의 출처와 알고 있는 정보의 내용이 서로 분리되어 있다는 사실은 우리가 경험하는 데자뷔, 즉 처음 보는 것을 마치 전에 본 적이 있는 것처럼 느끼는 기시감 현상과도 관계가 있다. (데자뷔 이야기를 하니, 이쯤에서, "아니, 이거 우리 이미 앞에서 쓴 내용 아냐?" 하고 밥이 아트에게 물어볼 법도 하다.) 뭔가 새로운 것을 보는 상황을 생각해 보자. 뭔가 새로운 것을 보지만 그것과 관련된 어떤 기억도 호출이 되지 않는다. 따라서 출처 정보에 대한 기억이 활성화되지 않는다. 그 결과 이것은 전에 본 적이 없다고 깨닫게 된다.

그렇지만 이 현재의 상황이 전에 보았던 뭔가와 좀 막연하게나마 관련이 있다고 생각해보자. 그러면 전에 본 적이 없는 뭔가를 보고 있으면서도 그것을 언제 어디에선가 본 것이라는 느낌이 있기 때문에 별안간 그것이 친밀하게 느껴지게 된다. 바로 이런 과정을 통해 데자뷔를 경험하게 되는 것이다.

사람들은 데자뷔에 온갖 신비스러운 의미를 갖다 붙인다. 데자뷔가 전생에서의 경험이 반영된 것이라든가, 초자연적 능력을 보여주는 것이라든가, 심지어는 꿈이 미래를 예측할 수 있는 놀라운 능력을 보여주는 사례라고 생각한다든가 하는 식으로 말이다. 전에 본 적이 없는 것을 분명히 알고 있는데 그것이 친숙하게 느껴질 때 그것이 놀랍게 느껴지는 것은 당연하다.

우리가 세상을 주관적으로 경험하기 때문에 기억의 내용과 그 기억의 출처가 분리되는 것이 아니다. 우리는 그냥 단순히 전에 본 적이 있는 것들을 기억하고 그것들을 어디에서 보았는지에 대한 느낌이 있는 것이다. 우리에게는 기억의 이런 측면들이 각각 다른 장소에 저장되어 있다는 생각이 떠오를 리가 없다. 밥이 늘 좋아하는 말처럼, 사람들은 자신의 추억들이 단지 과거의 재구성일 뿐이라는 사실을 모르고 있다.

앞에서 데자뷔를 대단한 것처럼 생각하는 사람들이 있다는 말을 잠시 언급했는데 그런 초자연적인 가능성이 있다고 보는 것에 비하면 데자뷔의 진실은 매우 실망스럽다. 데자뷔는 우리 뇌의 정보 출처 기억장치가 실수해서 전에 본 적이 없는 것을 본 적이 있는 것처럼 착각하게 만든 것일 뿐이다.

> **데자뷔는 마술 같지만
> 실상 별 것 아니다.**

편견을
안 가질 수 있을까?

:

아트는 뉴욕에서 살다가 텍사스 오스틴으로 이사를 왔다. 뉴욕에 있을 때는 컬럼비아대학교에서 교수생활을 했는데 이 대학은 맨해튼의 어퍼웨스트사이드에 위치하고 있다. 대학 주변 환경은 매우 다양하다. 빈민가인 할렘의 공식적인 경계선과 불과 다섯 블록 떨어져 있다. 길거리에는 다양한 인종들이 섞여서 지나간다. 주변에 있는 버스 정류장에 붙어 있는 표지들을 보면 그 지역 주민들이 여러 언어를 사용하고 있는 것을 금방 알 수 있다.

오스틴은 놀라울 정도로 뉴욕과 다르다. 인종이 다른 사람들은 사는 곳이 서로 달라서 지역들이 인종별로 나뉘어 있다. 오스틴에 이사

온 지 얼마 안 되어서 아트는 어떤 행사에 초대를 받아 갔는데 그곳에서는 외부에서 케이터링 해 온 점심이 준비되어 있었다. 그런데 행사 도중에 아트는 뭔가가 불편하다는 느낌은 있는데 딱히 무엇 때문에 불편한 것인지는 알 수가 없었다. 나중에 가만히 보니 테이블에 앉아 있는 사람들은 모두 백인이고 행사 시중을 드는 사람 중에는 백인이 거의 없다는 것을 깨닫게 되었다.

사실상 미국 전역에는 맨해튼 어퍼웨스트사이드에서처럼 인종 혼합 현상보다는 아트가 오스틴에서 경험한 것처럼 인종 분리 현상이 더 흔한 일이다.

왜 이런 종류의 인종 분리 현상이 널리 퍼지는가에 대해서는 심리학적으로 몇 가지 이유가 있다.

첫째는, 사람들이 어떤 면에서든지 자기와 비슷한 사람을 더 좋아하는 경향이 있다는 것이다. 사람들은 자기와 같은 배경을 갖고 있거나, 비슷한 수준의 교육을 받았거나, 같은 활동이나 이벤트를 좋아하는 사람들과 함께 있을 때 더 편안함을 느낀다. 다른 사람이 우리와 비슷한지 아닌지를 신속하게 판단할 때, 우리가 그것을 의식하든 못하든 피부색이나 기타 인종적 표시가 될 만한 특징들도 함께 고려하여 판단한다.

둘째는, 우리가 함께 시간을 보내는 사람들은 소위 '내집단(ingroup)'을 형성하게 되어 '우리'와 '남'을 나눌 때 저절로 '우리'로 간주된다. 이 내집단 사람들은 '외집단(outgroup)' 사람들과 다른 방식으로 취급된다. 내집단과 외집단 같은 단어들은 뜻이 분명하면서도 우리에게 불편한 느낌을 함께 주는 말들이다.

사람들이 누군가를 자신의 내집단 멤버로 보는 데에는 여러 가지 방법이 있다. 물론 자신이 개인적으로 잘 아느냐가 우선적으로 중요하다. 그래서 친구들은 일반적으로 내집단 멤버들이다. 같은 기관에 속해 있거나 같은 활동을 하는 경우에도 마찬가지다. 학생들에게는 같은 학교에 다니는 다른 학생들이 내집단 멤버이고, 경쟁상대인 다른 학교에 다니는 학생들은 외집단 멤버이다. 이와 유사하게 직장인들에게는 같은 직장에 다니는 사람들은 내집단 멤버이다. 자기 직장이 전 세계에 흩어져 있는 글로벌 기업일 경우에도 마찬가지다.

물론 어느 것이 내집단인지는 주어진 상황에서 자신을 어떻게 분류하느냐에 따라 달라진다. 밥을 예로 들어 보면, 직장에 있는 평상적인 날에는 자신이 음대의 내집단 멤버라고 생각하고 다른 학과에 있는 사람들을 외집단 멤버로 볼 것이다. 그렇지만 만약 자신이 속한 텍사스대학교와 예를 들어 경쟁대학이라 할 수 있는 캔자스대학교나 텍사스A&M에 대한 논의가 있을 때는 밥의 내집단은 텍사스대학교 전체로 확장되게 된다. 그런데 신문기사에 어떤 정치인이 다른 주에 있는 어느 대학 교수진의 권한을 공격하는 글이 실려 있는 것을 읽을 때면 밥의 내집단은 학자들 전체에게까지 확장될 수 있다.

실험연구들에 따르면, '최소대립집단 테크닉(minimal groups technique)'이라고 부르는 사소한 것으로도 내집단과 외집단 효과를 불러일으킬 수 있다. 최소대립집단 테크닉이란 사람들을 그냥 별 것 아닌 것으로 분류해서 자의적으로 이름을 붙이는 실험방식을 말한다. 예를 들어 보자. 한 연구에서 실험자들은 실험참가자들에게 여러 개의 점을 보여 준 후에 점이 몇 개 보이냐고 묻는다. 그리고 몇 실험참가자들에게 그들이 점의 개수를 실제보다 더 많게 추정을 했는데 이처럼 '초과추정자'들에게는 사실상 뭔가 매우 특별한 점이 있다고 설명을 해준다. 그러면 이 순간부터 이 실험참가자들은 다른 '초과추정자'들을 내집단으로 분류하고 실제 개수보다 적게 추정한 '미달추정자'들을 외집단으로 분류하기 시작한다. 어떤 유사한 실험에서는 진행 과정에서 다른 사람들에게 그들을 '미달추정자'라고 말해 주기도 했는데 어쨌든 실험 결과는 마찬가지다.

우리는 누군가가 내집단 멤버이면 그 사람의 좋은 점들에 더 초점을 맞추고 그런 좋은 자질들은 그 집단의 멤버이기 때문이라고 간주한다. 예를 들어, 우리의 내집단에 속한 누군가가 관용을 베푸는 일을 하게 되면 그것은 우리 집단이 관대한 사람들이 모여 있는 집단이라는 증거라고 생각하는 것이다. 그렇지만 내집단 멤버가 뭔가 부정적인 일을 하면 그걸 애써 축소하려고 한다. 그럴 때 나타나는 한 가지 반응은 그런 행동이 상황 때문에 부득이했다고 정당화하는 것이다. 또 다른 반응은 그건 개인의 개별적인 특징 때문에 벌어진 일이지 자기네 내집단과는 무관한 일이라고 주장하는 것이다. 세 번째 유형의 반응은 그런 잘못된 행동은 사실 자세히 살펴보면 그렇게 심각하게 잘못된 게 아니라고 변명하는 것이다.

그런데 대상이 외집단의 멤버이면 이런 경향성이 완전히 달라진다. 외집단 멤버가 뭔가 좋은 일을 하게 되면 그 사람은 특이한 경우라고 본다. 즉, 그 사람이 잘 한 일이 그가 속한 집단과는 무관하다고 보는 것이다. 그렇지만 뭔가 잘못된 일을 하게 되면 역시 짐작했던 대로 그 외집단이 형편없는 집단인 것이 입증되었다고 보는 것이다.

2014년 시즌 후 미국 내셔널풋볼리그의 플레이오프에서 쿼터백 톰 브래디와 뉴잉글랜드 페이트리어츠 코치 임원들이 고발되는 사태가 일어났다. 이들의 혐의는 추운 날씨에 공을 더 쉽게 잡을 수 있게 하기 위해 풋볼의 바람을 조금 뺐다는 것이다. 물론 톰 브래디를 자신들의 내집단 멤버로 생각했던 페이트리어츠 팀의 팬들은 날씨가 추웠으니 그렇게 하는 것은 필요한 일이었다거나 아니면 그렇게 할 줄 아는 것이 바로 팀의 경쟁력이었다든가 하는 말로 옹호하고 나섰다. 팀의 경쟁력을 높이는 것이라면 딱히 나쁠 거야 없지 않겠는가?

그렇지만 내셔널풋볼리그의 다른 팀들은 생각이 달랐다. 톰 브래디의 행동이야말로 경기에서 이기기만 한다면 아무리 나쁜 짓이라도 서슴지 않고 하겠다는 외집단 뉴잉글랜드 페이트리어츠 팀원들의 전형적인 일탈행동이라고 본 것이다.

이처럼 내집단과 외집단의 행동을 자신들이 애당초부터 갖고 있던 신념과 일치하도록 해석하려고 하는 경향 때문에 사람들은 자신의 의견을 바꾸기가 매우 어렵다. 외집단 멤버에 대한 모든 나쁜 점들이 바로 그 외집단이 나쁜 증거라고 해석하게 되면 외집단에 대한 두려움이나 혐오가 더 강화될 수밖에 없는 것이다. 그리고 외집단의 개인들과 긍정적으로 어울림으로써 그 유쾌한 경험이 그렇게 깊이 뿌리박힌 신념에 영향을 주게 하지 않는다면 결국 그 신념은 변하기가 어려운 것이다.

사람들에게는 이와 같은 내집단과 외집단의 구별이 매우 일찍 일어난다. 아주 어린 아이들까지도 자기와 다른 사람보다는 자기와 비슷한 사람을 더 선호한다. 앞에서 이야기한 최소대립집단 테크닉은 어린아이들에게도 잘 적용된다. 예를 들어, 아이들도 동일한 색깔의 셔츠를 입고 있는 아이를 더 좋아한다든가, 심지어는 자기가 좋아하는 음식을 좋아하는 아이를 더 좋아한다든가 하는 등이다.

하지만 아이들과 어른들의 가장 큰 차이점은 아이들의 경우에는 자기와 비슷한 아이들을 특별히 더 좋아하면서도 자기와 다른 외집단 아이들을 그렇게 심하게 싫어하지 않는다는 것이다. 이런 것으로 보아 아이들은 처음에는 그렇지 않다가 자라면서 사회적인 영향에 의해 자기와 다른 사람들을 경계해야 한다고 믿게 되는 것으로 보인다. 그 다른 점이 외모이든, 옷 취향이든, 언어이든 말이다.

물론 진화 역사의 초기 단계에서는 낯선 사람을 불신하는 것이 충분히 일리가 있는 일이었다. 선사시대에는 주변의 부족들이 적대적이었을 가능성이 크다. 특히 자원이 풍부하지 않을 때는 더욱 그럴 가능성이 많았을 것이다. 이들이 나중에 점점 더 힘을 합치고 협력을 하여 오늘날처럼 큰 사회로 발전할 기초를 닦기 전까지는 말이다. 그러니 작은 규모의 마을들은 더 강력하게 뭉치게 해주는 일종의 심리적인 장치를 가지고 있는 것이 생존을 위해 좋은 전략이었을 것이다. 그룹이 작을수록 그 그룹의 구성원들이 평화로운 분위기를 유지하고, 서로를 보호하고, 다른 사람에게 먹을 것을 마련해주고, 서로 보살펴 주기 위해서 더 많이 노력해야 하는 것은 당연한 일이다. 자신이 속한 그룹을 마치 확대된 자신처럼 보이게 하는 심리적인 장치들은 결국 난관을 함께 극복해 나가도록 힘을 합치는 데에 크게 도움이 되었을 것이다.

그렇지만 진화 역사에서 무엇이 정말 의미 있는 일이었는지는 확실히 알 길이 없다. 그 당시에 누군가가 진화가 진행중인 사람들을 관찰하면서 기록을 해놓은 것이 없으니 말이다. 그러니 이런 식의 진화론적 설명은 '그래서 그렇게 된 거'식으로 만들어 붙인 것일 수도 있다. 이 '그래서 그렇게 된 거'라는 말은 작가 러디어드 키플링(Rudyard

Kipling)이 한 유명한 말인데, 키플링은 표범이 왜 점이 있느냐와 같은 여러 가지 자연현상에 관한 질문들에 대해서 온갖 기발한 이야기를 그 이유라고 꾸며대고는 끝에 가서 그래서 그렇게 된 거라고 말하는 이야기들을 묶어 동화책으로 펴냈다.[4)]

발달된 현대사회는 옛날 진화 역사의 과거 환경과는 매우 다르다. 물론 간혹 가다가 위험을 만나기도 하지만 사회는 세상을 안전한 곳으로 만드는 데 크게 성공했다. 더 나아가 현대사회에서는 이전과는 비교할 수 없을 정도로 많은 여행이 가능해졌다. 일단 날개가 달린 쇳통처럼 생긴 비행기 안에 들어가 앉아 있으면 세상 어디에고 당일에 도착할 수 있다. 운항 지연만 되지 않는다면 말이다. 또 글로벌 경제는 다양한 배경을 가진 사람들이 섞여서 일하게 만든다. 따라서 아트가 뉴욕에서 살 때 겪었던 것처럼 다양성이 있는 환경이 만들어지는 것이다.

낯선 사람에 대한 편견과 혐오를 해결하는 방법은 다양한 사람들과 어울리는 것이다. 인간은 환경 속의 수치에 매우 민감하다. 처음에는 낯선 사람에 대해서 경계심이 있더라도 우리의 생활환경 속에 그 낯선 사람들이 많아지면, 우리의 뇌가 갖고 있는 학습 장치는 이들을 낯선 외집단 멤버로서가 아니라 우리의 이웃인 내집단 멤버로 바꾸게 만든다. 왜냐하면 우리가 그 낯선 사람들을 자주 보게 되어 그들이 친숙한 사람들이 되었기 때문이다. 따라서 이 말을 기억해야 할 것이다.

---

4) 이 책의 원제는 『Just So Stories』이고 한국어판은 『왜? 라고 묻는 딸을 위해 쓴 키플링의 '바로 그 이야기들'』의 제목으로 출간되었다.

> "자꾸 어울리면
> 남도 우리가 된다."

인생에 끊이지 않는
짜증 나는 일들을
어떻게 하면 좋을까?

:

세상에는 성가신 일들이 참 많다. 우리가 아는 사람들이나 동료 중에는 눈에 띨까봐 걱정되는 사람들이 분명 있을 것이다. 그런 사람에게 한 번 걸렸다 하면 아무 쓸데 없는 끝없는 대화로 끌려 들어갈 게 너무 뻔하기 때문이다. 운전하면서도 짜증 나는 일을 겪기는 마찬가지다. 길에 운행하는 차들을 보면 모두가 너무 빠르거나 너무 느리다. 신호를 안 넣고 차선을 바꾸기도 하고, 계속 브레이크를 잡았다 놨다 해가며 운전을 하기도 한다. 그리고 오스틴 같은 도시에 살면 매일 매일 하루가 다르게 교통량이 늘어나는 것 같다.

정말 화가 난다.

그런데 그런 일들을 겪다 보면 나중에 후회할 일을 하게 되기도 한다. 수년 전에 아트가 직장에서 주차장으로 들어가고 있을 때였다. 마침 다른 차 한 대도 옆에서 입구로 들어가려고 하고 있었다. 서로 들어가려고 하는 그 순간 그 차 운전자가 경적을 울리더니 가운뎃손가락을 치켜들어 흔들며 내게 욕을 했다. 그런데 우리 둘이 눈이 마주치자 그 운전자는 거의 기절초풍을 할 노릇이었을 것이다. 그 여교수는 방금 자기가 손가락으로 상스러운 욕을 한 대상이 바로 자기 동료 교수였다는 것을 깨닫게 된 거였다. 물론 두 사람은 아직도 그 상황을 생각하며 웃기는 하지만, 그래도 그 교수는 그런 상황이 다시 온다면 그렇게 운전 중에 분노를 표출하는 일은 아마 피하려고 할 것이 분명하다.

대체 왜 이렇게 자꾸 짜증 나는 일들이 생겨서 좌절하거나 아니면 더 심하게 분노로 이어지게 되는 것일까?

이런 상황은, 상황에 대한 통제를 자신이 한다고 느끼는지, 남이 한다고 느끼는지를 가리키는 '통제 위치(locus of control)'라는 개념과 관계가 있다. 항상 우리의 행동은 우리가 내리는 결정과 우리가 처한 상황이 조합되어 통제가 이루어진다. 인간에게 과연 자유의지라는 것이 있는지와 같은 난해한 문제는 접어두고라도, 어쨌든 최소한 우리는 모두 세상에 대해 행동을 하고 세상에 영향을 주는 일, 즉 '행위 능력(agency)'을 갖고 있다고 생각한다.

우리가 주변 세상에 어떤 결과를 가져올 수 있다고 느낄 때, 우리는 그 통제 능력이 우리 안에 있다고 보는 '내부 통제감(internal locus of control)'을 느낀다. 다시 말해 우리의 운명을 우리가 만들 수 있다고 느끼는 것이다. 반대로 세상이 우리 운명을 좌우한다고 느낄 때 우리는 그 통제 능력이 우리 밖에 있다고 보는 '외부 통제감(external locus of control)'을 느낀다. 마치 놀이공원의 롤러코스터에 벨트로 꽁꽁 묶인 채 자신이 할 수 있는 게 아무것도 없이 자신에게 벌어지는 일을 속수무책으로 겪어야 한다고 느끼는 것과 같다.

밥과 아트 우리 두 사람은 전반적으로 세상이 우리의 환경을 지배한다고 느끼기보다는 우리가 세상을 통제한다고 느끼기 때문에 대개 내부 통제감을 갖고 산다. 그렇지만 우리 주변에는 세상에 대해 아무것도 자기가 할 수 있는 일이 없다고 느끼는 사람들도 많다. 그런 사람들은 외부 통제감을 갖고 살아가는 것이다.

이 외부 통제감이 계속 커진 극단적인 경우에는 이른바 '학습된 무력감(learned helplessness)'이라는 것이 일어난다. 이 무력감에 대해서는 앞에서 우리가 스스로 행복하게 만들 수 있느냐 하는 문제를 다룰 때 잠시 언급한 적이 있다. 거기서 말했듯이, 어떤 사람들은 자신의 인생에 영향을 줄 수 있는 선택사항이 전혀 없다고 느끼는 상황 속에서 살아간다. 그런 사람들은 차츰차츰 자신이 세상에 대해 행위 능력을 가진 사람으로서 행동할 수 있다는 희망을 버리게 되어, 결국은 세상에 대해 아무런 시도도 안 하는 상황이 되는 것이다.

학습된 무력감의 결과는 당연히 매우 나쁘다. 예를 들어, 어떤 초등학생이 글을 못 읽는 장애인 난독증을 앓고 있다고 하자. 그 학생의 다른 친구들은 모두 책을 펴고 단어를 읽고 문장을 해석해서 뭔가를 배우는데, 이 난독증에 걸린 학생은 아무리 노력을 해도 책에서 어떤 정보도 얻을 수가 없는 것이다. 이 학습장애가 의학적으로 잘 진단되어 학생 자신이 난독증이 있다는 것을 알지 못한다면, 이 아이는 장차 자기가 더 나은 학생이 되기 위해 학교에서 자기가 할 수 있는 일이 없다고 느낄 것이다. 그런 느낌이 오면 결국 학교를 그만둘 수도 있다. 물론 나중에 자신이 난독증이 있다는 것을 알게 되더라도 자신이 자기가 받는 교육에 뭔가를 할 수 있다는 느낌을 가지지 못하게 되기는 마찬가지다.

이런 비슷한 느낌은 장기적인 고질병을 앓고 있는 사람들에게서도 볼 수 있다. 이렇게 오랫동안 투병 생활을 하는 사람들은 여러 해가 지나고 나면 자신이 건강을 회복할 수 있는 방법이 전혀 없다고 느낄 수 있다. 희망을 잃은 이런 환자들은 결국 더는 병과 맞서 싸울 생각을 포기하게 되는 것이다.

물론 이런 경우는 장기적으로 외부 통제감을 가지고 살아가는 사람들의 극단적인 경우에 해당이 된다. 단기적으로는 외부 통제감을 통해 좌절과 분노를 겪게 되는 경우가 더 흔하다.

꽉 막힌 도로에 서 있을 때 어떤 일이 생기는지 생각해 보자. 밥은 대개 조용히 운전하는 편이다. 아주 귀엽고 조그마한 스마트카를 타고서 오스틴 시내를 여기저기 신나게 다닌다. 간혹 교통이 막히는 상황이 되어도 대개는 침착하게 잘 대응을 한다. 그렇지만 어쩌다 한 번씩은 약속시간에 늦어서 마음이 급한데 뜻밖에 교통상황이 매우 안좋을 때가 있다. 그런데 그 상황에서, 밥 앞에 있던 차가 별안간 깜빡이도 켜지 않고 차선을 바꾸려고 옆 차선으로 끼어들면서 차선을 가로막아 길이 더 꽉 막히게 하는 일이 벌어진다.

바로 이런 상황에서 밥의 마음속에 서서히 좌절감이 생겨난다.

이런 경우, 통상 내적 통제감을 갖고 살아가는 밥이라도 스스로 할수 있는 일이 거의 없는 상황에 발목이 잡힌 것이다. 세상은 지금 밥을 약속에 늦게 만들고 있고, 게다가 한술 더 떠서 바로 앞에는 멍텅구리 같은 운전자가 진로를 막고 버티고 있다.

이런 상황에서 밥은 어떻게 해야 할까?

그럴 때는 그냥 좌절감을 그대로 표출해서 소리라도 지르면 된다고 생각할지도 모르겠다. 아니면 자동차 경적에 상체를 대고 엎드려서 계속 경적이 나게 하든지, 어떻게든 자기 속에 있는 분노를 밖으로 표출하는 것을 생각해 볼 수 있다. 이것은 소위 카타르시스가 도움이 된다고 믿는 사람들의 생각이다. 이런 생각 뒤에는 사람들의 분노가 마치 보일러 속에 끓고 있는 물과 같은 것이라는 생각이 자리 잡고 있다. 보일러 속의 물이 뜨거워질수록 안에는 압력이 커진다. 보일러가 터지는 것을 막는 방법은 스팀을 약간 빼주는 것이다. 즉, 소리를 지르고 상대방에게 적대적으로 대응하는 것은 스팀을 빼서 내부의 압력을 좀 줄여 보려는 노력이다. 때로 우리가 소리를 지르고 야단법석을 하고 삿대질 하며 욕을 하고 나면 좀 더 기분이 나아지는 것처럼 느껴지기도 한다.

그렇지만 그것은 생각만 그렇지 실제로는 그렇지 않다. 불행하게도 카타르시스는 장기적으로 전혀 도움이 안 된다. 결국 우리의 뇌란 습관을 만들어내는 장치여서, 뇌는 특정한 상황에서 우리가 자주 하는 행동과 그 상황 사이를 연결시키려고 한다. 좌절을 느낄 때마다 소리를 지르면 뇌는 이런 공격적 행동이야말로 이처럼 짜증 나는 상황에 적합한 반응이라고 믿게 된다. 즉, 좌절은 공격적인 행동을 하라는 신호라고 뇌가 배우는 것이다. 그렇게 되면 문제가 터질 수밖에 없다.

다행히도 그렇게 좌절을 느끼는 상황에서 밥은 좀 다른 방법을 쓴다. 우선 당장은 이런 좌절되는 상황이 자신의 통제를 벗어나 있다는 것을 인정하는 것이 큰 도움이 된다. 다른 운전자에게 소리를 지른다고 상황이 나아질 것은 전혀 없다. 그대신 그 상황으로부터 스스로 심리적 거리를 두는 것이 효과가 있다. 밥은 이 상황이 최악으로 번질 경우 약속을 취소하고 다시 약속을 잡으면 된다는 생각을 한다. 그러고는 라디오를 틀어서 기분이 가라앉는 음악을 듣는다. 좀 더 깊게 심호흡을 한다. 깊은 심호흡은 마음을 진정시켜 준다.

스스로 할 수 있는 일이 아무것도 없는 상황이 될 때, 절대로 그 좌절에 그냥 자신을 내맡기지 말아야 한다. 그런 상황으로부터 심리적으로 거리를 두면 그 상황이 자신의 감정에 미치는 강도가 약해진다. 그리고 깊은 심호흡처럼 뭔가 진정시켜 주는 일을 하게 되면 그 상황에서도 좀 더 에너지가 생기고, 그것은 상황에 대한 통제감을 다시 회복하게 해줄 뿐만 아니라 마음과 몸에 큰 해를 입히는 무력감과 분노의 감정을 피할 수 있게 된다. 그렇다. 약속 시간에 늦어서 약속 일정을 새로 잡아야 되는 것은 어떻게 해볼 도리가 없는 일이지만, 그렇다고 그 상황에 대처하는 과정에서 자신의 몸과 마음까지 망칠 필요는 없는 것이다.

물론 상황을 바꿀 방법이 아무것도 없는 것처럼 보여서 좌절을 느끼는 순간에도 사실은 할 수 있는 방법이 있는 때가 많다. 마치 위니더푸 작품에 나오는 당나귀 이요르처럼 늘 비관적으로만 생각하는 사람이 있다고 해보자. 보나 마나 이 사람은 끝없는 불평으로 우리를 끌고 들어갈 사람이니 같이 이야기하기가 겁이 날 것이다. 이런 사람이 갑작스레 나타나서 우리 앞으로 걸어오면 그 모습만 봐도 벌써 우리 마음속에 짜증이 생겨나기 시작할 것이다. 이걸 또 어떻게 견뎌야 하나 하고 미리부터 마음의 각오를 단단히 하게 된다.

당신이 이런 친구를 만나면 그가 이야기를 시작하기 전에 선수를 쳐서 대화의 방향을 정할 필요가 있다. 얼른 뭔가 기분 좋고 긍정적인 얘깃거리를 생각해보라. 부정적인 에너지가 나오려고 하는 것을 친절함으로 먼저 제압해 버리라. 그러면 결과는 대개 다음 두 가지 중의 하나의 상황이 될 것이다. 하나는 그와 나누는 대화가 결국 유쾌한 대화로 바뀌든지, 아니면 그가 자기의 부정적인 얘기 보따리를 더 좋아하는 사람을 찾아 떠나든지 하는 것 말이다. 어느 쪽 상황이 되었든 어쨌든 당신은 통제권을 확보해서 상황의 틀을 바꾸어 놓은 점에서 성공한 것이다. 당신이 스스로 할 수 있는 일이 없다고 느끼지만 실상은 할 수 있는 일들이 매우 많다.

> **세상이 당신에게**
> **시어터진 레몬을 주거든 언짢아하지 말고**
> **그걸로 레몬 마티니 칵테일을 만들어 먹으라.**
> **(물론 운전하면서 마시면 안 되겠지만)**

상대방 마음을 읽는
독심술이 필요할까?

:

아트는 개를 두 마리 기르고 있다. 둘 다 아트를 좋아하는 것은 확실해 보이는데 아트를 잘 이해하지는 못하는 것 같다. 아트가 부엌에 서 있으면 두 마리 모두 부엌에 따라 들어와서 앞다리를 카운터 위에 턱 올려놓고서는 음식 자투리 나오는 걸 먹으려고 한다. 먹이를 다 만들 때까지 발을 올려놓지 못하게 계속 발을 떠밀어 밀쳐내도 아무 소용이 없다. 아트가 자기네들을 보고 있는 한, 카운터에서 음식을 몰래 훔쳐 먹을 수 없다는 엄연한 사실을 제대로 깨닫지 못하는 것 같다. 때때로 이 개들은 부엌에 들어왔다가 대박을 터트려서 대단한 먹을 것을 얻기도 한다. 그런 경우에도 개들은 자기가 훔친 그걸 몰래 먹는

게 아니라, 한심하게도 아트가 있는 방에 그걸 물고 와서 아트가 보는 데서 쩝쩝대며 씹어 먹고 있다. 그러는 게 별로 좋은 생각이 아니라는 것을 전혀 모르는 듯하다.

하지만 아이들은 그것보다 훨씬 더 똑똑하다. 우리 두 사람은 다 애들을 키워 봤는데, 애들은 저녁 먹기 전에 쿠키를 몰래 훔쳐 먹거나 뭔가 부모들이 원하지 않는 일을 하고 싶을 때는 부모들이 안 보는 데서 하는 게 최고라는 걸 아주 어렸을 때 터득한다. 그래서 아이들은 뭔가 훔칠 게 있으면 현장에 아무도 없을 때까지 기다렸다가 기회가 오면 얼른 훔쳐서, 부모들이 안 보는 데서 몰래 맛있게 먹는 것이다. 그런데 쿠키 하나 훔쳐 먹는 것에도 실제로 대단히 섬세한 논리작용이 필요하다. 우선 아이들은 다른 사람들, 즉 부모가 무엇을 알고 있는지에 대해서 알아야 한다. 또한 아이들은 자기네들의 신념과 부모님들의 신념 사이에 차이를 만들려고 하고 있다는 사실도 알아야 한다. 즉, 이 말은 쿠키를 몰래 먹은 사실을 부모들이 알아낼 수 있는 온갖 방법에 대해서 미리 알고 있어야 한다는 말이다. 부모들이 쿠키를 도둑질당했다는 것을 아는 방법에는 (1) 쿠키가 원래 자리에서 이동되어 먹어서 없어지는 것을 직접 눈으로 보는 것, (2) 쿠키가 사라진 분명한 증거를 보는 것, (3) 침대에 떨어져 있는 쿠키 부스러기처럼 쿠키를 몰래 먹은 증거가 발견되는 것 등이 포함될 것이다.

쿠키를 훔칠 때 이러한 사실을 알고 있어야 하는 능력은 아이들에게 있지만 개들에게는 없다. 이 능력은 '마음 이론(theory of mind)', 즉 다른 사람의 마음의 상태를 아는 능력이다. 아이들이 쿠키를 훔치기 위해 위에 말한 것들을 알고 있다는 것은 사람들이 제법 훌륭한 마음이론을 갖고 있다는 사실을 잘 반영해 준다. 다시 말해 아이들은 자신이 알고 있는 것과 다른 사람이 알고 있는 것을 생각하고 이 둘을 서로 분리해 생각할 수 있어야 한다는 것이다. 다른 사람이 새로운 사실을 알게 해주는 요인들이 무엇인지를 이해하는 능력이 있어야 그렇게 각 사람에 따라 분리해 놓은 생각을 유지할 수 있다.

이 문제를 조금 더 살펴보자.

사람들은 다른 사람들이 항상 어떤 방법으로 정보를 얻고 있는지에 대해 알고 있다. 즉, 사람들은 어떤 사건이 일어나는 것을 직접 보면 그 사건에 대해 알게 된다. 사람들이 어떤 사건에 대해 쓰인 글을 읽으면 그 사건에 대해 알게 된다. 사람들이 다른 사람에게서 어떤 사건에 대해 이야기를 들으면 그 사건을 알게 된다. 또한 어떤 사건에 대해 증거가 많으면 많을수록 사람들이 그 사건에 대해 알게 될 가능성은 많아진다. 반대로 사람들은 어떤 사건에 대한 정보를 전혀 접하지 못하면 그 사건을 알지 못할 것이다. 이런 것들을 잘 알고 있다.

사람들이 언제 정보를 알게 되는지에 대한 이런 일련의 신념들은 매우 유용하다. 왜냐하면 이런 신념들이 있기 때문에 다른 사람에게 정보가 새지 않도록 하면서 온갖 일들을 몰래 할 수 있기 때문이다. 그리고 우리가 아는 것을 다른 사람이 모를 수 있고, 다른 사람이 알고 있는 것을 우리가 모를 수 있다는 것을 알게 되면 사람들이 왜 서로 다른 신념을 갖고 있는지를 이해할 수 있다. 그리고 사람들은 각자 믿고 있는 바가 다르기 때문에 왜 사람들이 사실이 아닌 것을 믿는지에 대해서도 이해할 수 있다.

예를 들어서, 존이 부엌으로 들어오다가 메리가 쿠키를 냉장고 옆 찬장에 넣는 것을 보았다고 하자. 메리는 존이 쿠키가 어디에 있는지 모르기를 바라기 때문에 존이 부엌에서 나가자 얼른 그 쿠키를 부엌의 찬장에서 꺼내어 난로 옆에 있는 서랍 속에 넣어 둔다. 자 이제 쿠키가 어디 있느냐고 당신에게 묻는다면 당신은 쿠키가 난로 옆 서랍에 들어 있다는 것을 알고 있으니 쿠키가 난로 옆 서랍 속에 들어 있다고 할 것이다. 그렇지만 존이 쿠키가 어디에 있다고 '생각'하겠느냐고 물으면 당연히 당신은 존이 아직도 쿠키가 냉장고 옆 찬장에 들어 있는 것으로 생각할 것이라고 답할 것이다.

메리와 존이 쿠키가 있는 장소에 대해서 서로 다른 믿음을 갖고 있다는 사실은 너무나도 뻔하고 그래서 뭐 그리 재미있는 일도 아니다. 그렇지만 이렇게 뻔한 것이라도 아이들이 제대로 이해하는 데에는 실제로 제법 시간이 걸린다. 어린아이들을 대상으로 오류신념 과제를 시험해보는 많은 실험연구가 있었다. 이 실험은 다음과 같은 방법으로 진행된다. 첫 번째 사람이 방에 들어와 그 방안에 어떤 물건이 있는 것을 본다. 그리고 나서 그 방에서 나와 다른 방으로 간다. 두 번째 인물이 들어와서 그 물건을 새로운 장소로 옮긴다. 아이들이 두 살이나 세 살 정도 되었을 때는, 그 물건이 원래 자리에서 옮겨졌다는 사실을 자기네들은 알지만 첫 번째 사람은 모르리라는 것을 알기가 매우 어렵다. 이렇게 어린아이들은 어떤 사람이 무엇을 아는지 각각 잘 추적할 수 있을 만큼 충분한 단기기억 용량을 갖고 있지 않은 것 같다. 그렇지만 아이들이 다섯 살이나 여섯 살쯤 되면 이런 오류신념 실험 과제를 제법 잘 풀 수 있게 된다.

누가 무엇을 알고 있는지를 잘 추적하기 위해서는 정신적인 노력이 필요하다. 그래서 때로는 어른들조차도 신경을 쓰지 않고 있으면 그렇게 정보를 잘 정리해 두기가 어려워진다. 보아즈 카이저(Boaz Keysar) 교수가 어른들을 대상으로 개발한 아주 기발한 실험이 있다. 실험자가 어른들에게 마이클에 대해 다음과 같은 정보를 준다. 마이클의 부모님이 방문할 예정이다. 그래서 마이클은 자기 비서에게 레스토랑을 하나 추천해 달라고 말한다. 비서는 새로 생긴 이태리 음식 레스토랑을 추천한다. 마이클은 저녁식사를 하러 부모님을 모시고 그 레스토랑으로 간다. 가서 보니 음식 맛이 아주 형편없다. 마이클은 아침에 출근해서 사무실 비서 책상에다가 짧은 메모를 남긴다. 메모에는 이렇게 쓰여 있다.

"레스토랑 추천해줘서 고마워요. 음식이 훌륭했어요. 아주 훌륭했어요."

실험에 참여한 사람들이 이 이야기를 다 듣고 난 다음, 실험자는 참가자들에게 비서가 사장님의 메모를 보고 어떻게 해석했을지 질문을 한다. 많은 사람은 비서가 그 메모를 비꼬는 말로 해석했을 것이라고 답했다. 그렇지만 잘 생각해 보면, 사장님이 그 메모를 비꼬는 말로 쓴 것이라는 것을 비서가 알 수 있으려면 그 음식 맛이 형편없었다는 것을 알고 있어야만 한다. 그렇지만 비서가 그 음식이 형편없었다는 것을 알 방법이 없다. (만일 물론 그 비서가 전에 밥의 비서로 일한 경험이 있다면 늘 비꼬는 말을 들어온 과거의 경험에 비추어 '아! 사장님이 지금 비꼬고 있구나' 하고 알겠지만, 또 이런 속사정이 있다고 하더라도 독자로서는 이 속사정을 알 수가 없는 일이지 않겠는가.) 왜 실험참가자들이 그렇게 답했을까? 어쩌면 사람들이 마이클 얘기를 읽으면서 누가 어떤 정보를 알고 있는지 신경 써서 소상하게 잘 추적해서 알아야겠다는 생각이 애당초부터 별로 없었고 그래서 누가 어떤 정보를 알고 있는지를 각 사람마다 별도의 칸막이를 해가며 정리해두지 않은 것일 수 있는 것이다.

그러면 다른 사람이 무엇을 알고 있는지 알고 있으면 어떤 좋은 점이 있을까?

이 장을 시작할 때 처음 들었던 예에서 보듯이, 다른 사람에 대한 마음이론을 갖고 있는 것은 남을 속이려 할 때 도움이 된다. 개들은 사람들이 어떻게 새로운 정보를 알게 되는지에 대해 알지 못하고 또 누가 무엇을 알고 있는지 알고 있어야 할 이유도 딱히 없기 때문에 훌륭한 거짓말쟁이가 될 수 없다. 그렇다고 해서 개들이 똑똑하지 않다는 것은 아니다. 예를 들어 아트가 기르는 개 중에 한 마리는 아트가 부엌에 있을 때보다는 없을 때 부엌 카운터로 뛰어올라 음식을 훔쳐 갈 가능성이 더 많다. 그렇지만 그것이 개가 아트의 마음을 따져 보았다는 것을 보여주는 것은 아니다. 개가 가지고 있는 인지작용이 마음이론을 가질 수 있을 만큼 그렇게까지 섬세하지는 못하다. 그런 사실은 그 개가 단지 아트가 부엌에 있을 때보다는 없을 때 더 자주 훔친 음식 맛을 보았다는 경험으로부터 학습한 결과일 뿐이다.

하지만 마음이론이 꼭 거짓말에만 관련된 것이 아니다. 실제로 성공적으로 의사소통을 하기 위해서는 필요하면서도 중요한 것이 하나 있다. 즉, 각 개인은 대화참여자들이 함께 공유하고 있는 정보와 개개인이 가진 정보를 잘 이해해야 하는 것이다. 예를 들어, 밥과 아트가 이야기를 나누고 있다고 해보자. 두 사람은 서로 친구 사이이고, 두 사람 다 심리학자이니까 공유된 지식을 사용할 수 있다. 또 함께 참여했던 행사에 대해서도 이야기 할 수 있다. 또 두 사람이 같이 알고 있는 공통의 친구에 대해서도 이야기 할 수 있다. 또 다른 심리학자들 대부분이 알고 있을 것이라고 생각되는 전문적인 지식에 대해서도 이야기 할 수 있다.

그런데 만일 밥이 아트에게 뭔가를 이야기하는데 그 내용이 아트가 이미 알고 있는 내용이라는 것을 아트 자신도 알고 밥도 그 사실을 알고 있다면 그 대화는 짜증스러운 대화가 된다. 사람들은 대개 다른 사람에게 이야기할 때 상대방이 모르는 이야기를 하는 게 정상이기 때문이다. 누군가가 이미 그것을 알고 있다면 구태여 그 이야기를 왜 하겠는가?

이 책을 쓰기 시작하면서 당연히 우리는 독자들이 장차 무엇을 배우게 될 것인지에 대해 짐작을 해야만 했다. 우리가 사용하는 개념 중에 어떤 것은 거의 모든 독자가 갖고 있을 공유된 지식의 일부로 간주한 것들이다. 이 장을 시작하는 부분에서 개 이야기를 했는데 그때 우리는 독자들이 개라는 동물이 무엇인지 알고, 개가 흔히 애완동물로 기르는 동물이라는 것을 알 것이라고 간주했다. 물론 아트가 개들을 기르고 있다는 사실은 모르더라도 말이다. 하지만 심리학에서 사용하는 개념은 대부분의 독자에게는 처음 접해 보는 개념일 것이라고 짐작하기 때문에 그러한 개념에 대해서 시간을 들여 자세히 설명한 것이다.

다른 사람의 마음속에 무엇이 들어 있는지 웬만큼 알지 못하면 그 사람과 효과적으로 상호작용을 하기 어렵다. 실상 많은 심리학자가 추정하는 바로는 자폐증을 가진 사람들의 특징 중의 하나가 마음이론이 잘못되어 있다는 것이다. 다른 사람들이 무슨 생각을 하고, 그들이 무엇을 알고 있고, 무엇을 모르는지를 전혀 알지 못한다면 사회적인 관점에서 볼 때 얼마나 답답하고 참담한 상황일지 상상해 볼 수 있을 것이다.

이러한 상황을 반대쪽에서 바라보면, 마음이론을 갖고 있으면 거짓말을 할 수 있다. 학교에 취학하기 이전의 학생들을 대상으로 한 연구들에서 보면 아이들에게 자기가 믿는 것과 다른 사람이 믿는 것을 구별하는 방법을 가르쳐주면 아이들은 금방 그 지식을 전략적으로 이용해서 남을 속이는 데 사용한다는 것을 보여 준다.

마음이론은 다른 사람들이 아는 것과 모르는 것을 이해하게 해줌으로써 다른 사람들과 효율적으로 의사소통하는 능력에 매우 중요한 역할을 한다. 그렇지만 고도로 발달된 마음이론을 갖고 있으면 남을 속이는 사기의 귀재가 될 수도 있다. 그렇지만 어쨌든 좋은 도구는 나쁜 목적으로 잘못 사용하는 사람이 어디엔가 늘 있는 것 아니겠는가.

> **다른 사람과 교류하는 능력과
> 다른 사람을 속이는 능력은
> 동전의 양면이다.**

도대체 뇌는
뭐 하는 기관인가?

⋮

뇌는 우리가 살아가는 데 너무나도 중요하기 때문에 도대체 뇌가 실제로 무엇을 하는 기관인지 궁금해하는 사람은 별로 없다. 뇌가 도대체 뭐하는 기관이냐니 정말 이상한 질문처럼 보인다. 도대체 그게 질문거리가 될까?

뇌라는 물건은 없는 것보다는 있는 게 두말할 필요도 없이 훨씬 좋은 일이지만, 생물학적으로 볼 때 뇌는 만드는 데에도 매우 큰 비용이따르고 또 유지비도 많이 들어가는 물건이다. 인간의 뇌는 무게가 겨우 체중의 3퍼센트 정도밖에 안 되지만, 에너지로 말하면 몸 전체가 사용하는 에너지의 20퍼센트를 사용하고 있다. 그것도 매일 매시간

심지어는 자고 있을 때까지도 계속 에너지를 써가며 돌아가고 있다. 세상 대부분의 생물종들은 뇌가 있어도 크지 않고, 예를 들어 단세포 동물이나 식물, 포자류 생물들과 같이 실상 대부분 생명체는 아예 뇌가 없다.

그러면 진화의 선택적 압력은 왜 그렇게 엄청난 에너지를 쓰는 값비싼 물건을 만들어 내자는 결정을 내렸을까? 진화 과정을 간단한 동물 윤곽선으로 표시한 그림을 본 적이 있을 것이다. 그런 윤곽선 그림에는 물고기가 파충류 동물로, 또 파충류가 쥐나 토끼 같은 설치류 동물로, 설치류가 원숭이로, 또 원숭이가 사람으로 바뀌어 가는 모습을 윤곽으로 보여 준다. 그런 그림을 본 사람들은 진화 과정을 점점 더 복잡해져 가는 과정인 것처럼 단정 지을 가능성이 크다. 그렇지만 실제로는 그렇지 않다. 진화 과정은 선을 따라 진행되는 것도 아니고, 조금 더 복잡하게, 나무처럼 뻗어 나가는 방식으로 진행되는 것도 아니다. 굳이 모형으로 말하자면, 굵은 가지나 잔가지들이 무수하게 달려 있고 각 가지가 어디로 어떻게 뻗어 나갔는지 알 수 없을 정도로 매우 **빽빽**한 덤불 같다고 할 것이다. 진화 과정에는 천문학적인 숫자의 유전자 변형들이 일어나고 이 변형들이 진화의 기초를 이루고 있다. 그런데 이런 유전자 변형의 대부분은 아무런 영향도 없거나 때로는 생명체 안에 변화를 만드는데, 그 변화 때문에 생명체가 결국 생존에 실패하기도 한다. 하지만 어쩌다 한 번씩 유전자 변형이 생존에 도움을 주는 일도 있는데 이렇게 해서 생명체가 생존하게 되면 이 유리한 변형이 다음 세대로 계속 전해져 내려간다.

진화 초기 역사에서 우리의 조상인 단세포 생물들은 뇌는 고사하고 뇌와 비슷한 것조차 없었다. 이 생물들의 행동은 그저 환경에서 일어나는 일에 대한 화학반응에 의해 결정되었다. 단세포 생물들이 빽빽하게 모여 '생물막(biofilm)'과 같은 구조를 이루게 되었을 때, 그리고 각각의 세포가 우연히도 잘 결합해서 다세포 생물이 되었을 때, 이들은 화학적 소통만으로 세상을 살아갈 수 있었다. 화학적 소통이란 화학분자를 퍼뜨리면 그 퍼져 나가는 분자들을 다른 세포들이 감지함으로써 소통하는 것이다. 그러다가 정말 운이 좋은 한 종의 생명체가 다른 세포에게 화학분자가 아닌 전기로 신호를 보낼 수 있게 되었다.

초기의 생명체들에게는 그 생존 환경이 물이었고, 또 세포들이 사용한 가장 중요한 매체도 물이었는데, 화학적 신호는 물속에서 천천히 그리고 특별한 방향성이 없이 그냥 아무렇게나 퍼져 나간다. 이에 비해 전기적 신호는 화학적 신호보다 더 빠르고 멀리 전달되어서 이 전기신호를 사용하던 초기의 운 좋은 조상들에게 생존의 이점을 주었다. 생명 종의 발달과정은 세대가 끝없이 반복되어 결국 '신경절(ganglia, 중추)'이라고 불리는 덩어리가 생겨나게 되었다. 신경세포의 전기를 이용해 신호를 보내는 이 세포 덩어리들은 정보를 전달할 뿐만 아니라 경험을 통해 스스로 변화할 수 있는 능력을 발달시키기에 이르렀다. 여기서 경험을 통해 변화한다는 것은, 무슨 일이 있었는지 기억하는 것, 즉 학습하는 것을 가리킨다. 이 과정은 이온이 세포 안으로 들어가거나 나오거나 할 수 있도록 세포의 문을 열거나 닫거나 함으로써 이루어진다. 이런 과정을 통해 1.5킬로짜리 끈적끈적한 물건인 뇌라는 기관이 진화되기에 이르렀고, 우리 모두는 이 진귀한 물건을 각자의 두개골 안에 넣고 다니는 행운을 갖게 된 것이다.

그러면 왜 학습능력이 그렇게 중요한 것일까? 뇌가 과거에 대한 정보를 저장하면 생명체는 즉시 그 정보를 이용하여 앞으로의 환경에 대응하는 방법을 변화시킬 수 있게 된다. 즉, 이 생명체는 과거의 경험을 통해 미래가 어떻게 될지에 대해 '예측'할 수 있게 된다. 그리고 그러한 예측 능력은 예측 능력이 없는 동물들에 비해 생존 가능성이 높아지게 해준다.

한 번 상상해 보자. 만일 당신이 깜깜한 밤에 지금 어디 있는지도 모르고, 주변에 뭐가 있는지도 모르고, 주변에 있는 뭔가가 무엇을 할지도 모르면서, 여기저기 방황하고 있다면 위험에 매우 취약한 상황에 놓이게 될 것이다. 그런 상황을 잠깐만 생각해 보라. 주변에 사나운 동물이 당신도 모르는 사이에 당신을 덜컥 붙잡을 수도 있고(그러면 당장 죽은 목숨이다), 주변에 먹을 것이 있는데 그것을 놓칠 수도 있고(이래도 결국 죽기는 마찬가지다), 주변에 있는 경쟁상대가 다른 훌륭한 짝을 차지할 수도 있다(이것도 안타까운 일이다). 이런 일들이 벌어지면, 앞에서 진화를 빽빽한 덤불로 비유했는데 당신의 운명은 그 덤불의 아주 가느다랗고 짧은 가지 맨 끝에 매달린 신세가 되는 것이다. 하지만 당신이 앞으로 무슨 일이 벌어질지를 예측할 수 있다면 세상은 살아가기가 좀 더 수월한 곳이 될 것이다. 먹잇감이 될 만한 동물이 도망을 칠 때 어느 방향으로 방향을 바꿀지를 예측할 수 있다면 그 도망치는 먹잇감을 더 쉽게 잡을 수 있다. 당신이 맹수에게 쫓길 때, 어느 구멍을 보고 구멍 입구의 크기가 당신은 들어갈 수 있지만 그 맹수는 들어갈 수 없는 정도라는 것을 판단해낼 수 있다면, 목숨을 건지는 데 도움이 될 것이다. 뇌는 이처럼 예측을 하고 그 예측에 따라 반응하는 능력을 거대한 차원에서 발휘할 수 있게 해준다.

당신이 세상 속에서 이리저리 다닐 때 뇌는 기억에 이미 저장된 내용에 따라 끊임없이 예측을 하고 있다. 대부분의 경우 이 예측은 아주 훌륭한 수준이다. 당신이 컵을 잡거나, 차에 키를 넣고 돌려 시동을 걸거나, 친구에게 미소를 짓거나, 새로 만나는 사람에게 악수를 청하기 위해 손을 내밀거나 할 때 뇌는 다음에 무슨 일이 있을지를 예측한다. 이 경험들 속에서 '실제로 벌어지는 일들'은 앞으로의 예측이 더 정확하게 되도록 기억을 업데이트한다. 예를 들어, 당신이 새로운 프라이팬을 샀는데 그것을 처음 쓸 때 금속성 손잡이가 이전에 쓰던 프라이팬 손잡이보다 열 전도성이 높다는 것을 깨달았다고 하자. 쉽게 말해 새 프라이팬 손잡이가 이전 것과 달리 무척 뜨거웠다고 하자. 그러면 뜨거운 손잡이와 그로 인한 잠깐의 고통이, 프라이팬을 잡는 상황에 대한 기억을 업데이트 해준다. 매번의 자잘한 예측 오류와 그에 따른 조정은 뇌 안에 중요한 변화를 만들어내고, 그것은 결국 생존가능성을 높여 준다. 결국 뇌는 비싼 물건이지만 그 비싼 값을 하는 것이다. 즉, 뇌가 없는 생명체는 앞으로 무슨 일이 생길지 모르는 상태에서 세상에 벌어지는 일에 속수무책으로 방치되어 있지만, 당신은 뇌 덕분에 자신의 생명을 좀 더 잘 꾸려가고 당신의 노력을 더 성공적이도록 만들 수 있는 것이다.

"

아이코, 또 실수했네!
하지만 이렇게 또 배웠네.

"

모차르트 음악을 들으면
더 똑똑해질까?

전혀 힘들이지도 않고 똑똑해질 수 있다면 얼마나 신나는 일일까? 모차르트의 소야곡 아이네 클라이네 나흐트무지크를 틀어 놓고 그 음표가 하나씩 지나갈 때마다 뇌의 IQ가 쑥쑥 올라가는 걸 볼 수 있다면 얼마나 멋질까. 그저 음악을 듣기만 해도 그런 놀라운 일이 벌어진다면 이보다 좋은 일이 있겠는가. 그런데 흔히 하는 말 중에 "너무 좋아서 사실일 수가 없으면 그건 사실이 아닐 가능성이 크다." 하는 말이 있는데, 음악과 지능에 관해서도 이 말이 딱 들어맞는 것 같다.

그러면 사실도 아닌데 어쩌다가 "모차르트 음악을 들으면 더 똑똑해진다."는 헛소리가 그렇게 많은 사람 입에 오르내리는 것일까. 이 이야기의 발단은 학술지 『네이처(Nature)』에 실린 논문들 때문이었다. 잘 알듯이 이 학술지는 세계 과학 학술지 중 최고 권위 있는 두 세 학술지 중 하나이다. 1990년대 초반에 몇 심리학자들이 연구논문들을 이 학술지에 실었다. 심리학자들은 만만한 게 대학생들이니 늘 대학생들을 데려다가 실험을 하는데, 이 연구들도 마찬가지로 대학생들을 대상으로 일종의 공간추리능력이라 불리는 사고능력을 검사하는 시험을 치르게 했다. 이 학생들 중 3분의 1은 시험을 치르기 전에 모차르트 음악을 10분 동안 듣게 했고, 다른 3분의 1은 마음을 가라앉혀 주는 명상 음악을 10분 동안 듣게 했고, 나머지 3분의 1은 조용하게 가만히 10분 동안 앉아 있게 했다. 결과가 어떻게 나왔을까? 명상 음악을 들은 학생들과 조용히 앉아 있던 학생들은 성적이 거의 같았는데, 모차르트 음악을 들은 학생들은 자기 동료들보다 이 공간추리능력 시험에서 약간 더 높은 점수를 받은 것이다. 이 연구를 한 학자들은 어찌 된 영문인지 자세히는 몰라도 모차르트 음악의 구조가 두뇌의 반응을 자극한 것이라고 단정지었다. 그리고 이 이야기는 미디어를 타고 온 세상에 퍼졌다.

정말 순식간에 '모차르트 효과'가 전 세계의 화두가 되었고, 이 상품은 없는 곳이 없게 되었다. 1998년 미국 조지아주의 주지사는 산모들이 출산 후 산부인과 병동에서 퇴원할 때에 아기들에게 들려 줄 모차르트 음반을 선물해주도록 10만 달러에 이르는 주 정부 예산을 책정했다. 여기에 편승해서 모차르트 음악을 들으면 엄청난 효과가 있다고 주장하고 나서는 기업들이 우후죽순처럼 생겨났다. 〈두뇌의 능력을 높여주는 모차르트 음악(Mozart for Brain Power)〉, 〈머리에 좋은 모차르트 음악(Mental Mozart)〉, 〈당신의 머리를 위한 모차

르트 음악: 두뇌 능력을 높이세요(Mozart for Your Mind: Boost Your Brain Power)〉, 〈모차르트 효과: 신생아를 위한 음악 - 찬란한 시작(The Mozart Effect: Music for Newborns - A Bright Beginning)〉과 같은 CD는 아직도 시중에서 살 수 있다. CD 타이틀은 이것들 말고도 훨씬 많지만, 이 정도 이름만 대어도 무슨 이야기인지 이해할 것이다.

앞에서 말한 실험 연구 결과는 물론 실험대상자들을 비교해서 얻은 것이다. 한쪽은 편안하게 쉬거나 조용히 앉아 있는 학생들이었고, 다른 한쪽은 모차르트 음악을 들은 학생들이었다. 그런데 대조에서 영향을 미친 변인의 가능성을 보면, 한쪽은 침묵 또는 긴장완화 상태를 경험한 학생이라 할 수 있지만, 다른 쪽은 이것과 대응되는 가능성을 확정짓기 어려운 실험이다. 즉, 그 대응 가능성은 소리를 들은 학생, 음악을 들은 학생, 피아노 음악을 들은 학생, 클래식 피아노 음악을 들은 학생, 모차르트의 클래식 음악을 들은 학생, 모차르트가 작곡한 특정한 피아노 곡('두 대의 피아노를 위한 소나타' D장조 쾨헬번호 488)을 들은 학생 등 여러 가지 중에 어느 것이라도 대조 조건이 될 수 있었던 실험이다. 그런데 그 실험을 한 연구자들은 이 대응가능 항목 중에 맨 마지막 것이 대응 관계를 보인 것이라고 임의로 단정 지었던 것이다.

이 발표가 나오자 과연 이 효과가 있는지 많은 연구자가 각자의 실험실에서 연구하기 시작하였다. 어떤 학자들은 모차르트의 음악이 아닌 다른 온갖 종류의 음악, 심지어는 야니(Yanni)의 음악도 비슷한 효과를 낸다는 것을 밝혔다. '모차르트 효과'처럼 '야니 효과'라는 게 나타나서 세상을 흔들 수도 있다는 걸 상상하면 끔찍한 노릇이다. 어떤 학자들은 실험대상이 된 학생들에게 색깔이 요란한 컴퓨터 화면 보호기를 멍하니 쳐다보게 한 후에도 유사한 효과가 나오는 것을 확인했다. 그리고 이들 중에서 가장 극적인 주장은 인간 아닌 다른 동물들에도 모차르트 효과가 있다는 주장이었다. 이 실험에 따르면 태아 때부터 모차르트 음악을 들으면서 자란 쥐들은 불행하게도 백색소음이나 필립 글라스의 미니멀리스트 음악을 들으며 지낸 쥐들보다 미로 찾아가기 실험에서 더 뛰어난 실력을 발휘하는 것으로 드러났다. 그런데 이런 실험 이후에 밝혀진 연구는 이런 결과를 매우 당혹스럽게 한다. 즉, 연구에서 밝혀진 바로는 (1) 태아 쥐들은 엄마 쥐 배 속에 있을 때 아무 소리도 들을 수 없다는 것, (2) 쥐들은 태어날 때 청각 능력이 없다는 것, (3) 쥐의 청각 체계에서는 모차르트 음악의 대부분의 음표에 해당하는 소리를 인지할 수 없다는 것 등이 밝혀졌다. 흠… 정말 뭐라고 해야 하나….

그러면 이런 얘기들은 다 무슨 말인가? 학계에서 가장 널리 받아들여지고 있는 해석에 따르면, 흥분과 즐거움이 실제로 정신 활동을 더욱 활발하게 해준다는 것이다. 과연 모차르트 효과가 존재하는 것인지를 실험한 많은 실험연구들에서 밝혀진 것은 이것이다. 실험참가자들이 받은 자극의 종류가 음악이든, 재미있는 이야기이든, 자연의 소리이든 간에, 본인이 받는 자극을 더 좋아하면 좋아할수록 테스트에서 점수가 높아진다는 것이다. 실제로 긍정적인 분위기가 사람을 더 창의적으로 만들고 여러 가지 테스트에서 더 점수를 높게 받도록 만든다는 훌륭한 증거들은 수없이 많이 나와 있다.

우리가 이러한 주제를 다루기로 한 것은, 이 이야기가 음악이 '우리를 더 똑똑하게 만들어 주는' 잠재적인 효과가 있다는 이야기일 뿐만 아니라 과학의 연구절차가 어떠한지를 보여주는 이야기이기 때문이다. 물론 우리 연구자들은 누구나 세상 현상에 대해 실험 연구를 하면서 각자 개인적으로 선호하는 설명이 있게 마련이다. 그리고 우리가 잘못한 것이 분명한 증거가 있는 데도 불구하고 그렇게 특정한 것을 좋아하는 태도는 변함없이 끈질기게 유지된다는 것이다. 과학자들도 결국 인간이기는 마찬가지다. 인간이기 때문에 어쩔 수 없이 비이성적인 행동을 할 가능성이 많은 것이다. 이런 인간의 나약함은 모차르트 효과에서 아주 잘 드러난 것 같다. 미국음악상인협회는 말할 것도 없고 많은 미디어들이 음악을 들으면 지능이 높아지는 효과가 있다고 선전하는 데에 매우 많은 투자를 했기 때문이다. 작가 업튼 싱클레어는 "어떤 사람이 뭔가를 이해하지 못해야 봉급을 받는 상황이라면 그 사람에게 그 뭔가를 이해하게 만들기는 매우 어렵다."는 매우 묘미 있는 말을 남겼다.

모차르트 효과의 돌풍은 아무 노력하지도 않고 좋은 결과를 얻을 수 있다는 황당한 아이디어가, 그럴듯해 보이는 과학적 신뢰를 얻게 되면 무슨 일이 벌어지는가를 보여 주는 상징적인 사건이다. 그냥 어떤 음악을 듣기만 하면 나도 더 똑똑해지고 우리 애들도 더 똑똑해진다고? 나쁠 거 아무것도 없잖아? 와! 게다가 세계적인 권위를 가진 『네이처(Nature)』 학술지에 연구 논문까지 실렸잖아? 이렇게 생각하는 것이다. 사실 이런 종류의 돌풍은, 우리가 초콜릿을 먹으면 살이 빠진다든가, 레드 와인을 마시면 장수한다든가 하는 말로도 얼마든지 만들어 낼 수 있다.

하지만 과학은 그저 우리가 마음속에 원하는 게 있다고 그대로 믿어버리지 못하게 만드는 학문이다. 훌륭한 과학은 우리가 실험에 착수하기 전에 증거의 규칙을 정하고 무엇이 증거로서 효력이 있는지를 분명하게 한다. 그리고 그러한 강력한 규칙을 통해서 우리 직관으로는 분명하지 않은 세상의 이치들을 이해할 수 있도록 해준다. 우리 인간이 생각할 수 있는 스케일과 관점에서 볼 때, 이 세상에는 우리가 시속 6만 7천 킬로미터의 속도로 허공을 가로지르며 굴러가고 있는 둥근 공의 표면에 서 있다는 사실을 알게 해주는 표시가 아무것도 없다. 그렇게 아찔한 속도로 달리고 있다니. 아니, 바깥 정원을 내다보라. 얼마나 평온하고 조용한가! 또 이 사실은 정말 생각할수록 끔찍하지만, 우리 몸속이나 몸 표면에 있는 세포의 절반 이상이 인간의 세포가 아니라 박테리아나 다른 미생물이라는 사실에 대한 아무런 증거도 우리 눈에 보이지 않는다. 혹시 과학을 비꼬는 사람들은 모차르트 효과라는 황당한 광풍도 결국 과학 때문 아니었냐고 반박할 수도 있다. 세상에서 가장 권위 있다는 학술지에 실린 이야기였기 때문에 그렇게 된 것 아니냐고 말이다. 맞는 말이다. 그렇지만 결국 초기의 잘못된 해석을 다시 수정해 준 것도 과학이었다. 과학은 연구결과의 신빙성을 확보하기 위해서는 실험을 반복해서 동일한 결과를 얻어야 한다는 것을 끊임없이 요구하기 때문이다.

우리가 이 이야기를 끝맺기 전에 한 가지 덧붙일 말이 있는데 그것은 음악을 하는 것이 매우 훌륭한 효과가 있다는 것이다. 노래를 배우거나 악기 연주를 배우는 것은 다양한 이점을 가져다준다. 노래하거나 악기를 다루는 것은 이 세상 어떤 활동 못지않게 두뇌의 활동을 자극한다. 이런 음악활동은 인식체계, 근육운동체계, 감정체계, 동기유발체계 등 다양한 체계들을 조화롭게 일치시키는 활동으로 게다가 매우 놀라울 만큼의 만족감도 덤으로 선사해 준다.

아트는 수년 동안 색소폰을 배우고 싶어 했다. 그리고는 나중에 임종할 때 자기 침상 옆에 늘어서 있는 사랑하는 가족들에게 "나는 평생 색소폰을 배우고 싶었는데 참 아쉽구나…" 하고 말하는 대신 용감하게 색소폰을 배우기로 하고 방법을 찾아 나섰다. 사실 아트는 아직도 레슨을 받고 있고, 두 개의 밴드에서 색소폰을 연주하고 있다.

물론 색소폰을 배우기로 한 게 머리 좋아지겠다고 한 것은 아니다. 물론 머리에 나쁠 것도 없지만. 아트가 색소폰을 배운 것은 음악을 사랑하고 음악 연주에 직접 능동적으로 참여하고 싶어서였던 것이다. 흥미로운 사실은, 똑똑하다는 것이 음악을 연주하는 과정에 포함되는 사고와 행동 그리고 느낌의 여러 가지 측면들을 조화시키고 일치시키는 능력이 향상되는 것을 뜻하는 것이라면, 음악이 사람을 더 똑똑하게 만들어 준다는 말은 분명한 사실이다. 그리고 설령 음악이 사람을 더 똑똑하게 만들어주지 못한다고 하더라도, 악기를 연주하는 법을 배우면 결국 악기를 연주할 수 있게 되는 것이다. 멋지지 않은가! 게다가 재미도 있다.

모차르트 효과와 같은 생각은 이제 '마술 같은 허황된 생각들 보관함'이라는 서류함 속에 넣어 버렸다. 거기에 따라 다니던 CD와 여러 가지 자잘한 도구들도 이제 다 서류함 속으로 치워버렸다. 다 지난 이야기이다. 핵심은 다른 장에서도 다루었듯이 우리의 뇌 기능을 더 좋아지게 만들기 위해서는 결국 노력과 주의집중이 필요하다는 것이다. 음악을 듣는 일은 즐겁다. 그러나 노래나 악기를 배우는 일은 단지 듣기만 하는 것과는 또 다른 종류의 즐거움을 가져다줄 뿐만 아니라 우리의 두뇌를 더 발달시켜 주는 효과까지 함께 가져다준다.

> 브레인 게임을 하기보다는
> 음악을 배워라.

왜 사람들은 나 빼고는
모두 게으름뱅이일까?

우리 두 사람 주변에는 음악가들이 많다. 그리고 지난 수년간 우리는 음악 밴드에서 활동해 왔다. 그런데 대단히 훌륭한 음악 밴드가 얼마나 쉽게 해체되는지를 보면 놀랍기 그지없다. 어느 순간에 보니 음악가 그룹이 함께 모여 힘을 합쳐 놀라운 음악을 만들고 있다. 그런데 다음 순간에 보니 서로 물건을 집어 던지고 끔찍한 말싸움을 하고 그리고는 서로 왜 저런 사람을 만났는지 후회들을 하고 있다.

음악 밴드가 해체되는 데에는 많은 요인들이 있다. 예를 들어, 다른 사람들과 순회공연을 하며 여행하는 것은 쉬운 일이 아니다. 그렇게 긴 시간 동안 여행을 하다 보면 사람들 속에 있는 최악의 모습이 밖으로 튀어나온다. 가족들하고 같이 각자가 다 자기의 프라이버시 공간을 갖고 살아도 함께 사는 일은 힘들게 마련인데, 가족도 아닌 남들이 밴드 멤버들하고 같이 사는 것이 어려운 것은 말할 것도 없다.

그런데 밴드를 해체시키는 데 가장 치명적인 역할을 하는 것은 크레딧 배정의 문제이다.

밴드에는 밴드 멤버들도 있고 거기에 매니저, 앨범 프로듀서, 기타 스태프들이 있어서 모두 그 밴드의 성공을 위해 각자가 맡은 역할을 하게 된다.

어떤 음악 밴드가 심리학자를 한 명 (아니면 우리처럼 두 명) 고용했다고 하자. 그리고 심리학자는 이 밴드와 관련 있는 각 개인에게 자기 밴드의 성공이 순수하게 자기의 노력 덕분이라고 생각되는 비율이 몇 퍼센트냐고 물었다고 하자. 무슨 일이 일어날까?

밴드 멤버들 전원이 밴드의 성공에 자신이 기여한 부분을 아주 정확하게 잘 파악하고 있다면 멤버들의 기여율을 모두 더했을 때 100퍼센트가 나올 것이다. 밴드 멤버들이 모두 다른 사람이 성공에 기여한 노력을 주목한다면 자신의 기여도는 줄어들 테고, 결국 합산하면 100퍼센트에 못 미칠 것이다.

그런데 현실에서는 거의 모든 사람이 자신의 기여도를 과대평가한다. 결국 멤버들의 자기 평가 기여도를 모두 합치면 100%를 훨씬 더 초과하게 된다.

이런 현상은 (거의) 모든 사람에게 '자기중심편향(egocentric bias)'이 있음을 보여 준다. 즉, 우리는 다른 사람의 행동보다 자신의 행동에 더 초점을 맞추고 있기 때문에 그것이 전체 그룹의 성공에 대해 자기가 기여한 것을 과도하게 높이 평가하게 만든다는 것이다.

그러면 이 자기중심적 편향은 어디에서 오는 것일까? 사람들은 다른 사람들이 한 일보다 자신이 한 일에 더 초점을 맞추어 생각하게 하는 데, 이것은 여러 가지 요인이 한데 어우러져 있다.

이러한 일에 관여하는 한 가지는 기억의 역할이다. 내가 밴드 멤버라면 우리 밴드의 성공을 위해 내가 노력한 많은 것을 기억할 수 있다. 예를 들어, 다른 사람들이 다 집에 간 다음에 늦게까지 스튜디오에 남아서 뒷정리를 하던 일, 신곡 노래가 나왔을 때 반복 선율을 최고 수준으로 만들기 위해 오랜 시간을 투자하던 일, 내게 새로운 곡에 대한 영감이 떠올랐는데 우리 밴드가 그것을 채택한 일 등 말이다.

물론 다른 사람들이 노력하는 모습도 지켜보았다. 그렇지만 남들의 노력을 모두 다 빠짐없이 볼 수는 없으니 다른 사람들이 기울인 노력의 상당량은 내가 보지 못한 상태다. 그러니 다른 사람들의 노력과 나 자신의 노력을 비교하는 순간에 내 노력이 더 크게 드러나는 것은 어쩔 수 없는 일이다.

게다가 '해석수준효과(construal level effect)'라는 것이 여기에 들어온다. 이것은 무엇인가가 거리상 멀리 떨어지면 떨어질수록 그것에 대한 우리의 생각은 더 추상적이 된다는 말이다. 여기에 따르면 우리 자신은 말하나 마나 우리 자신에게 최대한 가까이 있다. 그러니 우리 자신의 행동에 대한 우리의 생각은 매우 구체적이다. 우리가 한 일을 생각하면 매우 세부적인 일들까지 다 생각난다. 그렇지만 다른 사람이 한 일을 생각할 때는 그보다 훨씬 더 추상적이고 덜 구체적이게 된다. 예를 들어 우리는 작곡할 때 세부적으로 많은 일을 한다. 특정한 반복 소절을 이리저리 만들어 보고, 코드의 순서를 최고 수준으로 맞춰보고, 브리지를 만들어 넣어 보고, 가사를 이리저리 만들어 어느 것이 좋은지 보고 등 구체적인 일들에 몰두한다. 이런 일들은 매우 세부적이고 많은 노력을 필요로 하는 행위들이다. 그런데 우리 밴드에 있는 다른 멤버가 작곡하는 것을 생각할 경우에는 그런 세세한 일들에 대해서는 생각하지 않고 그냥 추상적인 과정으로 생각하게 되는 것이다.

우리가 스스로 그룹에 기여한 공로를 평가할 때 관여하는 또 다른 요소는 동기이다. 특히 우리는 우리 것을 다른 사람 것보다 더 좋아하는 경향이 있다. 이러한 경향을 '보유효과(endowment effect)'라고 부르는데 이것은 사물뿐만 아니라 행동에도 적용된다.

다음 경험을 예로 들어 보자. 몇 년 전에 아트는 새로운 집으로 이사를 갔다. 그래서 이사를 가기 전에 거라지 세일, 즉 물건 정리 세일을 했다. 예로부터 집안에 쌓인 잡동사니를 없애는 데에는 이보다 더 좋은 방법이 없다. 그래서 거라지 세일을 하기 위해 차고와 차고 앞 잔디밭에 물건들을 내놓고 각 물건에 값을 매기기 시작했다. 아트는 자기가 입던 멋진 양복이 있었는데 25달러를 받고 싶었다. 옛날에 듣던 테이프와 CD는 각각 50센트에서 1달러 정도씩 값을 매겼다. 거의 한 번도 안 썼던 제빵 기계는 한 10불은 받아야 한다고 생각했다.

물건을 늘어놓고 나자 드디어 거라지 세일을 찾아다니는 헌터들이 나타나기 시작했다. 물건에 얼마짜리 가격표가 붙어 있든지 간에 사람들은 값을 깎아달라고 했다. 물론 사람들이 오면 물건값을 흥정하려 할 거라는 생각을 하기는 했지만, 아트가 표시된 가격 아니면 안 된다고 버티면 사람들은 그냥 가버리는 것이었다. 아트는 그게 놀랍기는 했지만 일찍 온 사람들은 가격을 크게 깎아볼 심산으로 왔을 거라고 생각하고 다른 사람들이 오기를 기다렸다.

하루 종일 사람들이 오고 갔지만 이상하게도 사람들은 아트가 붙여 놓은 가격에는 물건을 살 생각이 별로 없어 보였다. 결국, 끝판에 가서는 거의 돈도 안 받다시피 하면서 물건을 정리했다. 믹서기는 2달러에 넘기고, 자기가 좋아하던 멋진 양복은 셔츠 몇 벌과 넥타이 몇 개까지 얹어주면서 5달러에 팔고 말았다.

이런 일은 사람들이 거라지 세일에 올 때 그저 싸게 사려고만 하기 때문에 생기는 것이 아니다. 우리는 내 물건을 다른 사람들이 생각하는 것보다 더 귀하게 생각한다. 그 물건들은 역사를 갖고 있는 물건들이다. 그리고 더 중요하게 그것은 '내' 물건인 것이다. 우리는 모두 내 물건에 대해 즉각적으로 애착을 가진다. 그리고 애착을 가짐과 동시에 우리가 생각하는 그 물건의 가치는 올라가는 것이다.

우리의 행동에 대해서도 같은 일이 일어난다. 다시 밴드 이야기를 해보면, 밴드의 노래들 중에도 내가 직접 뭔가 기여를 한 곡을 다른 곡들보다 더 좋아한다. 밴드를 위해서 수고한 모든 내 행동에 더 많은 가중치를 둔다. 그러니 우리가 한 일을 다른 사람이 한 일보다 더 많이 기억할 뿐만 아니라 우리가 한 일을 다른 사람이 한 일보다 더 귀하게 생각하는 것이다.

바로 이런 이유들 때문에 사람들이 자신의 크레딧을 인정받으려 할 때 문제가 생겨나는 것이다. 어떤 밴드에게는 경제적인 이익이 중요할 수도 있지만 이런 크레딧이 꼭 경제적인 이익에 관한 것만은 아니다. 그저 사람들은 자신이 노력한 일을 다른 사람이 알아주기를 바라는 것이다.

다른 사람의 수고를 인정하는 데에 조금만 신경을 쓰면 사회적인 상호작용이 매우 부드러워진다. 사실상 우리 모두는 내가 속한 단체나 기관에 내가 할 수 있는 한 최대한 기여하고 싶어 한다는 사실을 기억하는 것이 중요하다. 내가 우리 그룹이 잘되도록 노력을 기울이는 만큼 다른 사람들도 열심히 노력을 기울이고 있는 것이다.

혹시 내가 하는 일이 내게 정해진 몫보다 더 많다고 느껴지기 시작하면, 먼저 다른 사람들이 한 일들을 열심히 찾아보고, 그들의 노력을 칭찬해 보라. 이처럼 다른 사람이 한 일에 대해 감사를 표현하는 일은 다른 사람이 기울인 노력을 스스로 기억하는 데에 매우 훌륭한 방법이다.

사실 밥은 자기중심적 편향의 잘못된 효과를 없애는 방법을 잘 알고 있다. 밥을 보면, 다른 사람이 한 일에 늘 감사하고 다른 사람이 한 훌륭한 일들을 늘 사람들에게 알리곤 한다. 바로 이런 행동 때문에 밥은 늘 행복하게 살고 있다. 다른 사람들에게 감사함으로써 실은 다른 사람들이 고맙게도 자기를 위해 얼마나 많은 일을 해주고 있는지를 자신에게 상기시키고 있는 것이다. 다른 사람이 내게 해준 고마운 일들을 기억하면 당연히 기분이 좋아질 수밖에 없지 않겠는가.

> **화내지 말라.**
> **감사하라.**

망상은
좋은 것일까?

:

망상이란 말은 좋은 느낌을 가진 단어가 아니다. 아트는 아직도 고등학교 때 반 친구들이 상대방 말이 틀렸다는 얘기를 하려면 "야, 너 망상에 빠진 거 아냐?" 하고 서로에게 소리 지르던 것이 귀에 쟁쟁하다. 사람들은 망상에 빠지면 현실과 매우 동떨어진 것을 믿게 된다.

이 책을 여기까지 읽었으면 독자는 우리의 뇌가 세상에 대해 항상 정확한 평가를 내리지는 않는다는 것을 감 잡기 시작했을 것이다. 우리는 과거 사건에 대해 우리가 가지고 있는 기억을 재구성한다. 따라서 과거 사건의 세밀한 부분에 대한 기억이 실제로 다 정확한 것인지 확신할 수가 없다. 게다가 세상에 대한 우리의 신념도 늘 일관되지 않아서 우리의 장기기억에 들어가 있는 많은 정보의 조각이 서로 모순적일 가능성이 크다.

또 우리의 시각체계도 때로는 제대로 못 보는 실수를 한다. 시각체계가 사물을 특정한 관점에서 보기 때문에 그런 일이 생긴다. 그렇지만 시각체계는 우리 주변 세계를 파악할 때 사용하는 정보가 매우 많기 때문에 자연적인 상황에서 우리가 보는 것이 실제와 완전히 다른 일은 드물다. 능력 있는 예술가들은 제법 그럴듯한 환상을 일으키는 작품을 만들지만 자연은 그렇지 않다.

이것은 합리적인 현상이다. 우리가 보는 것이 흔히 잘못된다면 매우 위험한 상황이 될 것이다. 위험한 상황에서 벗어나지 못할 수도 있다. 실제로 바닥이 없는데 바닥이 있는 줄로 알고 걸어가려 하다가 사고를 당할 수도 있다. 주변에 있는 사물들에 대해 유효한 정보가 없다면 물건을 확인하고 그것을 사용하는 데에 어려움을 겪을 수도 있다. 따라서 진화 과정은 우리의 시각을 속도와 정확성에 있어서 최적화하는 데에 많은 공을 들였다. 그 결과 우리가 보는 세상은 실제 세상과 별반 큰 차이가 없다.

세상을 파악하는 능력과 시각 사이에는 일종의 유추관계가 있는 것 같다. 예를 들어 우리가 실제로는 들어 올릴 수 없는 물건인데 들어 올릴 수 있다고 믿었다고 하자. 그러면 아예 까딱도 하지 않는 물건을 들어 올리려고 많은 시간과 노력을 허비할 수 있다. 직장에서 자신의 능력을 과대평가하게 되면 결국 감당할 수 없는 과제를 맡게 되어 결국 해고될 수도 있다.

실상 사람들은 실제 세상을 인식하는 데에 있어서 체계적인 편견을 가지고 있다는 증거들이 매우 많다. 다시 말해, 많은 사람이 망상을 갖고 있다는 이야기이다.

사람들이 흔히 갖고 있는 망상 중에 잘 알려진 것은 '레이크 워비곤 효과(Lake Wobegon Effect)'이다. 이것은 미국공영방송 내셔널 퍼블릭 라디오에서 오랫동안 연속 공연된 개리슨 케일러(Garrison Keillor)의 작품 속에 나오는 실존하지 않는 가상의 도시 이름 '레이크 워비곤'에서 유래한 것이다. 케일러의 작품에서는 레이크 워비곤이 '모든 여성은 힘이 세고, 모든 남성은 잘 생기고, 모든 아이들은 평균 이상으로 공부를 잘 하는' 도시라고 묘사되어 있다.

레이크 워비곤 효과란 사람들이 일반 대중과 자신을 비교할 때 대부분 모든 일에서 자신을 과대평가하는 경향이 있다는 것을 가리킨다. 우리가 사람들에게 당신이 갖고 있는 어떤 특정한 능력을 일반 대중의 능력과 비교할 때 어느 정도 된다고 생각하느냐고 물으면 늘 대답이 중간값인 50퍼센트를 넘는다. 다시 말해 모든 사람은 무슨 일이든지 자신의 능력이 중간 이상이라고 평가한다는 것이다.

레이크 워비곤 효과는 앞서 실패에 대한 이야기를 할 때 언급한 적이 있는 심리학자 데이비드 더닝(David Dunning) 교수와 저스틴 크루거(Justin Kruger) 교수의 연구에서 밝혀진 것과도 관련이 있다. 이 연구자들의 연구에 따르면, 특히 가장 능력이 부족한 사람들이 자신의 능력의 평가에 있어서 가장 정확하지 못하다는 것을 보여 준다. 제대로 못하는 사람들은 자신이 잘 못하는 것을 알기는 하지만 정말 얼마나 심각하게 잘 못하는지에 대해서는 제대로 알지 못하고 있다. 그런데 일을 훌륭하게 잘 하는 사람들은 늘 자신의 능력을 더 개선하려고 자신의 오류에 관심을 갖고 있기 때문에 자신의 능력을 제대로 정확하게 평가하고 있는 것이다.

그러면 여기서 정말 핵심적인 질문은 도대체 왜 레이크 워비곤 효과라는 것이 있느냐 하는 것이다. 우리가 우리의 실제 능력보다 더 나은 능력을 갖고 있다고 생각할 때 무슨 장점이 있을까?

레이크 워비곤 효과가 가지는 잠재적인 장점을 이해하기 위해서는 사람들이 갖고 있는 또 다른 판단 오류를 생각해봐야 하는데 이것은 곧 좋은 결과에 대한 과신, 즉 과도한 자신감이다. 예를 들어 사업을 시작하는 사람들은 자신이 성공할 가능성을 늘 과대평가한다. 학생들도 자기 시험 성적이 잘 나올 가능성을 과대평가하는 경우가 많다.

이런 종류의 자신감과 레이크 워비곤 효과는 부분적으로는 동기가 유발된 생각의 결과이다. 다시 말해, 일반적으로 사람들은 세상을 자신이 보고 싶은 방법으로 보는 경향이 있다는 것이다. 장차 일들이 잘 풀릴 거라고 믿으면 걱정이 줄어들고 또 인생에 대해 더 좋은 느낌을 갖게 된다. 그래서 사람들은 자신이 원하는 결과 쪽으로 일이 진행될 거라는 신념을 갖도록 스스로 편견을 주입하는 것이다.

그렇지만 잘못 계산된 신념과 동기 사이에 존재하는 관계 중에 가장 중요한 사실이 있는데, 그것은 동기와 신념의 방향성이 반대 방향이라는 것이다. 즉, 사람들이 동기 때문에 신념을 갖게 되는 것이 아니라, 자신의 성공에 동기를 유발시키기 위해 자신의 신념을 이용하고 있다는 것이다.

동기유발 이론들에 따르면, 우리가 어떤 목표를 성취하기 위해 그 목표에 매진하게 하기 위해서는 우리가 성취할 목표가 가치 있는 일이라는 것을 믿어야 한다. 또한 목표를 달성하기 위해서 노력이 필요하다고 믿어야 하지만 아울러 열심히 노력하면 그 목표가 달성 가능하다는 것도 믿어야 한다.

만일 누군가가 당신에게 앞으로 30초 동안 숨을 쉬면 100만 원을 준다고 했다고 하자. 이 말을 들으면 앞으로 돈을 받을 수 있게 됐다는 생각으로 기분이 좋을 것이다. 그렇지만 숨을 쉬는 일을 열심히 하지는 않을 것이다. 숨 쉬는 건 그냥 저절로 하는 일이기 때문이다. 다른 예로, 당신이 뉴욕의 거리를 걷고 있는데 누군가가 다가와서 길바닥에서 점프해서 고층건물 꼭대기까지 올라가면 100만 원을 주겠다고 했다면 한 번 해볼 생각조차 안 할 것이다. 말하나 마나 불가능한 일이기 때문이다.

그렇지만 저절로 되는 것과 완전히 불가능한 것 사이의 중간 지점에서는 우리는 열심히 노력을 기울인다. 그리고 이 상황에서는 약간의 망상을 가지는 것이 도움이 된다. 예를 들어, 밥은 음악전공으로 대학을 갔다. 음악가로서 생계를 이어나가는 것은 매우 어렵다. 우리가 알고 있는 대부분의 음악가는 생계에 부족한 부분을 채우기 위해서 다른 일들을 함께 하고 있다. 그렇지만 음악학으로 학위를 받기로 결정을 한다면, 내 상황은 다른 사람의 상황과는 다를 것이라고 믿어야만 한다. 그러기 위해서는 나만은 성공할 거라고 좀 과도하게 신념을 가지는 것이 도움이 되는 것이다.

밥은 결국 학교로 돌아가 교사가 되기로 했고, 결국은 박사학위를 받아 연구를 하고 대학에서 가르치는 사람이 되기로 결정하였다. 이 결정도 약간의 과도한 신념이 필요한 결정이었다. 대학의 교수 자리는 흔하지 않고 매년 대학에서 생기는 교수 자리 숫자보다 더 많은 숫자의 박사학위 취득자가 생겨나고 있다. 만일 대학에서 가르치는 직업을 갖고 싶어 하는 박사과정 학생들이 자신의 목표를 달성할 가능성에 대해 좀 더 현실적으로 생각한다면 박사학위 과정을 밟을 생각을 아예 처음부터 안 할 것이다.

이처럼 사람들은 자신의 목표를 향해 동기를 유발하는 방법으로 세상을 인식하는 편견을 갖고 있다. 그 목표가 달성 가능한 것으로 보이게 만들기 위해 사람들은 성공 가능성을 과도하게 높게 잡는다. 또 자신이 열심히 노력하면 충분히 성공할 능력을 갖추고 있다는 신념을 더 강하게 만들기 위해서 사람들은 자신의 능력도 과도하게 높게 평가한다. 이런 것들은 망상 때문에 결국 좋은 일이 생기는 예들이다.

사실상 이런 종류의 잘못 계산된 신념들은 우리가 열심히 노력하도록 만들어 주는데, 그렇게 함으로써 결국에는 원래 자신이 예측한 대로 성공을 거두는 좋은 결과를 만들어 내기도 한다. 목표를 향해 열심히 노력하는 과정에서 자신의 기술이 향상되고 따라서 실제로 목표를 달성할 가능성 또한 높아진다. 이것은 곧 자신이 자신의 능력과 세상에 대해 매우 정확하게 계산을 했을 경우보다는 덜 정확하게 계산한 신념을 갖고 있을 때 성공 가능성이 높아진다는 것을 뜻한다. 자신의 능력과 세상에 대해 너무 정확한 계산을 하고 있으면 일을 하다가 그만 둘 가능성이 많기 때문이다.

사람들이 자신의 신념들을 이용하는 모습을 보면, 자신의 동기유발체계를 잘 운영하기 위해 과도한 신념만 사용하는 것은 아니다. 어쩌면 '방어적 비관(defensive pessimism)'을 경험한 적이 있을 것이다. 다시 말해 시험을 잘 못 볼 거라든가, 직장에서 맡은 일을 제대로 못 해낼 것이라든가, 발표를 해야 하는데 제대로 못할 것이라고 비관적으로 미리 단정하는 것이다.

이 방어적 비관 상태에 빠지면 자신이 실제로 할 수 있는 것보다 더 자신을 과소평가하게 된다. 일을 잘 못할 거라는 신념이 생기면 불안 해진다. 그러면 불안을 줄이기 위해 우리의 동기유발체계가 개입하고 이것은 우리가 더 열심히 준비하도록 만든다. 그러면 열심히 노력하여 결국 좋은 결과를 만들어 낸다.

아마 가장 이상적인 결과를 위해서는 자신이 지금 어디에 있는지와 장차 어디에 있고 싶어 하는지, 둘 사이의 이상적인 간격을 발견하는 것이 최상의 전략일 것이다. 그 간격이 너무 작으면 방어적 비관으로 그 간격을 좀 더 넓힐 수 있다. 방어적 비관은 우리 자신이 그 목표에 실제보다 더 멀리 떨어져 있다고 믿게 하고 그러면 동기유발의 정도가 더 높아진다. 물론 실패할 거라고 단념하고 목표를 포기해 버리지 않 는다면 말이다.

이와 대조적으로, 만일 우리가 있는 곳과 우리가 희망하는 곳 사이 의 간격이 너무 넓은 경우에는 자신의 능력에 대한 과신과 성공가능 성에 대한 과대평가가 이 목표 달성을 위해 가야 할 거리를 더 작아 보이게 만들어 줄 것이다. 그래서 가능하다는 생각을 가지고 더 열심 히 노력하게 될 것이다.

> **성공하려면
> 자신과 목표 사이의 간격을 잘 살펴라.**

38

우리는 왜 개를
'개'라고 부를까?

· · ·

만일 당신이 길에 나가서 주위를 둘러본다고 하자. 지금 뭐가 보이냐
고 누군가가 묻는다면 당신은 아마도 "몇 대의 차, 사람들, 개 몇 마
리, 자전거, 집, 상점 뭐 이런 것들이 있군요." 하고 답할 것이다. 이런
식으로 말하는 것은 놀라울 것이 전혀 없는 매우 평이한 일이다.

그렇지만 당신이 이 장면을 묘사하기 위해서 사용하는 언어를 잠시
생각해 보자. 당신은 방금 어떤 특정한 물건을 '차'라고 불렀다. 왜 이
'차'라는 단어를 사용했는가? 그 말 대신 '운송수단'이라고 할 수도
있었고 아니면 '포드 2012년 포커스 모델'이라고 할 수도 있었다. 그
러면 대체 다른 가능한 단어들 대신에 '차', '집', '자전거' 이런 단어를

사용한 이유가 무엇일까?

우리가 매번 사물을 분류할 때 우리는 묘사의 구체성 정도에 따라 사물들을 다르게 그룹 지을 수 있다. 예를 들어 우리가 무언가를 '동물'이라고 부를 때 우리는 이 지구상에 있는 무척 많은 생명체를 한 덩어리로 묶은 것이다. 우리가 무언가를 '개'라고 부를 때 우리는 실제로 다리가 네 개 달리고 털이 있고 짖어대는 특정한 동물들을 확인하고 그 동물들을 가리키는 것이다. 좀 더 구체적으로 들어가서 무엇인가를 '푸들'이라고 부르거나 아니면 '스탠다드 푸들'이라고 부른다면 우리는 그 범주를 좀 더 자세히 나누어 말하고 있는 것이다. 혹시 우리가 '옆집 사는 스탠다드 푸들 귀도'라고 하면 그 범주를 계속 자세히 나누어 마침내 특정한 개 한 마리를 지칭하기에 이른 것이다. 사실 옆집에 사는 귀도는 제법 귀여운 놈이다.

심리학자들은 이미 오래 전에, 통상 사람들이 사물에 대해 생각하고 그 사물에 대해 이야기할 때에 중간 정도의 구체성을 가진 이름을 사용한다는 것을 파악했다. 바로 이 중간 정도의 구체성이 중요하기 때문에 이 수준을 '기본수준(basic level)'이라고 부른다. '개', '차' 같은 이름은 기본수준 범주에 해당하는 것이다. '동물'이나 '교통수단'처럼 좀 더 일반적인 이름은 '상위수준(superordinate)' 범주라 하고, '콜리(개)', '쉐보레 카마로(자동차)' 같이 좀 더 구체적인 범주들을 '하위수준(subordinate)' 범주라 한다.

많은 실험연구는 기본수준의 범주들이 다른 범주들보다 행동 상의 이점이 있다는 것을 밝혀 주었다. 예를 들어, 아이들은 다른 이름들보다 기본수준의 이름을 더 빨리 배우고, 어른들도 사물의 이름을 댈 때 대개 이러한 기본수준의 이름을 사용한다. 기본수준의 이름들은 짧은 단어로 이루어져 있다. 상위수준의 이름이나 하위수준의 이름은, 예를 들어 '건설 장비', '스탠다드 푸들'처럼 한 단어가 아닌 여러 단어로 이루어져 있는 경우가 많다.

기본수준의 범주들은 이처럼 중요하기 때문에 많은 학자들의 연구 대상이 되었다. 학자들은 특히 왜 이 기본수준의 범주가 가장 흔히 사용되는지에 대해 연구했다. 여기에는 두 가지 요소가 관계되어 있다. 하나는 정보적인 측면이다. 말하고 듣는 것은 둘 다 노력이 필요한 활동이다. 말하는 사람은 우선 세상에 있는 사물을 묘사하기 위해 어떤 단어를 쓸지 선택해야 한다. 듣는 사람은 말하는 사람이 사용하는 그 단어를 듣고 그 단어가 무엇을 가리키는지를 파악해야 한다. 그런데 문제는 말하는 사람과 듣는 사람의 노력을 동시에 최소화하는 것이 불가능하다는 것이다.

말하는 사람 입장에서 가장 편안한 상황은 이 세상 모든 물건이 동일한 이름을 갖고 있을 때라 할 수 있다. 예를 들어 세상의 모든 사물을 '물건'이라고 부른다고 하자. 말하는 사람은 "그 물건을 그 물건 위에 그 물건 옆에 갖다 놔."라고 하면 된다. 너무 쉽지 않은가.

그렇지만 듣는 사람의 입장에서는 불행하게도 이처럼 일반적인 단어만 사용하는 문장이 도대체 무슨 뜻인지를 알아내기가 거의 불가능하다. 듣는 사람에게 가장 쉬운 방법은 말하는 사람이 매우 구체적인 말을 사용할 때이다. 예를 들어서, 말하는 사람이 "저 은제품 빵 나이프를 마호가니 식탁 위에 있는 수공조각 글래스로 만든 유리주전자 옆에 올려놔."와 같은 문장을 말했다면, 듣는 사람은 적은 노력만으로도 그 말을 이해할 것이다. 하지만 말하는 사람 입장에서는 이런 문장을 말할 때마다 많은 노력을 들여야 한다.

말하는 사람과 듣는 사람 둘 다 적절한 수준의 노력을 들여 대화할 수 있도록 해주는 타협 지점이 바로 기본수준이다. 기본수준이 쌍방의 노력을 최소화해 주는 데 적합하다는 것은 많은 연구결과에서 밝혀졌다. 이러한 현상은 우리의 두뇌가 사람들 사이에서 함께 노력해야 하는 분량을 최소화하려고 애쓰고 있는 많은 예 중 하나일 뿐이다.

엘리노어 로쉬(Eleanor Rosch) 교수와 동료 연구자들은 이 기본수준의 이름을 가진 사물들이 흥미로운 특징들을 가지고 있다는 것을 발견했다. 기본수준 범주는 이에 해당하는 사물들 대부분이 동일한 형태를 가지고 있다는 점에서 매우 추상적인 범주이다. 모든 '개'들은 비교적 유사하지만 '개'와 대조되는 다른 범주들, 예를 들어 '고양이', '염소', '양' 등과는 그 모습이 다르다. '스크루드라이버'들은 서로 모습이 비슷하지만 이와 대조되는 '망치'나 '톱'과 같은 범주들과 모습이 다르다.

기본수준 범주들은 대부분의 멤버들이 비슷한 부품을 갖고 있다는 점에서도 매우 추상적인 범주이다. '의자'들은 대개 다리와 등받침과 팔걸이가 있다. '테이블'과 같은 다른 유형의 가구는 다리를 갖고 있다는 점에서 의자와 비슷하지만 앉는 바닥이나 팔걸이 같은 부품이 없다는 점에서 다르다. 마찬가지로 '개'들도 다리와 코와 귀와 꼬리가 있다. '고양이', '물고기', '새'와 같이 다른 기본수준 범주들은 '개'와 공통된 특징을 일부 갖고 있지만 모든 특징을 공통으로 갖고 있는 것은 아니다.

인간이 만든 인공물을 가리키는 범주들의 경우에도, 기본수준 범주들은 동일한 기능을 갖고 있다는 점에서 가장 추상적인 범주이다. '스크루드라이버'는 종류에 따라 여러 가지 서로 다른 종류의 스크루를 박는데 쓰이지만 어쨌든 '스크루드라이버'는 스크루를 박는 데 쓰인다는 점에서 공통의 기능을 갖고 있다. '톱'도 종류에 따라 다른 종류의 물건을 자르고 또 물건이 잘리는 정확도도 각기 다르지만 어쨌든 '톱'은 물건을 자르는 데 쓰인다는 점에서 공통의 기능을 갖고 있다. 마찬가지로 '망치'도 서로 다른 종류의 고정장치를 두드려 박지만 어쨌든 '망치'는 고정장치를 두드려 박는 데 쓰인다는 점에서 공통된 기능이 있다.

살아 있는 생물들의 범주에서도 기본수준 범주는 유사한 행동적 특징을 가진다. 예를 들어, 품종이 무엇이든지 간에 모든 '개'는 짖고, 모든 '고양이'는 야옹대고, 모든 '소'는 음매 하고 운다.

기본수준이라는 것이 대화상에서 말하는 사람과 듣는 사람이 들여야 하는 노력을 최소화하려 하면서 생겨난 것이기 때문에, 특정한 상황에서 어느 수준의 이름을 사용할까 결정할 때 약간의 변형이 일어날 수 있다. 예를 들어서, 말하는 사람이 가리키는 것이 너무나도 분명하면 좀 더 일반적인 이름을 사용할 수 있다. 테이블에 물건이 하나만 놓여 있다면 말하는 사람은 "그 테이블에 있는 '물건' 좀 이리 줘." 하면 된다. 그 상황에서 듣는 사람은 그 말이 무슨 뜻인지 금방 알 수 있다. 동일한 범주에 속하는 물건들이 많을 때는 말하는 사람이 좀 더 구체적인 이름을 선택해야 한다. 예를 들어 개들이 모여 있는 동물보호소에 가서 "저 '개' 좀 봐."라고 말한다면 뜻이 분명하지 않을 것이다. 그럴 때는 가리키는 개의 품종 이름을 대거나 아니면 그 개의 색깔이나 사이즈를 말하는 것이 도움이 될 것이다.

전문가들은 좀 더 구체적인 범주 이름을 사용하는 경우가 많은데 특히 전문가들 사이에서 이야기할 때는 더욱 그렇다. 예를 들어, 품종의 이름은 좀 더 구체적인 수준의 범주에 속하지만, 개 전문가들에게 개의 품종은 너무나 친숙한 것이기 때문에 서로 품종의 이름을 사용하여 말하는 경우가 많다. 전문가들은 구체적인 범주의 멤버들도 쉽게 알아볼 수 있기 때문에 전문가들에게는 서로 이야기를 나눌 때에 이처럼 더 구체적이고 특정적인 범주가 오히려 가장 편리하고 좋은 범주가 되는 것이다.

우리는 모두 대화에서 상대방이 기본수준 범주 이름을 사용할 것으로 기대한다. 이러한 기대가 있기 때문에 실제 의사소통을 할 때 이 범주 이름을 넘어서는 다른 범주의 이름을 사용할 수 있다. 다시 말해, 다른 사람이 기대하고 있는 이름과 내가 사용하는 이름 사이의 차이점을 전략적으로 이용한다는 것이다. 이렇게 기대에 벗어나는 이름을 사용함으로써 우리는 무엇인가 흥미로운 내용을 전달하거나 강조할 수 있다.

실례를 들어보자. 아트는 개를 무척 좋아한다. 그렇지만 아트의 엄마는 개를 매우 무서워한다. 아트가 개를 한 마리 데리고 방으로 들어가면 아트 엄마는 "얘, 그 '동물' 좀 데리고 나가거라."라고 할 수 있다. 대개는 이런 상황에서 '개'라는 단어를 쓸 것이라고 기대하게 된다. 그렇지만 '동물'이라는 단어를 씀으로써 아트의 엄마는 '개'라는 단어가 주는, 주인을 잘 따르고 친근한 이미지와 대조되는 '동물'이라는 단어가 주는, 사납고 야생적인 측면을 일부러 강조하는 것이다. 즉, 아트 엄마는 자신이 아트의 개를 싫어한다는 것을 분명하게 전달할 수 있도록 다른 범주의 이름을 사용한 것이다.

또한 사람들이 보통 기대하는 것보다 더 구체적인 이름을 사용하는 것도 말하는 이의 태도를 전달하는 방법이 된다. 밥은 나름 폼 잡는 와인 전문가들하고 잘 어울려 다닌다. 일반적인 사람이라면 식탁에 둘러 앉아 있을 때 와인 병 가까이 있는 상대에게 '와인' 좀 더 따라 달라고 할 수 있다. 아니면 옵션이 있다면 조금 더 구체적으로 '레드와인'이나 '화이트와인'을 달라 할 것이다. 그렇지만 와인 전문가를 자처하는 사람들이라면 좀 더 구체적인 이름을 써서 '2012년산 코트 뒤 론'을 좀 더 따라 달라 할 것이다. 이렇게 매우 상세한 이름을 댐으로써 이 사람은 와인 좀 더 달라는 부탁과 아울러 자신이 대단한 와인 지식을 갖고 있다는 것을 상대방에게 과시하려고 하는 것이다.

이쯤 되면 우리가 사물들에 대해 다양한 이름들을 갖고 있는 것이 왜 귀중한 일인가를 알게 되었을 것이다. 세상의 사물들을 여러 가지 구체성 정도에 따라 분류하는 것은 매우 유용하다. 또한 사물들의 기능을 가리키는 단어들을 갖고 있는 것도 유용하다. 예를 들어 많은 개는 '애완동물'이다. 이 단어는 개와 개 주인 사이에 있는 관계를 부각시키는 말이다. 그러나 사물을 가리킬 수 있는 방법이 많으면 많을수록 더 효율적으로 의사소통하기에는 더 많은 노력이 필요하다. 따라서 말을 할 때 어떤 이름을 고를지에 대해서는 분명한 전략을 갖고 있는 것이 중요한 것이다.

바로 그런 이유로 우리는 개를 '개'라고 부르는 것이다.

> 서당 생물, 동물, 포유류, 개, 세퍼드 삼 년에
> 풍월을 읊는다.

왜 우리는
아기고양이 비디오를 좋아할까?

:

인터넷에는 강아지나 고양이처럼 작은 동물들이 귀여운 행동을 하는 모습이 담긴 비디오들이 매우 많다. 아트는 최근에 연구를 핑계로 인터넷 유튜브를 한 시간 정도 둘러본 적이 있다. 그 시간 동안 정말 많은 비디오를 봤다. 아기고양이가 한가로이 쉬고 있는 모습이나 강아지하고 장난치는 모습, 강아지들이 애기들하고 같이 기어 다니는 모습, 레이저포인터로 쏜 빨간 점들을 쫓아다니는 아기고양이들 모습, 소파로 기어오르려고 폴짝 폴짝 점프를 하거나 점프했다가 바닥에 떨어져 뒹구는 고양이 모습, 삑삑 소리 나는 공을 갖고 노는 강아지 모습 등등. 아트가 귀여운 비디오에 너무 몰입해 있어서 결국엔 밥이 제발 그만 좀 보라고 컴퓨터에서 아트를 떼어 놓아야 했다.

도대체 우리는 왜 이렇게 아기고양이 비디오에 빠져드는 걸까?

아기고양이 비디오가 우리에게 이처럼 많은 즐거움을 주는 이유는 인간의 진화 과정과 관계가 있다. 우리 인간에게는 진화 과정에 심어진 프로그램이 있는데 이 프로그램은 우리에게 무엇이 귀엽게 느껴지는가를 결정해주는 프로그램이다. 남자든 여자든 모든 인간은 목석같은 사람이 아닌 이상 갓난아기를 보면 귀엽다고 생각한다. 특별히 귀여운 갓난아기의 모습은 머리가 크고 이목구비가 작은 경향이 있다. 이처럼 머리가 크고 이목구비가 아기자기하면 이마가 큰 특징을 갖게 된다. 귀여운 갓난아기는 또한 눈이 큰 경향이 있다. 갓난아기의 귀여움은 어른이나 큰 아이들이 바라볼 때에 기분을 좋게 해준다. 아기들로서는 자신들이 다른 이에게 이처럼 긍정적인 느낌을 주는 것이 매우 중요하다. 왜냐하면 갓난아기를 봐주어 본 사람들은 다 잘 알지만 갓난아기와 함께 긴 시간을 보내는 것은 결코 쉬운 일이 아니기 때문이다. 아기들에게는 매우 많은 손길이 필요하다. 먹여야 하고, 씻겨야 하고, 안아주고, 업어주어야 한다. 아기들은 자고 있을 때가 아니면 우는 때가 많다. 그뿐만 아니라 자다가도 젖 달라고, 기저귀 갈아달라고, 아니면 무슨 이유인지 알 수 없는 온갖 이유로 깨서 울곤 한다.

그러니 자기가 요구하는 이 모든 일이 해줘도 될 만한 일처럼 보이게 하려면 아기는 자기를 돌봐주는 사람에게 뭔가 기분 좋은 느낌을 주지 않으면 안 되는 것이다. 아기들이 자라서 어른과 상호작용을 하며 미소를 짓거나 까르륵까르륵 웃거나 해서 어른에게 기쁨을 주기 전까지는 자기들이 어른을 상대로 이용할 수 있는 생존 전략이 그저 귀엽게 보이는 것 말고는 아무것도 없다. 그리고 놀라울 것도 없지만 바로 이런 이유로 어른들은 이 아기들의 얼굴 모습을 볼 때 좋은 기분을 느끼도록 프로그램이 되어 있는 것이다.

그런데 인간 어린아이들의 모습과 매우 유사한 얼굴 모습이 바로 아기고양이나 강아지같이 어린 동물의 얼굴 모습이다. 아기 동물들도 얼굴의 이목구비가 작고 눈이 크기 때문에 우리는 아기 동물을 볼 때 인간 어린 아기를 볼 때의 반응과 같은 반응을 보인다. 그래서 아기 동물을 보면 즉시 마음이 따뜻해지고 포근한 느낌을 갖게 되는 것이다.

게다가 아기고양이들과 강아지들은 우리의 기분을 좋게 해주는 한 가지 더 중요한 특징을 갖고 있다. 이 동물들은 움직임이 특별히 잘 조화롭게 조절되지 않아서 균형을 못 잡고 뒤뚱거리고 자주 넘어진다. 우리가 이런 모습을 보면 웃음이 나고 한층 더 즐거움을 느끼게 된다.

인터넷은 이 귀여운 동물들 모습을 집중적으로 잘 전달해 줄 수 있는 아주 이상적인 매체이다. 우선 인터넷에 있는 비디오들은 우리가 원하기만 하면 언제든지 볼 수 있다. 비디오와 달리 우리가 별안간 아이스크림이 먹고 싶어진다면, 먼저 아이스크림을 사다가 냉동실 안에 넣어 두었어야 한다. 그리고 어디에 있다가 그런 생각이 들었든지 간에 일어나서 냉장고로 걸어가야 하고 그 후에는 접시에 아이스크림을 담아서 가져가 먹기 시작해야 한다(이 부분에서 사실을 말하자면 아트는 점잖게 접시에 담지 않고 아이스크림 통에서 그냥 퍼먹곤 한다). 이처럼 아이스크림이나 스낵을 먹고 싶은 욕구를 충족시키기 위해서는 귀여운 것을 보고 싶은 욕구를 충족시키는 것과는 달리, 약간의 수고를 해야 한다.

많은 경우 그런 욕구의 충족은 좀 어려운 면이 있을 뿐만 아니라 상황적으로 부적절한 때도 많다. 예를 들어 회의를 하고 있는 도중이나 강의를 한참 하고 있다가 별안간 스낵이 먹고 싶다고 자리를 뜰 수 있는 것은 아니기 때문이다(이 부분에서 사실을 말하자면 밥은 종종 이런 식으로 회의를 피해 볼 생각을 하곤 한다). 하지만 귀여운 아기고양이 비디오는 우리가 인터넷에 연결된 많은 전자장비를 수중에 갖고 있기 때문에 거의 언제 어디에서나 볼 수 있다.

게다가 그런 동물 비디오에는 유리한 점이 한 가지 더 있다. 인터넷에서 널리 유포되는 귀여운 아기고양이 비디오는 누군가가 우리의 즐거움을 위해 정성 들여 만든 것이다. 이런 비디오를 만들어서 인터넷에 올리는 사람들은 오랜 시간 비디오 촬영을 한 다음 또 오랜 시간 정성을 들여 편집을 해서 제일 좋은 부분들만 보여 준다. 귀여운 표정이나 앙증맞게 뒤뚱거리다 넘어지는 모습처럼 우리가 확실히 좋아할 만한 모습들만 골라 최고의 명장면들만 보여 주는 것이다. 인터넷은 우리에게 거의 언제 어디서나 잘 편집해 만든 귀여운 장면들을 볼 수 있게 해준다.

인생의 경험에서 좋은 것들은 항상 오랜 기다림 끝에 온다. 밥은 풋볼 경기 보는 것을 좋아한다. 그렇지만 일반적인 풋볼 게임에서는 실제 액션이 겨우 11분밖에 되지 않는다. 게임 시간 중 나머지 부분은 선수들의 허들 짜기, 허들 풀기, 타임아웃, 광고, 기타 여러 종류의 잡다한 일들이 벌어지는 시간이다. 액션이 벌어지는 그 11분 중에도 정말 하이라이트가 되는 것은 그저 1분이나 2분 정도 될 뿐이다. 이것을 잘 계산해 보면 풋볼 게임이 있는 토요일이나 일요일에 밥은 통상 120초 정도의 즐거움을 위해서 3시간에서 4시간을 보내야 하는 것이다.

물론 밥은 그렇게 시간을 많이 쓰는 것에 대해서 그게 다 사회적인 친교의 시간이라고 나름 정당화할 수도 있다. 예를 들어, 밥이 아내와 함께 텍사스대학교가 참가하는 풋볼게임에 가게 되면 두 사람은 물론이고 주변에 함께 앉아서 경기를 관람하는 친구들과 가족들 모두 즐거운 시간을 보내게 된다. 심판이 자칫 뭔가 콜을 잘못한 것 같으면 잘못했다고 요란하게 소리 높여 불평하기도 하고, 또 오랜만에 만난 친구들과 그동안 어떻게 지냈는지 반갑게 서로 이야기도 주고받을 수 있는 것이다. 그리고 흥분되는 순간이 오면 목이 터지게 환호성도 지르고 말이다.

　하지만 자고 있는 고양이가 귀여운 모습을 보일 때까지 기다리느라 한 시간 동안 고양이 자는 모습을 지켜보고 있을 사람은 아무도 없을 것이다. 대부분의 비디오는 그렇게 오래 기다리지 않아도 된다. 대체로 고양이는 비디오가 시작되고 나서 불과 몇 초 안에 귀엽고 깜찍한 모습을 보여준다. 그러기 때문에 우리는 아기고양이 비디오들을 언제든지 편안하고 쉽게 마치 군것질거리를 찾아 먹듯이 찾아볼 수 있는 것이다.

　물론 아기고양이 비디오도 사회적인 경험을 하게 해주는 훌륭한 도구가 되기도 한다. 사람들이 이렇게 귀여운 비디오를 애써서 만들어 올리는 이유 중의 하나는 이 비디오를 본 친구들이 보이는 반응을 즐기기 위해서이다. 이렇게 인터넷 비디오는 거리가 멀리 떨어져 있는 사람들과도 즐거운 경험을 함께 나눌 수 있게 해준다.

　이 세상에 있는 자잘한 스낵들이 다 그렇듯이 아기고양이 비디오를 보는 것도 우리에게 좋은 것인지 아닌지 궁금할 수 있다. 마치 마약처럼 언제든지 원할 때 금방 찾아서 보고 기분이 확 좋아지게 해줄 수 있으니 어쩌면 마약이 안 좋은 것처럼 그런 비디오를 보면서 시간을 보내면 안 될지도 모르겠다는 생각을 할 수도 있다.

그렇지만 실상 귀여운 모습을 담은 비디오들은, 시간 가는 줄 모르고 몇 시간씩 거기에 빠져서 꼼짝 않고 컴퓨터만 바라보고 있는 게 아니라면 우리에게 좋은 것이다. 현대는 스트레스가 넘치는 세상이다. 이미 초등학교 저학년부터 아이들은 많은 학습활동과 숙제로 바쁜 스케줄에 얽매여 산다. 대부분 어른들의 직업도 바쁘기는 마찬가지이고, 많은 직장이 근무 시간이 길다. 많은 사람에게 매일매일은 기쁨보다는 힘든 일들로 가득 차 있다.

기분이 좋은 것이 여러 가지 면에서 이롭다는 증거들은 많이 있다. 예를 들어 사람들은 그냥 평상적인 기분보다는 긍정적인 기분일 때 더 창의적인 발상을 하는 경향이 있다. 또 일이 꼬여서 복잡한 상황이 벌어지면, 긍정적인 기분일 때 더 좋은 결정을 내리기도 한다. 게다가 긍정적인 기분에 있는 사람들은 자기가 가지고 있는 자원을 더 잘 통제하고 조절한다. 기분이 좋을 때는 기분이 나쁠 때보다 직장 동료가 괴롭힐 때 직선적으로 쏘아붙여서 일을 꼬이게 만들 가능성이 더 적다.

기분이 좀 나쁠 때, 아니면 그냥 썩 좋지 않을 때, 귀여운 아기고양이 비디오를 보면 금방 좋은 기분이 충전될 것이다. 일단 기분이 좋아지면 두 가지 일이 일어난다. 첫째 결과는 사람들의 모든 행동은 대개 전염성이 있다는 것과 관련이 있다. 한 사람이 미소를 지으면 주변에 있는 사람도 미소를 띠게 마련이다. 따라서 당신이 좀 더 행복해지면 당신 주변에 있는 사람들의 행복감도 그만큼 올라가게 해준다.

둘째 결과는 우리의 기분이 우리의 기억에 영향을 미친다는 것이다. 우리는 기분이 좋으면 좋은 것들을 기억하는 경향이 있고, 기분이 나쁘면 슬프고 짜증스런 것들을 기억하는 경향이 있다. 그런데 우리가 기억하는 것은 다시 우리의 기분에 영향을 준다. 따라서 우리가 긍정적인 기분에 있으면 긍정적인 생각을 하고 이러한 긍정적인 생각은 다시 긍정적인 기분을 유지하게 한다. 그렇지만 나쁜 기분으로 시작하면 나쁜 생각들을 하게 되고 나쁜 생각들은 다시 나쁜 기분을 지속시키는 악순환이 일어난다.

혹시 언짢은 기분에 떨어지게 된다면 귀여운 아기고양이 비디오 같은 것들을 보는 것이 도움이 된다. 이런 비디오는 우리 안에 긍정적인 기분을 넣어 줌으로써, 하루의 나머지 시간 동안 좀 긍정적인 기분을 느낄 수 있는 길로 우리를 이끌어 줄 가능성이 높다.

물론, 기분이 좋아지기 위해 비디오를 볼 때는 조금씩만 보는 것이 가장 중요한 일이다. 그 이유는, 우선 우리 기분에 가장 크게 영향력을 발휘하는 것은 첫 번째 비디오이기 때문이다. 그다음의 비디오들을 볼 때는 시간상으로 볼 때 이미 귀여운 얼굴을 보고 기분이 좋아지게 만드는 장치가 우리의 체계 속에서 가동된 이후가 된다. 따라서 얼마 안 있어서 우리는 비디오에 익숙해져 버리게 되는데 이것은 마약에 익숙해지면 마약이 효과를 발휘하지 못하는 것과 유사한 상황이 된다. 그렇게 익숙해지고 나면 그런 비디오를 본다고 해도 더 좋은 느낌이 계속해서 무한정 늘어나지 않게 된다는 것이다.

그뿐 아니라 그렇게 비디오를 보느라 많은 시간을 보내고 나면 결국 꼭 해야 하는 일을 하기 위한 시간이 모자라게 될 것이다. 그러면 일이 지체되거나 마감일을 놓치거나 해서 생기는 스트레스가 이런 귀여운 왕방울 눈을 가진 깜찍한 아기고양이를 보고 느낀 기쁨을 완전히 망쳐버리게 하는 것이다.

> 비디오 공식: (왕방울 눈 + 아기자기한 이목구비 +
> 균형을 못 잡고 뒤뚱거림) x
> 비디오를 언제든지 볼 수 있음 x
> 비디오 보는 시간을 절제함 =
> 최상의 정신건강 스낵 + 기분 전환

향수에 젖는 것은
좋을까, 나쁠까?

:

믿어지지 않지만 벌써 이 책이 거의 다 끝나간다. 이 장이 드디어 마지막 장이다. 이제 곧 이 책을 읽은 것도 서서히 과거의 일이 될 것이다. 이 책을 읽은 것이 과거사가 되면 시간이 지남에 따라 독자의 마음속에서는 이 책이 좋은 책이었다는 느낌이 점점 더 크게 느껴질 것이다. 물론 우리 두 사람도 여기까지 함께 써오는 과정에서 이 책을 좋아하게 됐다. 그렇지만 독자로서는 이 책을 다 읽고 난 다음에 다시 이 책을 읽었던 경험을 되돌아볼 때, 지금 읽고서 좋다고 느끼는 것보다 더 좋은 느낌이 들 것이다.

최근에 아트가 바로 이런 일을 경험했다. 아트 아이들 중 하나가 뉴욕으로 이사하기 직전이었다. 아트는 아들과 같이 하루 종일 〈스타워즈(Star Wars)〉 영화를 연속상영으로 보기로 결정했다. 그래서 〈스타워즈〉 오리지널 3부작을 연속해서 보았다. 이 3부작은 에피소드 4편, 5편, 6편이다. 아무리 좋은 것도 반복해서 보는 데에는 한계가 있기 마련이어서, 두 사람 다 1편부터 3편까지 다시 볼 생각은 하지 않았다. 그래도 어쨌든 두 사람은 〈스타워즈〉 영화를 너무 좋아하는 열렬한 팬이었기 때문에 자리를 잡고 앉아 4편부터 보기 시작했다. 그런데 놀라운 일이 벌어졌다. 에피소드 4편이 시작되고 한 20분 정도 지나니 이상하게도 영화가 너무 싸구려 영화 같다는 생각이 든 것이다. 어떻게 된 것인지는 자세히 몰라도 그동안 우리 마음속에는 이 영화에 대해 엄청난 후광 같은 광채가 만들어져 있었다. 이처럼 우리 마음속에서는 이 영화들이 대단한 영화로 자리를 차지하고 있었는데 실제로 이제 와 다시 보니 영화의 주연배우들의 액션이 너무 어색하게 과장돼 있었고, 매우 심각할 정도로 이상했다. 이 영화들은 실제로 그런 결점들이 있었지만 우리의 마음속에 있는 광채 때문에 그런 결점들이 모두 잊혀져 버렸던 것이었다.

〈스타워즈〉 팬들이 영화를 보고 나서 실망하여 불평하는 편지를 제작진에게 보내기 전에, 아트와 그 아들은 이 영화가 얼마나 대단한 영화이고, 그 후에 만들어진 모든 영화에 얼마나 대단한 영향을 끼쳤는지 모른다며 감탄하고 있었다. 하지만 시간이 지난 후 이제 와서 다시 보니 이 영화들은 완전 싸구려 영화였다.

옛날이 현재보다 얼마나 좋았는지 생각하기 시작하는 것은 사람이 늙는 징조 중의 하나다. 밥은 때로는 자신이 "아! 옛날이 참 좋았는데…." 하면서 옛날을 동경하는 말을 하곤 한다는 걸 문득 깨닫곤 한다. 완전 노인네들이 하는 말이라는 것을 잘 알면서도 말이다.

향수를 느끼면 지난날에 대해 약간의 그리움과 함께 따뜻한 생각을 가지게 된다. 그러면 왜 사람들은 자주 과거가 현재보다 더 나았다고 생각하게 되는 걸까? 특히 과거 몇 십 년을 객관적으로 돌아보면 정말 끔찍한 일들이 있었던 것이 분명한데도 말이다.

이런 느낌을 만들어내는 데에는 몇 가지 요소가 관여하고 있다.

우선, 전에도 얘기했듯이 우리는 심리적으로 가까이 있는 것들보다 멀리 있는 것들을 생각할 때 더 추상적으로 생각하게 된다는 것이 그 요인 중 하나다. 우리의 과거는 시간상으로 현재보다 더 떨어져 있다. 그래서 현재보다는 과거를 더 추상적으로 생각하게 된다.

현재 우리를 괴롭히고 있는 많은 일은 현재 당면하고 있는 특정한 문제들과 관련이 있다. 직장에서 맡은 일이나 학교의 숙제는 스트레스의 원인이 된다. 어쩌면 뭔가가 고장 나서 수리를 해야 하기 때문에 걱정하고 있을 수도 있다. 나는 당장 일을 좀 해야 하는데 동료는 나하고 얘기 하고 싶어 하기도 한다. 매일의 생활 속에는 즐거움을 방해하는 자잘한 일들이 산적해 있다.

그렇지만 과거를 돌아볼 때는 이처럼 짜증 나는 특정한 일들이 그렇게 두드러져 보이지 않는다. 그대신 과거의 더 포괄적인 측면에 초점을 맞추게 된다. 그런 포괄적인 일들은 즐거운 경우가 많다. 예를 들어, 가족들하고 같이 명절날 모여서 식사하던 일, 숲속에서 산책하던 일, 경치를 즐기며 먼 길을 드라이브하던 일, 휴가 갔던 일 등을 기억할 것이다. 일상 속에서 자잘하게 짜증스러웠던 일들의 세부적인 내용들은 기억하기가 힘들다. 그래서 과거에 대해 어렴풋하게 기억하는 회상들은 당시에 경험했을 당시보다 더 긍정적으로 느껴지게 된다. 식사자리에서 가족들과 사소한 일로 말씨름을 하던 일, 숲속을 산책하면서 모기에게 물렸던 일, 차 타고 드라이브하면서 느꼈던 지루함, 자동차 연료 탱크 표시 바늘이 '비었음'에 가까이 있는데 주유소를 못 찾아서 스트레스 받던 일 등과 같은 것은, 시간적으로 떨어져서 회상할 때는 모두 희미하게 퇴색해 버리는 것이다.

과거를 동경하게 하는 두 번째 요소는, 시간상으로 볼 때 우리가 과거 일을 기억할 때는 그 과거 일의 결과를 이미 잘 아는 상태에서 돌아보게 된다는 것이다. 예를 들어서 청소년기를 생각해 보자. 이때는 스트레스와 불안과 좌절이 가득 찬 시기이다. 십대들은 부모로부터 독립하고 싶어서 애를 쓰고, 또 사회 구조 속에서 자신의 위치가 어디인지를 배우느라 애쓰는 시기이다. 그렇지만 성인이 되어서 옛날 고등학교 시절을 돌아보는 시점은, 우리 자신이 그 어려운 시기를 이미 잘 견뎌낸 것을 알고 있는 때이다. 당시에는 심각한 문제가 될 것 같았던 사건들이 결국 인생에 별로 큰 영향을 주지 않고 지나갔다는 것을 잘 알고 있는 시점이다.

그렇게 결과를 다 알고 있는 상황에서는 마음 놓고 십대 때의 즐거운 일들을 회상할 수 있게 된다. 고등학교 풋볼팀 경기에 갔던 일, 친구들하고 같이 시간을 보냈던 일, 주말에 점심때까지 늘어지게 잤던 일 같은 것들을 기분 좋게 기억하게 된다. 과거의 일들이 그 후에 어떤 결과를 가져왔는지를 알고 있으면, 과거의 기억에서 스트레스 받던 순간은 최소화되고 즐거웠던 요소들은 더욱 쉽게 부각되어 기억하게 된다.

현재를 생각할 때는 지금의 일이 앞으로 어떻게 진행될지 알 수 없는 상황이다. 지금 우리에게 스트레스를 주는 일이 장차 해결될 것인지, 아니면 계속 미래까지 오랫동안 지속되며 고통을 안겨 줄 것인지 알 수 없다. 과거와 비교해 볼 때 현재는 현재가 갖고 있는 불확실성 때문에 스트레스는 더 커지고 즐거움은 더 작아지게 되어 있다.

세 번째 요소는 앞에서 얘기했던 기준변경효과이다. 우리는 과거에 대해 포괄적인 평가를 내릴 때 그 평가의 기준은 기억하지 않고 평가만 기억하는 경우가 많다. 아마 이 상황은 앞에서 얘기했던, 아트가 아들과 함께 〈스타워즈〉 영화를 보던 때 느꼈던 것과 같은 상황일 것이다. 두 사람의 기억 속에 〈스타워즈〉는 대단한 영화였다. 여기서 '대단하다'는 평가는 두 사람이 본 영화들과 당시에 비교 대상으로 삼을 만한 다른 영화들을 비교하고 내린 평가였다.

아트와 아들은 그 영화를 본 이후에도 많은 영화를 봤다. 그리고 이 과정에서 '대단하다'는 말의 정의가 달라진 것이다. 정의는 달라졌지만 처음에 내렸던 평가는 기억 속에 남아 있었기 때문에, 다시 영화를 보러 갔을 때 당연히 '대단한' 영화를 볼 것으로 기대하고 있던 것이다. 그걸 다시 보고 나서야, 그동안 시간이 지나는 동안에 영화가 '대단하다'라는 말로 평가가 되려면 무엇이 어떠해야 하는지에 대한 판단기준이 더 섬세하고 복잡해졌다는 것을 깨닫게 된 것이다. 그러니 처음에 보며 대단하다고 생각했던 〈스타워즈〉가 시간이 흐른 후에 다시 보게 되자 '대단한' 영화가 아니라 '싸구려' 영화로 보인 것이다. 곁 얘기를 덧붙이자면 아트와 아들은 실망스러운 경험에도 불구하고 〈스타워즈〉 영화를 계속해서 '대단한' 영화로 생각하자고 부자간에 의견을 모았다.

이만큼 이야기했으니, 그럼 향수에 젖는 것은 좋은 일일까, 나쁜 일일까? 하는 문제를 얘기해 보자.

물론 향수가 나쁘게 되는 경우들이 있다. 과거가 정말 좋았다고 믿으면 현재에 실망해서 현재를 좀 더 개선해 보겠다는 의욕을 아예 잃어버리게 된다.

그렇기는 해도, 향수는 대개 긍정적인 효과가 있다. 특히 현재 당면한 문제들이 특별히 벅차게 느껴질 경우에는 더욱 그렇다. 과거를 긍정적으로 되돌아보면 두 가지 좋은 일이 생길 수 있다. 첫째는, 우리 자신이 그동안 많은 문제를 극복했다는 것을 깨닫게 된다. 둘째는, 우리의 삶 속에서 어려운 순간에 우리를 도와준 많은 사람을 기억하게 된다. 따라서 과거에 고마웠던 사람들에 대한 긍정적인 생각은, 지금 우리가 우리와 관계를 맺고 있는 사람들과 사회적으로 더 튼튼하게 연결되어 있다는 느낌이 들게 해준다. 이런 느낌은 지금 우리가 당면하고 있는 문제가 무엇이든지 간에 그것을 스스로 잘 해결할 능력이 있다는 낙관적인 생각을 갖게 해준다.

더 나아가 생각해 볼 것은, 과거에 겪었던 어려움들은 실제로 우리가 어떻게 해 볼 도리가 별로 없었던 일인 경우가 많다. 예를 들어서 몇 년 전에 아트는 학회에 참석하기 위해 아프리카 튀니지에 갔었다. 거기까지 도착하는 데 서른여섯 시간이 걸렸고, 비행기를 세 번 갈아 타고 택시를 네 번 타고, 밴을 한 번 타고, 게다가 튀니지 경찰서에 가는 일까지 벌어졌다. (왜 경찰서까지 갔었는지는 묻지 않기 바란다.) 당시에는 스트레스를 정말 많이 받았다. 그렇지만 지금 와서 그것을 회상하는 일은 오히려 재미있다. 그런 상황에서는 아트가 어떻게 손을 써 볼 수 있는 일이 아무것도 없었다. 막상 자신이 할 수 있는 일이 없었다는 것을 잘 아는 아트의 마음속에는, 튀니지에 갔던 경험을 다시는 반복하고 싶지 않은 스트레스를 많이 받은 여행이었다고 생각하기보다는, 아프리카 여행에 대한 일종의 향수를 갖게 한 여행으로 생각하게 된 것이다. 거기 도달하기까지 엄청나게 끔찍한 여정이었지만 어쨌든 결국에는 튀니지에서 아주 특이한 경험을 하며 일주일을 보낼 수 있었던 것 아닌가.

과거에 어쩔 수 없었던 일들을 장밋빛 안경을 쓰고 바라볼 때 사람들은 자신이 살아가면서 내렸던 많은 선택에 대해 덜 후회하게 되고, 그렇게 되면 현재에 대해서도 행복함을 더 느끼게 되고 자신감 또한 많이 갖게 된다.

이제 『뇌는 왜 그렇게 생각할까?』로 방향을 돌려 보자. 우리 두 사람은 지금까지 함께 책을 쓰면서 매우 좋은 시간을 가졌다. 그리고 최소한 우리가 바라는 바는, 독자도 이 책을 읽으면서 즐거움을 느꼈으면 하는 것이다. 끝까지 읽어 주어서 감사한다. 우리 두 사람은 나중에 이 책을 쓰던 일을 기억하면서 행복을 느낄 것이다. 독자들도 『뇌는 왜 그렇게 생각할까?』를 읽고 난 후에 이 책을 기억할 때, 행복한 경험으로 기억되길 바라는 마음이다.

"

지나간 일은 마음과 머릿속에서
더 따뜻해진다.

"

 이 책은 텍사스 오스틴의 KUT 라디오에서 매주 방송되었던, 그리고 생각지도 않게 놀라운 성공을 거두었던 〈당신의 뇌에 대한 두 남자의 이야기〉라는 토크쇼를 바탕으로 만들어졌습니다.

 많은 분 중에 제일 먼저 우리가 감사해야 할 분들은 KUT 방송국의 관계자분들입니다. 이 분들은 두 해가 훨씬 넘도록 매주 금요일 라디오로 방송된 이 토크쇼를 제작하고 다듬고 지속적으로 품질관리를 하는 데에 놀라운 능력을 발휘해 주신 분들입니다. 특히 제작 엔지니어인 데이비드 알바레스는 우리가 시간 가는 것도 모르고 정신없이 토크쇼를 진행하거나 그런 과정에서 마이크를 제 자리에 놓지 못하고 갈팡질팡하는 것을 인내심을 갖고 잘 대처해 주었는데, 우리 둘이 그야말로 우렁찬 목소리로 감사 인사를 해야 마땅합니다. 또한 프로그램 디렉터인 호크 멘덴홀에게도 감사드립니다. 멘덴홀 씨는 3년 전에 처음으로 우리가 시험 녹화를 해 보았을 때 이 프로그램이 성공 가능성이 있다는 잠재력을 알아봐 주었고 초기부터 이 프로그램에 대해 적극적인 지지를 보내 주었습니다. 그리고 토크쇼가 방송되기 위해서는 행정적인 결재가 필요한데 때맞춰 꼬박꼬박 결재해 주신 스튜어트

밴더빌트에게도 감사합니다. 그 외에도 우리에게 격려와 지지를 보내 준 KUT 방송국의 여러분들, 특히 마이크 리, 존 버넷, 밥 브랜슨, 조이 디아스에게 감사드립니다.

물론 우리 토크쇼 같은 프로그램은 아무도 듣는 사람이 없으면 당연히 오래 가지 못하고 프로그램을 중단할 수밖에 없는데, 그런 점에서 라디오 방송과 팟캐스트를 통해 우리 프로그램을 들으면서 여러 가지 문제를 생각해 보게 되었노라고 긍정적인 반응을 보여 주었던 모든 분들께도 감사드립니다. 우리 두 사람처럼 교육계에 있는 사람들에게는 그런 찬사보다 더 나은 찬사가 없습니다.

우리는 우리의 훌륭한 에이전트인 가일스 앤더슨에게도 감사드립니다. 앤더슨 씨가 아니었다면 이 프로젝트를 시작하는 엄두조차 내지 못했을 것입니다. 그 토크쇼를 바탕으로 책을 엮어 보면 좋겠다는 것도 앤더슨 씨의 생각이었습니다.

우리는 각각 르오라와 주디스를 훌륭한 친구와 배우자로 맞아 함께 살 수 있게 된 것을 대단한 행운이라고 생각합니다. 이 두 사람은 우리의 허튼소리를 따뜻하게 받아 주고 (따뜻하게 받아 준 것이 맞겠죠?) 어떤 상황에서도 지지와 격려를 아끼지 않았습니다.

마지막으로 〈당신의 뇌에 대한 두 남자의 이야기〉 뒤에 있는 우리의 진짜 브레인이라 할 수 있는 레베카 매킨로이에게 감사합니다. 매킨로이 씨는 정말 대담하고 창의적이고 기발하고 늘 자신의 즐거움을 다른 사람에게 전염시키는 훌륭한 분입니다. 지금까지 우리의 제작자이며, 편집인이며, 소중하고 사랑스런 친구인 매킨로이 씨보다 더 지적 호기심이 넘치고, 지식에 대한 사랑이 있고, 인생이 우리에게 가져다주는 모든 것에 깊이 감사하는 마음을 가진 사람을 보지 못했습니다. 매킨로이 씨의 창의력, 통찰력, 지혜로움, 게다가 디지털 오디오 워크스테이션인 프로툴즈 프로그램을 잘 다루는 놀라운 능력이 모두 합력해서, 우리가 방송하는 내용이 매주 애청자들의 귀에 정말 전문가들의 훌륭한 말로 들리도록 해 주었습니다.

우리 두 저자는 이 책을 깊은 존경과 감사와 사랑으로 레베카 매킨로이에게 바칩니다.

누구나 아는 말이지만 외국어로 쓰인 글을 번역하는 일은 항상 어려운 일이다. 언어구조나 문화의 차이 때문에 때로는 번역본보다는 외국어 원문을 읽는 것이 오히려 더 이해가 잘 된다는 말도 흔히 듣는다. 특히 아트 마크먼 교수와 밥 듀크 교수의 『Brain Briefs』는 두 저자의 서문에서도 이야기한 것처럼 원래 라디오 토크쇼에 기초해서 쓰인 구어적 성격이 강한 책이기 때문에 학술이론을 논증해 나가는 문어적 성격의 학술저서와는 성격이 매우 다르다. 따라서 원문 저술에 어려움이 있었다고 토로하였지만 마찬가지로 우리말 번역에도 어려움이 많았다. 그러나 이 책은 여러 가지 면에서 훌륭한 책이어서 지적 호기심을 가진 한국의 독자들에게 유익할 것으로 믿는다.

우리 역자는 아들과 아버지이다. 아들 이은빈은 주로 두뇌의 구조와 기능을 연구하는 신경과학과 인지신경과학을 공부하였고, 아버지인 이성하는 인간의 인지작용이 어떻게 언어의 기능과 형태를 바꾸어 가는지를 연구하는 인지언어학과 응용언어학을 공부하였다. 이처럼 뇌신경, 인지, 심리에 관심이 겹치다 보니 자연스럽게 비슷한 책을 읽는 경우들이 많다. 실상 모든 사람들은 기본적으로 뇌의 작동 방식에 대해 자세히 알고 싶어 한다. 그러나 심도 있는 학술서적을 읽는 것은 여러 가지 면에서 쉬운 일이 아니다. 그런데 우리 두 사람은 『Brain Briefs』라는 책을 접하고 즉시 이 책이 사람이라면 누구나 두뇌의 기능과 관련해서 가지고 있을 다양한 의문점들을 매우 이해하기 쉽게 잘 다루고 있어서 깊이 학문을 연구하는 전공자분만 아니라 일반인에게도 매우 유익할 것이라는 데에 의견을 같이 하고 함께 번역을 하기로 하였다.

이 책의 주제들은 우리 모두의 관심이 될 만한 행복, 고통, 학습, 창조성, 용서, 신념, 기억, 실패, 스트레스, 편견, 망상 등 일상생활에 밀접한 관계를 맺고 있는 주제들을 심리학자들의 연구결과를 토대로 잘 설명해 주고 있다. 특히 각 주제별로 참고문헌을 폭넓게 제시하고 있어서 해당 주제에 관심 있는 독자들은 참고문헌들을 읽으면 더 심도 있는 세부 내용을 접할 수 있을 것이다.

우리는 기독교인으로서 늘 우리를 창조한 조물주가 인간을 얼마나 복잡하면서도 정교하게 만드셨는지 그 탁월한 설계에 감탄을 하는 사람들이다. 이 책에서 다루고 있는 주제들에서도 우리는 조물주가 인간의 생존에 꼭 필요한 장치들을 우리의 머릿속에 어떻게 프로그래밍해 두었는지, 그리고 인간의 역사 속에서 그러한 프로그램들이 어떻게 발전하였는지를 다시 한번 확인하는 계기가 되었다. 특별히 우리의 인지, 심리 장치들이 작동하는 방식을 고려할 때, 스스로에 대해 실패를 두려워하지 않고 열린 마음을 유지하며, 나와 다른 이들의 다양성에 관용을 보이고, 다른 사람이 잘못한 일이 있으면 기꺼이 용서하고, 벌보다는 상을 주고 격려하는 것이 얼마나 우리 개인과 공동의 삶을 풍요롭고 가치 있게 하는지를 다시 한번 느끼고 다짐하는 좋은 계기가 되었다.

이 번역본을 출판해 주신 글로벌콘텐츠출판그룹의 홍정표 대표님을 비롯해 번역 원고를 읽고 의견을 주신 모든 분들께 고마운 인사를 드린다. 아무쪼록 이 책이 우리 두 역자에게 유익했던 것만큼 독자들에게도 유익하기를 바라는 마음이다. 또한 자원해서 초역을 읽고 의견을 준 한국외국어대학교의 학생들(고상원, 김가영, 김성지, 김솜이, 소수빈, 안정연, 이수연, 이영훈, 이유진, 이윤수, 이윤재, 이채현, 이후연, 최태형, 한종민, 홍희준, 황문창)에게도 이 자리를 빌려 감사의 말을 전한다.

1. 새로운 경험에 대해 열린 마음을 가지면 성공할까?

Gilovich, T., & Medvec, V. H. (1995). The experience of regret: What, when, and why. *Psychological Review*, 102(2), 379-395.

Kruglanski, A. W., & Webster, D. M. (1996). Motivated closing of the mind: "Seizing" and "freezing." *Psychological Review*, 103(2), 263-283.

Markman, A. (2013). *Habits of leadership*. New York, NY: Perigee Books.

2. 우리는 정말 자신을 스스로 행복하게 만들 수 있을까?

Cacioppo, J. T., Hawkley, L. C., Kalil, A., Hughes, M. E., Waite, L., & Thisted, R. A. (2008). Happiness and the invisible threads of social connection: The Chicago Health, Aging, and Social Relations Study. In M. Eid & R. J. Larsen (Eds.), *The Science of Subjective Well-being* (pp. 195-219). New York, NY: Guilford Press.

Diener, E. (2000). Subjective well-being: The science of happiness and a proposal for a national index. *American Psychologist,* 55(1), 34-43 .

Epley, N., & Schroeder, J. (2014). Mistakenly seeking solitude. Journal of *Experimental Psychology: General,* 143(5), 1980-1999.

Fujita, F., & Diener, E. (2005). Life satisfaction set point: Stability and change. *Journal of Personality and Social Psychology*, 88(1), 158-164.

Gilbert, D. T., Pinel, E. C., Wilson, T. D., Blumberg, S. J., & Wheatley, T. P. (1998). Immune neglect: A source of durability bias in affective forecasting. *Journal of Personality and Social Psychology*, 75(3), 617-638.

Maier, S. F., & Seligman, M. E. (1976). Learned helplessness: Theory and evidence. *Journal of Experimental Psychology: General*, 105(1), 3-46.

Seligman, M. E. (2002). *Authentic Happiness*. New York, NY: Simon & Schuster.

3. 거짓말하는지 어떻게 알 수 있을까?

Ormerod, T. C., & Dando, C. J. (2015). Finding a needle in a haystack: Toward a psychologically informed method for aviation security screening. *Journal of Experimental Psychology: General*, 144(1), 76-84.

Pennebaker, J. W. (2011). *The Secret Life of Pronouns: What Our Words Say about Us*. New York, NY: Bloomsbury Press.

ten Brinke, L., Stimson, D., & Carney, D. R. (2014). Some evidence for unconscious lie detection. *Psychological Science*, 25(5), 1098-1105.

4. 브레인 게임을 해야 할까?

Baddeley, A. D. (2007). *Working Memory, Thought, and Action*. New York, NY: Oxford University Press.

Newell, A. (1990). *Unified Theories of Cognition*. Cambridge, MA: Harvard University Press.

Newell, A., & Simon, H. A. (1963). GPS: A program that simulates human thought. In E. A. Feigenbaum & J. Feldman (Eds.), *Computers and Thought*. Munich, Germany: R. Oldenbourg KG.

5. 이야기식으로 들은 것이 더 잘 기억될까?

Bransford, J. D., & Johnson, M. K. (1973). Considerations of some problems of comprehension. In W. G . Chase (Ed.), *Visual Information Processing* (pp. 383-438). New York, NY: Academic Press.

Loftus, E. F., & Palmer, J. C. (1974). Reconstruction of automobile destruction: An example of the interaction between language and memory. *Journal of Verbal Learning and Verbal Behavior,* 13, 585-589.

Schank, R. C ., & Abelson, R. (1977). *Scripts, Plans, Goals and Understanding*. Hillsdale, NJ: Lawrence Erlbaum Associates.

6. 같은 고통이 서로 다르게 해석될 수 있을까?

Dewall, C. N., MacDonald, G., Webster, G. D., Masten, C. L., Baumeister, R. F., Powell, C., Combs, D., Schurtz, D. R., Stillman, T. F., Tice, D. M., Eisenberger, N. I. (2010). Acetaminophen reduces social pain: Behavioral and neural evidence. *Psychological Science*, 14, 931-937.

Fernandez, E., & Turk, D. C. (1992). Sensory and affective components of pain: Separation and synthesis. *Psychological Bulletin*, 112(2), 205-217.

Lakoff, G., & Johnson, M. (1980). *Metaphors We Live By*. Chicago, IL: University of Chicago Press.

Ramachandran, V. S., Brang, D., & McGeoch, P. D. (2009). Size reduction using mirror visual feedback (MVF) reduces phantom pain. *Neurocase: The Neural Basis of Cognition*, 15(5), 357-360.

Ramachandran, V. S., & Hirstein, W. (1998). The perception of phantom limbs: The D. O. Hebb lecture. *Brain*, 12, 1603-1630.

Wager, T. D., & Atlas, L. Y. (2013). How is pain influenced by cognition? Neuroimaging weighs in. *Perspectives on Psychological Science*, 8(1), 91-97.

7. 학교에서 가르치는 방식은 아이들이 배우는 방식과 같은 것일까?

Roediger, H. L., & Karpicke, J. D. (2006). The power of testing memory: Basic research and implications for educational practice. *Perspectives on Psychological Science*, I, 181-210.

Sorce, J. F., Emde, R. N., Campos, J. J., & Klinnert, M. D. (1984). Maternal emotional signaling: Its effect on the visual cliff behavior of 1-year-olds. *Developmental Psychology*, 21(1), 195-200.

Wilson, M. (2002). Six views of embodied cognition. *Psychonomic Bulletin and Review*, 9(4), 625-636.

8. 혀가 꼬이는 일은 왜 일어나는가?

Dell, G. S. (1986). A spreading activation theory of retrieval in sentence production. *Psychological Review*, 93(3), 283-321.

Griffin, Z. M. (2010). Retrieving personal names, referring expressions, and terms of address. *Psychology of Learning and Motivation*, 53, 345-387.

Levelt, W. J. M. (1989). *Speaking: From Intention to Articulation*. Cambridge, MA: MIT Press.

9. 멀티태스킹을 하면 일을 더 많이 할까?

Altmann, E. M., Trafton, J. G., & Hambrick, D. Z. (2014). Momentary interruptions can derail the train of thought. *Journal of Experimental Psychology: General*, 143(1), 215-226.

Glucksberg, S., & Cowen, G. N. (1970). Memory for nonattended auditory material. *Cognitive Psychology*, 1(2), 149-156.

Pashler, H. E. (1998). *The Psychology of Attention*. Cambridge, MA: MIT Press.

Schneider, W., & Shiffrin, R. M. (1977). Controlled and automatic human information processing: I. Detection, search, and attention. *Psychological Review*, 84(1), 1-66.

Watson, J. M., & Strayer, D. L. (2010). Supertaskers: Profiles in extraordinary multitasking ability. *Psychonomic Bulletin and Review*, 17(4), 479-485.

10. 성실한 사람이 창조적일 수 있을까?

King, L. A., McKee-Walker, L., & Broyles, S. J. (1996). Creativity and the five-factor model. *Journal of Research in Personality*, 30(2), 189-203.

Wason, P. C., & Johnson-Laird, P. N. (1972). *Psychology of Reasoning Structure and Content*. London, UK: Routledge.

11. 우리는 정말 우리 뇌의 10퍼센트만 사용할까?

Bear, M. F., Connors, B. W., & Paradiso, M. A. (2015). *Neuroscience: Exploring the Brain*. New York, NY: Wolters Kluwer.

12. 기억력은 반드시 쇠퇴하게 되어 있을까?

Evans, D. A., Beckett, L. A., Albert, M. S., Hebert, L. E., Scherr, P. A., Funkenstein, H. H., & Taylor, J. O. (1993). Level of education and change in cognitive function in a community population of older persons. *Annals of Epidemiology*, 3(1), 71-77.

Hartshorne, J. K., & Germine, L. T. (2015). When does cognitive functioning peak? The asynchronous rise and fall of different cognitive abilities across the life span. *Psychological Science*, 26(4), 433-443.

Salthouse, T. A. (2004). What and when of cognitive aging. *Current Directions in Psychological Science*, 13(4), 140-144.

Thomas, A. K. & Dubois, S. J. (2011). Reducing the burden of stereotype threat eliminates age differences in memory distortion. *Psychological Science*, 22(12), 1515-1517.

13. 영화에서 앞뒤가 안 맞는 것을 잡아내기가 왜 어려울까?

Rensink, R. A., O'Regan, J. K., & Clark, J. J. (1997). To see or not to see: The need for attention to perceive changes in scenes. *Psychological Science*, 8(5), 368-373.

Simons, D. J., & Levin, D. T. (1998). Failure to detect changes to people during a real-world interaction. *Psychonomic Bulletin and Review*, 5(4), 644-649.

Zacks, J. (2014). *Flicker: Your Brain on Movies*. New York, NY: Oxford University Press.

14. 자기도취에 빠진 사람은 다 똑같을까?

Carlson, E. N., & Lawless Des Jardins, N. (2015). Do mean guys always finish first or just say they do? Narcissists' awareness of their social status and popularity over time. *Personality and Social Psychology Bulletin*, 41(7), 901-917.

Konrath, S., Meier, B. P., & Bushman, B. J. (2014). Development and validation of the single item narcissism scale. *PlosONE*, 9(8), e103469.

Krizan, Z., & Johar, O. (2015). Narcissistic rage revisited. *Journal of Personality and Social Psychology*, 108(5), 784-801.

15. 나이가 들수록 정말 시간이 빨리 가는 걸까?

Avni-Babad, D., & Ritov, I. (2003). Routine and the perception of time. *Journal of Experimental Psychology: General*, 132(4), 543-550.

Coane, J. H., & Balota, D. A. (2009). Priming the holiday spirit: Persistent activation due to extraexperimental experiences. *Psychonomic Bulletin and Review*, 16(6), 1124-1128.

Csikszentmihalyi, M. (1990). *Flow*. New York, NY: Harper Perennial.

16. 왜 용서의 힘은 강력할까?

Freedman, S. R., & Enright, R. D. (1996). Forgiveness as an intervention goal with incest survivors. *Journal of Counseling and Clinical Psychology*, 64(5), 983-992.

Noreen, S., Bierman, R., & Macleod, M. D. (2014). Forgiving you is hard, but forgetting seems easy: Can forgiveness facilitate forgetting? *Psychological Science*, 25(7), 1295-1302.

Steiner, M., Allemand, M., & McCullough, M. E. (2012). Do agreeableness and neuroticism explain age differences in the tendency to forgive others? *Personality and Social Psychology Bulletin*, 38(4), 441-453.

17. 우리의 사고는 일관성이 있을까?

Baddeley, A. D. (2007). *Working Memory, Thought, and Action*. New York, NY:

Oxford University Press.

Festinger, L. (1956). *A Theory of Cognitive Dissonance*. Stanford, CA: Stanford University Press.

Higgins, E. T., & Stangor, C. (1988). A "change-of-standard" perspective on the relations among context, judgment and memory. *Journal of Personality and Social Psychology*, 54(2), 181-192.

Read, S. J., Monroe, B. M., Brownstein, A. L., Yang, Y., Chopra, G., & Miller, L. C. (2010). A neural network model of the structure and dynamics of human personality. *Psychological Review*, 117(1), 61-92.

Russo, E. J., Medvec, V. H., & Meloy, M. G. (1996). The distortion of information during decisions. *Organizational Behavior and Human Decision Processes*, 66, 102-110.

Simon, D., & Holyoak, K. J. (2002). Structural dynamics of cognition: From consistency theories to constraint satisfaction. *Personality and Social Psychology Review*, 6(6), 283-294.

Thagard, P. (1989). Explanatory coherence. *Behavioral and Brain Sciences*, 12, 435-502.

Tulving, E. (1983). *Elements of Episodic Memory*. New York, NY: Oxford University Press.

18. 우리가 믿는 것들은 일관성이 있을까?

Baron, J., & Spranca, M. (1997). Protected values. *Organizational Behavior and Human Decision Processes*, 70(1), 1-16.

Platt, J. R. (1964). Strong inference. *Science*, 146, 347-352.

19. 외국어를 배우는 것은 왜 어려울까?

Eimas, P. D. (1971). Speech perception in infants. *Science*, 171, 303-306.

Gomez, R. L., & Gerken, L. (1999). Artificial grammar learning by 1-year-olds leads to specific and abstract knowledge. *Cognition*, 70(2), 109-135.

Newport, E. L. (1990). Maturational constraints on language learning. *Cognitive Science*, 14(1), 11-28.

Saffran, J. R., Aslin, R. N., & Newport, E. L. (1996). Statistical learning by 8-month-old infants. *Science*, 274, 1926-1928.

20. 왼쪽 뇌와 오른쪽 뇌는 다를까?

Robertson, L. C., & Ivry, R. (2000). Hemispheric asymmetries: Attention to visual and auditory primitives. *Current Directions in Psychological Science*, 9(2), 59-63.

Sperry, R. W. (1974). Lateral specialization in the surgically separated hemispheres. In F. O. Schmitt & F. G. Worden (Eds.), *Neuroscience* (pp. 202-229). Cambridge, MA: MIT Press.

21. 어떻게 하면 작가의 벽을 극복할 수 있을까?

Clance, P. R., & Imes, S. (1978). The imposter phenomenon in high achieving women: Dynamics and therapeutic intervention. *Psychotherapy Theory, Research, and Practice*, 15(3), 241-247.

King, S. (2000). *On Writing*. New York, NY: Scribner.

Paulus, P. B., Kohn, N. W., & Arditti, L. E. (2011). Effects of quantity and quality instructions on brainstorming. *Journal of Creative Behavior*, 45(1), 38-46.

22. 실패는 필요한 것일까?

Dunning, D., & Kruger, J. (1999). Unskilled and unaware of it: How difficulties in recognizing one's own incompetence lead to inflated self-assessments. *Journal of Personality and Social Psychology*, 77(6), 1121-1134,

Dweck, C. (2006). *Mindset*. New York, NY: Random House.

Neff, K. (2003). Self-compassion: An alternative conceptualization of a healthy attitude toward oneself. *Self and Identity*, 2(2), 85-101.

Saxenian, A. (1996). *Regional Advantage*. Cambridge, MA: Harvard University Press.

23. 우리가 눈으로 보는 것 중 얼마만큼이 사실일까?

Goldmeier, E. (1972). Similarity in visually perceived forms. *Psychological Issues*, 8(1), 1-136.

Kanizsa, G. (1976). Subjective contours. *Scientific American*, 234(4), 48-52.

Palmer, S. E. (1992). Common region: A new principle of perceptual grouping. *Cognitive Psychology*, 9(3), 441-474.

24. 벌주는 것은 효과가 있을까?

Higgins, E. T. (1997). Beyond pleasure and pain. *American Psychologist*, 52(12), 1280-1300.

Miller, N. E. (1959). Liberalization of basic S-R concepts: Extensions to conflict behavior, motivation, and social learning. In S. Koch (Ed.), *Psychology: A Study of a Science. General and Systematic Formulations, Learning, and Special Processes* (Vol. 2, pp. 196-292). New York, NY: McGraw Hill.

Warr, P. (1999). Well-being and the workplace. In D. Kahneman, E. Diener, & N. Schwarz (Eds.), *Well-being: The Foundations of Hedonic Psychology* (pp. 392-412). New York, NY: Russell Sage Foundation.

25. 왜 비교가 도움이 될까?

Basalla, G. (1988). *The Evolution of Technology*. Cambridge, UK: Cambridge University Press.

Chen, S., & Andersen, S. M. (1999). Relationships from the past in the present: Significant-other representations and transference in interpersonal life. In M. P. Zanna (Ed.), *Advances in Experimental Social Psychology* (Vol. 31, pp. 123-190). San Diego, CA: Academic Press.

Gentner, D. (1983). Structure-mapping: A theoretical framework for analogy. *Cognitive Science*, 7, 155-170.

Gentner, D., & Markman, A. B. (1997). Structural alignment in analogy and similarity. *American Psychologist*, 52(1), 45-56.

Goswami, U., & Brown, A. L. (1989). Melting chocolate and melting snowmen: Analogical reasoning and causal relations. *Cognition*, 35, 69-95.

Linsey, J. S., Wood, K. L., & Markman, A. B. (2008). Modality and representation in analogy. *Artificial Intelligence for Engineering Design, Analysis, and Manufacturing*, 22(2), 85-100.

Zhang, S., & Markman, A. B. (1998). Overcoming the early entrant advantage: The role of alignable and nonalignable differences. *Journal of Marketing Research*, 35, 413-426.

26. 왜 스트레스를 받으면 무너질까?

Beilock, S. (2011). *Choke: What the Secrets of the Brain Reveal about Getting It*

Right When You Have to. New York, NY: Atria Books.

DeCaro, M. S., Thomas, R. D., Albert, N. B., & Beilock, S. L. (2011). Choking under pressure: Multiple routes to skill failure. *Journal of Experimental Psychology: General,* 140(3), 390-406.

Goetz, T., Bieg, M., Ludtke, O., Pekrun, R., & Hall, N. C. (2013). Do girls really experience more anxiety in mathematics. *Psychological Science,* 24(10), 2079-2087.

Gray, R. (2004). Attending to the execution of a complex sensorimotor skill: Expertise differences, choking, and slumps. *Journal of Experimental Psychology: Applied,* 10(1), 42-54.

Masters, R. S. W. (1992). Knowledge, knerves, and know-how: The role of explicit versus implicit knowledge in the breakdown of a complex motor skill under pressure. *British Journal of Psychology,* 83, 343-358.

Steele, C. M., & Aronson, J. (1995). Stereotype threat and the intellectual test performance of African Americans. *Journal of Personality and Social Psychology,* 69(5), 797-81l.

Worthy, D. A., Markman, A. B., & Maddox, W. T. (2009). Choking and excelling at the free throw line. *International Journal of Creativity & Problem Solving,* 19, 53-58.

Worthy, D. A., Markman, A. B., & Maddox, W. T. (2009). Choking and excelling under pressure in experienced classifiers. *Attention, Perception, and Psychophysics,* 71, 924-935.

27. 우리는 물건을 살 때 어떻게 결정하는가?

Dempsey, M. A., & Mitchell, A. A. (2010). The influence of implicit attitudes on choice when consumers are confronted with conflicting attribute information. *Journal of Consumer Research,* 37, 614-625.

Fader, P. S., & Lattin, J. M. (1993). Accounting for heterogeneity and nonstationarity in a cross-sectional model of consumer purchase behavior. *Marketing Science,* 12(3), 304-317.

Payne, J. W., Bettman, J. R., & Johnson, E. J. (1993). *The Adaptive Decision Maker.* New York, NY: Cambridge University Press.

Simon, H. A. (1957). *Models of Man: Social and Rational.* New York, NY: Wiley.

Simonson, I. (1989). Choice based on reasons: The case of attraction and compromise effects. *Journal of Consumer Research*, 16, 158-174.

Zajonc, R. B. (1968). Attitudinal effects of mere exposure. *Journal of Personality and Social Psychology*, 9, 1-27.

28. 브레인스토밍을 가장 잘 하는 방법은 무엇일까?

Finke, R. A., Ward, T. B., & Smith, S. M. (1992). *Creative Cognition: Theory, Research, and Applications.* Cambridge, MA: MIT Press.

Linsey, J. S., Clauss, E. F., Kurtoglu, T., Murphy, J. T., Wood, K. L., & Markman, A. B. (2011). An experimental study of group idea generation techniques: Understanding the roles of idea representation and viewing methods. *Journal of Mechanical Design*, 133(3). doi: 10.1l15/1.4003498

Mullen, B., Johnson, C., & Salas, E. (1991). Productivity loss in brainstorming groups: A meta-analytic integration. *Basic and Applied Social Psychology*, 12(1), 3-23.

Osborn, A. (1957). *Applied Imagination.* New York, NY: Scribner and Sons.

Paulus, P. B., & Brown, V. R. (2002). Making group brainstorming more effective: Recommendations from an associative memory perspective. *Current Directions in Psychological Science*, 11, 208-212.

29. 인터넷으로는 왜 의사소통이 잘 안 될까?

Clark, H. H. (1996). *Using Language.* New York, NY: Cambridge University Press.

30. 일어나지도 않은 일을 기억하는 것이 가능할까?

Johnson, M. K., Hashtroudi, S., & Lindsay, D. S. (1993). Source monitoring. *Psychological Bulletin*, 114 (1), 3-28.

Loftus, E. F., & Palmer, J. C. (1974). Reconstruction of automobile destruction: An example of th.e interaction between language and memory. *Journal of Verbal Learning and Verbal Behavior,* 13, 585-589.

Roediger, H. L., & McDermott, K. B. (1995). Creating false memories: Remembering words not presented in lists. *Journal of Experimental Psychology: Learning, Memory, and Cognition*, 21(4), 803-814.

Thomas, A. K., & Loftus, E. F. (2002). Creating bizarre false memories through imagination. *Memory and Cognition*, 30(3), 423-431.

Wilson, B. M., Mickes, L., Stolarz-Fantino, S., Evrard, M., & Fantino, E. (2015).

Increased false-memory susceptibility after mindfulness meditation. *Psychological Science*, 26(10), 1567-1573.

31. 편견을 안 가질 수 있을까?

Brewer, M. B. (1979). In-group bias in the minimal intergroup situation: A cognitive-motivational analysis. *Psychological Bulletin*, 86(2), 307-324.

Cameron, J. A., Alvarez, J. M., Ruble, D. N., & Fuligni, A. J. (2001). Children's lay theories about ingroups and outgroups: Reconceptualizing research on prejudice. *Personality and Social Psychology Review*, 2, I18-128.

Hirschfeld, L. A. (1996). *Race in the Making*. Cambridge, MA: MIT Press.

32. 인생에 끊이지 않는 짜증 나는 일들을 어떻게 하면 좋을까?

Bushman, B. J., Baumeister, R. F., & Stack, A. D. (1999). Catharsis, aggression, and persuasive influence: Self-fulfilling or self-defeating prophecies? *Journal of Personality and Social Psychology*, 76(3), 367-376.

Findley, M. J., & Cooper, H. M. (1983). Locus of control and academic achievement: A literature review. *Journal of Personality and Social Psychology*, 44(2), 419-427.

Lefcourt, H. M. (1991). Locus of control. In J. P. Robinson, P. R. Shaver, & L. S. Wrightsman (Eds.), *Measures of Personality and Social Psychological Attitudes* (Vol. 1, pp. 413-499). San Diego, CA: Academic Press.

Maier, S. F., & Seligman, M. E. (1976). Learned helplessness: Theory and evidence. *Journal of Experimental Psychology: General*, 105(1), 3-46.

33. 상대방 마음을 읽는 독심술이 필요할까?

Baron-Cohen, S., Leslie, A. M., & Frith, U. (1985). Does the autistic child have a "theory of mind?" *Cognition*, 21(1), 37-46.

Clark, H. H. (1996). *Using Language*. New York, NY: Cambridge University Press.

Ding, X. P., Wellman, H. M., Wang, Y., Fu, G., & Lee, K. (2015). Theory-of-mind training causes honest young children to lie. *Psychological Science*, 26(11), 1812-1821.

Keysar, B. (1994). The illusory transparency of intention: Linguistic perspective-taking in text. *Cognitive Psychology*, 26, 165-208.

Perner, J. (1993). *Understanding the Representational Mind*. Cambridge, MA: MIT Press.

34. 도대체 뇌는 뭐하는 기관인가?

Castellucci, V., Pinsker, H., Kupfermann, I., & Kandel, E. R. (1970). Neuronal mechanisms of habituation and dishabituation of the gill-withdrawal reflex in Aplysia. *Science*, 167(3926), 1745-1748.

Clark, A. (2013). Whatever next? Predictive brains, situated agents, and the future of cognitive science. *Behavioral and Brain Sciences*, 36(03), 181-204. http://doi.org/10.1017/S0140525X12000477.

Schultz, W., & Dickinson, A. (2000). Neuronal coding of prediction errors. *Annual Review of Neuroscience*, 23(1), 473-500. http://doi. org/10.1146/annurev.neuro.23.1.473

Van Doorn, G., Paton, B., Howell, J., & Hohwy, J. (2015). Attenuated self-tickle sensation even under trajectory perturbation. *Consciousness and Cognition*, 36, 147-153. http://doi.org/10.1016/j.concog.2015.06.016

35. 모차르트 음악을 들으면 더 똑똑해질까?

Chabris, C. F. (1999). Prelude or requiem for the "Mozart Effect"? *Nature*, 400(6747), 826-827. http://doi.org/10.1038/23608

Duke, R. A. (2000). The other Mozart Effect: An open letter to music educators. *Update: Applications of Research in Music Education*, 19(1), 9-16. http://doi. org/10.n77/875512330001900103

Isen, A. M., & Labroo, A. A. (2003). Some ways in which positive affect facilitates decision making and judgment. In S. L. Schneider & J. Shanteau (Eds.), *Emerging Perspectives on Judgment and Decision Research* (pp. 365-393). New York, NY: Cambridge University Press.

Rauscher, F. H., Shaw, G. L., & Ky, C. N. (1993). Music and spatial task performance. *Nature*, 365(6447), 611. http://doi. org/10.1038/365611ao

Schellenberg, E. G., & Hallam, S. (2005). Music listening and cognitive abilities in 10- and 11-year-olds: The blur effect. *Annals of the New York Academy of Sciences*, 1060(1), 202-209. http://doi.org/10.1196/ annals.1360.013

Steele, K. M. (2006). Unconvincing evidence that rats show a Mozart Effect. *Music*

Perception: An Interdisciplinary Journal, 23(5), 455-458. http://doi.org/
10.1525/mp.2006.23.5,455

36. 왜 사람들은 나 빼고는 모두 게으름뱅이일까?

Christiansen, A., Sullaway, M., & King, C. E. (1983). Systematic error in behavioral
reports of dyadic interaction: Egocentric bias and content effects. Behavioral
Assessment, 5(2), 129-140.

Gilovich, T., Medvec, V. H., & Savitsky, K. (2000). The spotlight effect in social
judgment: An egocentric bias in estimates of the salience of one's own actions
and appearance. Journal of Personality and Social Psychology, 78(2), 211-222.

Kahneman, D., Knetsch, J. L., & Thaler, R. H. (1991). Anomalies: The endowment
effect, loss aversion and status quo bias. Journal of Economic Perspectives,
5(1), 193-206.

Trope, Y., & Liberman, N. (2003). Temporal construal. Psychological Review,
110(3), 403-421.

37. 망상은 좋은 것일까?

Brehm, J. W., & Self, E. A. (1989). The intensity of motivation. Annual Review of
Psychology, 40, 109-131.

Chambers, J. R., & Windschitl, P. D. (2004). Biases in social comparative
judgments: The role of nonmotivated factors in above-average and
comparative-optimism effects. Psychological Bulletin, 130(5), 813-838.

Dunning, D., & Kruger, J. (1999). Unskilled and unaware of it: How difficulties in
recognizing one's own incompetence lead to inflated self-assessments.
Journal of Personality and Social Psychology, 77(6), 1121-1134.

Forbes, D. P. (2005). Are some entrepreneurs more overconfident than others?
Journal of Business Venturing, 20(5), 623-640.

Locke, E. A., & Latham, G. P. (2002). Building a practically useful theory of goal
setting and task motivation: A 35-year odyssey. American Psychologist, 57(9),
705-717.

Norem, J. K., & Cantor, N. (1986). Defensive pessimism: Harnessing anxiety as
motivation. Journal of Personality and Social Psychology, 51(6), 1208-1217.

38. 우리는 왜 개를 '개'라고 부를까?

Brown, R. (1958). How shall a thing be called? *Psychological Review*, 65(1), 14-21.

Rosch, E., Mervis, C. B., Gray, W. D., Johnson, D. M., & Boyes-Braem, P. (1976). Basic objects in natural categories. *Cognitive Psychology*, 8, 382-439.

Tanaka, J. W., & Taylor, M. (1991). Object categories and expertise: Is the basic level in the eye of the beholder. *Cognitive Psychology*, 23, 457-482

39. 왜 우리는 아기고양이 비디오를 좋아할까?

Ashby, F. G., !sen, A. M., & Turken, A. U. (1999). A neuropsychological theory of positive affect and its influence on cognition. *Psychological Review*, 106(3), 529-550.

Bower, G. H. (1981). Mood and memory. *American Psychologist*, 36(2), 129-148.

Hildebrandt, K. A., & Fitzgerald, H. E. (1979). Facial feature determinants of perceived infant attractiveness. *Infant Behavior and Development*, 2, 329-339.

40. 향수에 젖는 것은 좋을까, 나쁠까?

Cheung, W., Wildshutl, T., Sedikides, C., Hepper, E. G., Arndt, J., & Vingerhoets, A. J. J. M. (2013). Back to the future: Nostalgia increases optimism. *Personality and Social Psychology Bulletin*, 39(11), 1484-1496.

Higgins, E. T., & Stangor, C. (1988). A "change-of-standard perspective" on the relations among context, judgment, and memory. *Journal of Personality and Social Psychology*, 54(2), 181-192.

찾아보기(한국어 주제 및 용어 색인)

영어 전문용어에 대한 한국어 번역은 학자에 따라 약간의 차이가 있을 수 있습니다.
또한 동일한 용어가 한국어 번역에서는 문맥에 따라 서로 다르게 번역된 경우가 있습니다.

::: 지은이

아트 마크먼 Art Markman

아트 마크먼 박사는 텍사스주립대학교의 심리학 및 마케팅학과 교수이며 아나벨 아이리언 워셤 센티니얼 석좌교수이다. 〈조직의 인간 차원〉 프로그램 개발자이자, 프로그램 주임교수이기도 하다. 마크먼 박사는 인간의 추리 사고, 결정, 범주화, 동기 유발 등 다양한 주제에 대해 150여 편의 논문을 썼다. 그는 Psychology Today, Fast Company, Harvard Business Review 등에서 운영하고 있는 블로그와 〈당신의 뇌에 대한 두 남자의 이야기〉를 라디오 토크쇼와 팟캐스트를 통해 인지과학의 연구결과들을 대중들에게 알리는 데 힘써왔다. 또 〈닥터 필〉 쇼와 〈닥터 오즈〉 쇼 프로그램의 과학 자문가로 활약하고 있다. 저서로는 『Smart Thinking』(『스마트 싱킹: 앞서가는 사람들의 두뇌습관』 박상진 옮김, 진성북스 2012년), 『Smart Change』(『스마트 체인지: 습관을 만드는 생각 작동법』 김태훈 옮김, 한국경제신문사, 2017년: 『원하는 것을 얻는 습관 바꾸기 기술』 김태훈 옮김, 한국경제신문사, 2018년), 『Habits of Leadership』(『리더들의 습관』) 등을 비롯해 여러 권의 베스트셀러를 썼다.

밥 듀크 Bob Duke

밥 듀크 박사는 텍사스주립대학교의 음악과 인간학습학과의 학과장이며, 말린 앤 모튼 마이어슨 센티니얼 석좌교수이다. 또한 텍사스주립대학교의 우수교육자로, 음악학습센터의 센터장을 맡고 있다. 또한 로스앤젤레스의 콜번음악컨서버토리의 학습심리학 프로그램 자문위원이다. 그가 수행하는 인간의 학습과 행동에 대한 연구는 동작기술학습학, 인지심리학, 뇌신경과학 등 여러 학문 분야에 걸쳐 있다. 그는 스튜디오 음악연주자이면서 공립학교의 음악 교사직을 맡은 경험이 있으며, 현재도 공립학교와 또한 청소년교화교도소의 위기 청소년들을 위한 활동을 하고 있다. 가장 최근의 저서로는 『Intelligent Music Teaching: Essays on the Core Principles of Effective Instruction』과 루이지애나주립대학교의 짐 바이오(Jim Byo) 교수와 함께 공저한 『Habits of Musicianship』이 있다.

::: 옮긴이

이은빈 Joshua Unbin Rhee

텍사스 주 오스틴에서 태어나 애리조나주립대학교(The University of Arizona)에서 신경과학 및 인지신경과학(Neuroscience and Cognitive Neuroscience)을 전공하였으며, 정신의학과 그랜드너(Grandner) 교수의 수면 건강연구소에서 연구조교로 일하였다. 애리조나 투산 메디컬센터와 캘리포니아 산후안 카피스트라노의 Clinical Trials, Q2 Solutions에서 근무했으며, 현재 어바인 소재 캘리포니아주립대학교의 보건대학원에서 전염병학 석사과정을 밟고 있으며, 같은 분야에서 박사학위 취득을 준비하고 있다. 논문으로는 수면과학 전문학술지인 Journal of Sleep and Sleep Disorders Research 39권(2016)에 흡연과 불면증의 상호관련성을 분석한 논문(공저)이 있으며, 번역서로는 공상과학소설 『Roger and Goldi』(2014, 원저 『로저와 골디』, 임동일 저)가 있다.
joshua.unbin@gmail.com: rheeju@uci.edu

이성하 Seongha Rhee

한국외국어대학교에서 영어교육학을 전공하였고, 텍사스주립대학교 언어학과에서 언어학 박사학위를 받았다. 현재 한국외국어대학교 영어학과 교수로 응용언어학, 인지언어학을 연구하며 가르치고 있다. 텍사스주립대학교 동아시아학과에서 강의하였고, 풀브라이트교수로 스탠퍼드대학교에서 연구 및 강의교수를 지냈다. 여러 편의 연구 논문과 공저, 공역 및 단독 저서가 있다. 연구 논문 또는 저서에 대한 정보는 개인 홈페이지(http://srhee.net)에서 다운로드할 수 있다. 또한 심리학을 전공으로 하고 있는 딸 이은비(Eunice Unbee Rhee Choi)와 함께 번역한 사이먼 레이험 교수의 『죄라고 부르는 유익한 것들: 호색, 탐식, 탐욕, 나태, 분노, 질투, 자만』, 2016, 서울: 글로벌콘텐츠 (원저: 『Science of Sin』, 2012, 뉴욕: Three Rivers Press)가 있다.
srhee@hufs.ac.kr

뇌는 왜 그렇게 생각할까?

© 글로벌콘텐츠, 2018

1판 1쇄 인쇄__2018년 11월 10일
1판 1쇄 발행__2018년 11월 15일

지은이__아트 마크먼 (Art Markman)·밥 듀크 (Bob Duke)
옮긴이__이은빈·이성하
펴낸이__홍정표

펴낸곳__글로벌콘텐츠
등록__제 25100-2008-24호

공급처__(주)글로벌콘텐츠출판그룹
대표__홍정표 **이사**__양정섭 **디자인**__김미미 **기획·마케팅**__노경민 이종훈
주소__서울특별시 강동구 풍성로 87-6 **전화**__02-488-3280 **팩스**__02-488-3281
홈페이지__www.gcbook.co.kr **메일**__edit@gcbook.co.kr

값 15,000원
ISBN 979-11-5852-220-9 03180